KB147596

경영학개론

경영학개론

정기한, 신재익, 오재신, 김대업, 박귀정, 박소영 지음

Σ 시그마프레스

경영학개론

발행일 | 2016년 3월 2일 1쇄 발행
　　　　2019년 3월 5일 2쇄 발행

저　자 | 정기한, 신재익, 오재신, 김대업, 박귀정, 박소영
발행인 | 강학경
발행처 | (주)시그마프레스
디자인 | 김경임
편　집 | 김은실

등록번호 | 제10−2642호
주소 | 서울특별시 영등포구 양평로 22길 21 선유도코오롱디지털타워 A401~402호
전자우편 | sigma@spress.co.kr
홈페이지 | http://www.sigmapress.co.kr
전화 | (02)323−4845, (02)2062−5184~8
팩스 | (02)323−4197

ISBN | 978−89−6866−539−4

이 책의 내용은 저작권법에 따라 보호받고 있습니다.
잘못 만들어진 책은 바꿔 드립니다.

＊ 책값은 책 뒤표지에 있습니다.

머리말

1997년 한국의 IMF 구제금융 신청을 필두로 2008년 미국발 외환위기와 2011년 유럽 재정위기까지 현재의 경제적 환경은 과거 어느 때보다 격동의 시대를 겪고 있다. 그뿐만 아니라 기업의 윤리적 경영이 이슈화되면서 기업의 사회적 책임 수행에 대한 소비자들의 기대심리가 높아지고 있다. 또한 2011년 한국은 EU와 미국 등 여러 국가와 FTA를 체결한 이후 경영활동의 영역이 확장된 반면에 그에 따른 다양한 형태의 법률적 문제가 대두될 수 있음을 직시해야 한다.

한국기업들의 정치, 경제, 사회, 문화적인 경영환경은 세계 다른 모든 국가들이 경험하는 바와 같이 급변하고 있다. 기업의 경영과 관련한 여러 이슈들은 현대인의 일상생활에 커다란 영향을 미치고 있으며, 관련지식들은 상식화되고 있다. 이러한 시점에서 경영지식을 쌓고 경영학적 마인드를 갖추는 것은 사회진출을 앞두고 있는 대학생들에게 필수적인 과제가 되었다.

경영학은 영리 및 비영리기업이 그들의 조직목표를 효율적이고 효과적으로 달성하기 위하여 수행하는 제반의 활동들을 연구대상으로 하는 학문이다. 경영학원론은 거시적인 관점에서 기업의 경영관리활동과 경영관련 이슈들을 다루는 과목으로 경영학을 배우는 첫걸음이라고 볼 수 있다. 이 책은 경영학을 전공하지 않는 학생들도 경영이론들을 쉽게 이해할 수 있도록 배려하였다. 기업과 조직을 이해하기 위한 기초적인 지식들을 배양하는 것은 개인적 역량강화에 도움이 될 것이다.

편찬 작업을 마무리하면서 기업 경영에 대한 더 많은 지식들을 담지 못한 아쉬움이 남지만, 독자들이 이 책을 통하여 경영학에 대한 이해를 다소 넓힐 수 있기를 바라는 마음이다. 무엇보다 이 책의 출간을 흔쾌히 허락하여 주신 시그마프레스의 강학경 대표, 그리고 세밀한 편집을 맡아 주신 편집진 여러분들께도 진심으로 감사의 말씀을 전한다.

2016. 2.
저자 일동

정보기술과 의사결정

경영학의 의의와 학문적 특성

경영이론의 전개

계획화

조직화

지휘와 조정

통제활동

전략관리

글로벌 환경과 경영

기업의 미래와 경영

기업가정신과 중소기업 창업

business
administration 1

경영학의 기초 개념

1. 경영과 조직

경영을 이해하기 위해서는 우선 경영대상으로서의 조직에 대해 살펴보아야 한다. 조직을 간략하게 정의하면 '공동의 목적을 달성하기 위해 함께 일하는 구성원들의 집합' 또는 '특정한 목적달성을 위하여 다수의 구성원들이 상호작용하고 조정활동을 하는 유기적인 행동의 집합체'라고 할 수 있다. 이러한 정의에서 알 수 있듯이 모든 조직은 특수한 목적을 가지고 있고, 그것을 달성하기 위해 여러 활동을 수행하는 사람들로 이루어져 있다.

잘 구성된 조직은 개개인이 달성할 수 있는 성과 이상의 과업을 조직구성원들 각자가 성취할 수 있도록 만들어 준다. 조직구성원 전체가 함께 생산한 결과는 구성원 개개인이 혼자 노력하여 얻은 결과를 합한 것보다 훨씬 크기 때문이다. 따라서 구성원 각자는 개인으로서는 할 수 없는 일을 개인의 집합체인 조직을 통해 성취할 수 있게 된다. 이러한 조직의 특성은 규모나 성격에 상관없이 모든 조직에 적용될 수 있다. 한편 조직은 그 존재를 정당화하기 위해 지속적으로 사회에 유익한 무엇인가를 창출해야 하며, 이러한 조직의 활동을 **가치창출활동**이라 일컫는다.

1) 경영과 조직사회

현대는 조직사회이다. 현대를 살아가고 있는 우리는 조직사회 속에서 생활하고 있다. 중세(中世) 수공업 시대에는 1인의 생산자가 생산하고 그 제품을 시장에 판매하는 1인 경영의 시대였지만, 18세기 후반의 산업혁명으로 생산이 기계화됨에 따라 기업의 생산·판매 활동이 조직을 통해서 수행되는 시대로 변화되었다. 즉, 수공업시대에는 작업자 한 사람이 한 켤레의 구두를 혼자서 만들 수 있었지만, 구두의 생산이 기계화되면서 생산 공정은 수십 명의 작업자에게 분담되었고, 분업화·특수화된 작업을 조정하기 위하여 관리자 조직이 필요하게 되었다. 또한 기계로 만들어진 많은 양의 구두를 판매하기 위해 다수의 판매원으로 구성된 판매조직이 필요해졌다.

조직 중에서 경제활동을 수행하는 조직으로는 정부, 기업, 가계가 있다. 세 가지 경제적 활동을 수행하는 조직 가운데 이 책의 주된 관심사는 기업이고 그중에서도 특히 영리기업이라고 할 수 있다. 하지만 국가나 지방자치단체의 행정활동, 대학이나 연구소의 연구 및 교육활동, 병원의 의료·보건활동 등도 모두 조직에 의해 수행된다.

2) 시스템으로서의 조직

조직사회에서 개인은 어느 조직의 일원이 되고, 그 조직의 목적에 공헌함으로써 생활 유지에 필요한 소득을 얻을 수 있다. 또한 각 개인은 자신이 맡은 일에 몰두하고 창조성을 발휘하는 과정에서 다양한 경험을 하게 되고, 이를 통해 사회적 인간으로 성장해 간다. 이처럼 개인은 조직을 통해서 경제적 욕구와 비경제적 욕구를 충족한다.

경영의 관점에서 **조직구성원**은 내부구성원인 경영자와 종업원뿐만 아니라 주주, 소비자, 지역사회 주민 등의 외부관계자도 포함한다. 조직의 지속적인 성장과 발전을 위해서는 조직 내부구성원의 욕구는 물론 외부관계자의 욕구도 충족시켜야 한다. 따라서 경영조직은 하나의 시스템으로 볼 수 있다.

시스템이란 공동의 목표를 달성하기 위하여 상호작용하는 요소들로 구성된 집합체이다. 경영조직을 비롯한 모든 조직은 상호 관련된 부분들이 함께 기능해야 하는 시스템으로 볼 수 있다. 시스템을 이루는 부분들은 상호 유기적으로 관련되어 있어, 어느 한 부분이 제 기능을 발휘하지 못하면 전체 시스템이 올바르게 작동되지 않게 된다. 조직의 부분은 전체 조직에서 각자 중요한 역할을 한다. 그것은 마치 인체의 순환기·소화기·신경조직 및 골격과 같은 부분이 우리 몸에서 하는 역할과 같다. 어느 한 부분이 빠지거나 제 기능을 발휘하지 못하면 시스템은 올바르게 작동되지 못하고 조직의 목적을 달성할 수 없게 된다.

조직은 그것이 속해 있는 산업분야나 경제계 또는 사회와 같은 보다 큰 시스템의 한 부분이 된다. 어떤 조직이든 독자적으로 존재할 수 없으며, 외부환경과 상호작용하는 유기적인 관계를 갖는다. 경영조직도 〈그림 1-1〉과 같이 투입된 인적·물리적·재무적·기술적·정보적 자원을 최종산출물로 변환하는 과정에서 지속적으로 외부환경과 상호작용하게 된다. 즉, **경영조직**은 제품이나 서비스를 산출하기 위하여 투입된 자원을 변환하는 모든 과정에서 외부환경과 상호작용하는 **개방시스템**이다. 환경과 상호작용하지 않고 독립성을 갖는 폐쇄시스템과 다르게, 개방시스템은 외부 환경과의 상호작용을 통해 환경변화에 적응하는 능력을 향상시키며 시스템을 유지하고 발전시켜 나간다. 그리고 이와 같은 시스템에 의한 변환과정이 계속 반복됨으로

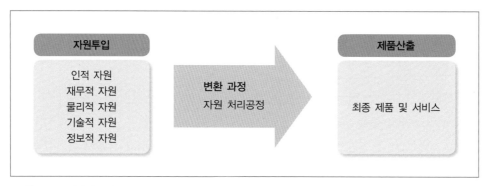

그림 1-1 개방시스템

써 시스템 내부의 구조화가 이루어진다.

3) 조직의 성과

조직은 목표를 성공적으로 달성하기 위해 경영자원을 효율적으로 사용해야 한다. 그 과정에서 조직 활동의 부가가치 증대는 중요하다. 만약 조직이 자원의 투입비용인 원가에 부가적인 가치를 더했다면 영리조직은 원가보다 높은 가격으로 제품을 판매하여 이익을 획득할 수 있게 되고, 비영리조직은 원가보다 가치 있는 공공 서비스를 제공하여 사회의 부를 증가시킬 수 있게 된다.

　생산성(productivity)은 조직이 성과를 충분히 냈는지 알아보는 지표이다. 생산성은 경영활동에 투입된 자원과 관련된 양적 · 질적 성과를 측정하는 것으로, 조직뿐만 아니라 개인과 집단의 수준에서도 측정할 수 있다. 〈그림 1-2〉와 같이 생산성은 **효과성**(effectiveness)과 **효율성**(efficiency)이라는 두 가지 측면에서 성과를 측정한다.

　효과성은 의도한 목표나 과업의 결과물에 대한 측정치로, 목표 달성을 위해 사용된 자원의 크기는 고려하지 않는다. 예를 들어 컴퓨터게임 개발자의 경우, 성과의 효과성이란 양적 관점에서는 개발한 게임의 수를, 질적 관점에서는 매일 목표한 양을 달성했는가를 의미한다. 따라서 이 경우 높은 효과성이란 기업의 제작일정에 맞춰 게임을 개발하고, 고객에게 좋은 게임을 제공해서 수요를 충족시키는 것이다.

　효율성은 목표 달성과 관련된 경영자원의 최적 활용도로, 목표 달성을 위해 투입된 자원과 산출된 결과물의 비율로 표현된다. 앞에서 설명한 게임개발자의 경우, 가

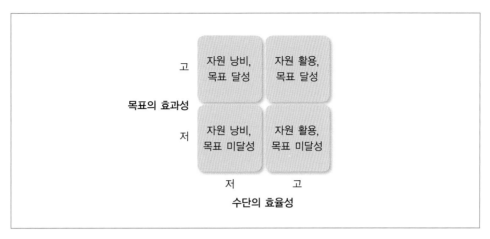

그림 1-2 조직의 성과 측정

장 효율적인 게임개발자는 최소의 인적·물적 자원을 투입하여 목표를 달성하는 것이다. 만약 게임개발자가 자신이 만들 수 있는 것보다 적은 양의 게임을 제작했거나, 대규모의 재작업을 요하는 실수를 했다면 이는 경영활동의 비용을 증가시켜 효율성을 떨어뜨리게 된다.

조직의 성과에 있어서 효과성이 반드시 효율성으로 이어지는 것은 아니다. 기업이 판매목표를 달성하기 위해서 마케팅비용을 엄청나게 지출했다면, 효율적인 경영을 했다고 볼 수 없기 때문이다. 따라서 효과성과 효율성이 균형을 잃지 않도록, 즉 효과적이면서도 효율적인 경영이 되도록 하는 것이 중요한다.

2. 경영에 대한 이해

경영이란 조직의 목표를 효율적으로 달성하기 위하여 계획을 세우고 실행하고 그 결과를 평가하는 과정이다. 따라서 경영이란 기업에서만 이루어지는 것이 아니라 위와 같은 조건을 만족하는 모든 곳에서 이루어진다고 할 수 있다. 그러나 경영학의 주된 연구 대상은 사적 이윤을 추구하는 사기업이고, 기업경영이라는 것은 환경의 영향(기회와 위협)으로부터 기업의 자원을 활용, 관리, 창출하여 성과를 도출하는 것이다. 경영활동을 통해 투입된 자원 이상의 산출물이 기업의 성장으로 연결되어야 한다.

여기서는 경영에 대한 이해를 높이기 위해 먼저 기능에 초점을 맞춘 경영의 개념을 살펴보고, 다음으로 관리과정으로서의 경영에 대해 살펴본다.

1) 기능적 관점

기업은 조직체계가 성립되고, 정보전달을 위한 정보시스템이 확립된 기반 위에서 경영활동을 수행한다. 기능적 관점은 기업경영을 생산관리, 재무관리, 인사관리, 마케팅관리의 4대 기능에 중점을 두고 설명하는 관점이다.

생산관리는 재화나 서비스를 만들어내는 과정으로서 자원을 조달하고 결합 · 변형시키는 과정을 말하며, 재무관리는 기업활동에 필요한 자본을 조달하고 운용하는 과정을 말한다. 인사관리는 기업활동에 필요한 인력을 선발, 교육, 배치하고 개발, 보상, 유지하는 인적자원의 운영과 관리과정을 말하며, 마케팅관리는 기업이 생산할 혹은 생산한 제품과 서비스의 구성, 가격, 유통, 촉진 등에 관련된 활동을 말한다. 오늘날과 같은 불확실한 경영환경에서는 경영전략이 추가될 필요가 있는데 경영전략에 관해서는 11장에서 자세히 다루도록 한다.

기능적 관점은 기업의 핵심적인 기능을 중심으로 경영의 개념을 정의함으로써 기업이 어떠한 일을 하는지에 대해 설명해 줄 수는 있지만 경영의 개념을 기업 외로 확장하는 데는 어려움이 있다. 또한 기업을 하나의 전체로 파악하기보다 조각으로 나누어서 생각하게 되는 단점이 있다.

2) 관리과정적 관점

전통적인 경영의 개념은 관리과정적 관점에서 이해되어 왔다. 경영의 관리과정적 관점은 크게 다섯 가지 단계, 즉 **계획, 조직화, 지휘, 조정, 통제**가 순환하는 과정이라고 볼 수 있다. 이러한 다섯 가지 관리단계와 그들의 상호관련성은 〈그림 1-3〉과 같다.

경영자는 조직의 목표를 달성하기 위해 투입된 자원을 활용할 계획을 수립하고(planning), 계획이 잘 실행되도록 효율적인 조직을 구성하며(organizing), 계획에 따라 목표가 잘 달성되도록 종업원들을 지휘할 뿐만 아니라(leading), 업무 간에 협조가 잘 이루어지도록 조정하고(coordinating), 목표 달성을 위한 실행이 잘 이루어졌는지를 평가하는 통제활동(controlling)을 통해 관리과정을 수행하게 된다.

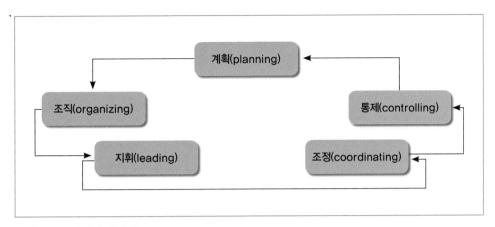

그림 1-3 경영의 관리기능

　이러한 다섯 가지 관리단계는 각각 독립적으로 이루어지는 것이 아니라, 상호 간에 밀접하게 관련되어 있다. 즉, 이것들이 일체화되어야 관리라는 기능이 이루어지는 것이다. 이를 통틀어 **매니지먼트 사이클**(management cycle)이라고 부르는 것도 그러한 이유 때문이다.

　모든 경영자들은 지위에 상관없이 위의 다섯 가지 관리기능을 수행하고 있지만, 경영자의 수준에 따라 강조되는 점은 조금씩 달라진다. 최고경영자는 계획과 조직에 보다 많은 비중을 두고 있으며, 일선관리자는 통제활동에 더 많은 시간을 할애한다. 지휘는 비교적 모든 경영계층에 동일하게 강조되는 단계이다.

(1) 계획

계획(planning)은 경영자가 목표를 설정하고 달성하기 위한 행동의 순서와 방법을 결정하는 과정이다. 계획은 경영활동에서 가장 먼저 시작되는 활동이면서 잘못되면 그 계획을 성공적으로 실행한다 하더라도 좋은 결과를 얻을 수 없기 때문에 기업성과에 중요한 영향을 미치는 활동이다. 계획과정을 통해 경영자들은 바람직한 결과와 그것을 달성하기 위한 방법을 정하게 된다. 이 과정에서 누가, 무엇을, 언제, 어디서, 어떻게, 얼마만큼 할 것인가에 대한 명확한 설정이 이루어진다. 계획은 기업의 경영목표를 세우고 이를 달성하기 위한 가장 좋은 방안을 찾는 활동이며, 환경변화에 대한 예측을 바탕으로 미래에 대한 기업의 전반적인 방향을 설정하고, 조직목표를 달성하는 데 필요한 자원을 확보하여 효과적인 과업활동을 결정하는 데 그 목적이 있다.

　계획은 최고경영자뿐만 아니라 중간경영자, 일선경영자 모두에게 필요한 활동이다. 따라서 계획은 모든 경영활동을 포괄하는 청사진이라 할 수 있다.

(2) 조직화

조직화(organizing)은 조직구성원이 조직의 목표를 달성할 수 있도록 조직의 업무와 권한, 자원들을 배치하고 조정하는 과정이다. 최고의 계획을 세웠다 하더라도 실행이 뒷받침되지 않으면 성공할 수 없으므로, 기업목표의 성공여부는 조직화에서부터 결정된다고 볼 수 있다. 경영자는 계획을 통하여 목표와 방법을 설정하고, 조직화를 통하여 일련의 계획들을 실행에 옮기게 된다. 계획을 효율적으로 수행하기 위해서 조직의 인적·물적 자원을 결합하고 조정하는 것이다. 조직화 과정에서 경영자들은 일의 성격을 규정하여 계획을 행동으로 옮기고, 직원들을 배치하고, 조직의 다른 자원들로 그들을 지원한다. 따라서 조직화의 과정은 어떤 업무가 이루어져야 하고 누가 그것을 수행할 것인지, 업무는 어떻게 분류하고, 의사결정은 어디에서 이루어지는가에 관해 다루는 활동이라 할 수 있다.

(3) 지휘

지휘(leading)는 조직구성원들이 업무를 수행할 때 끊임없는 자극을 주어 동기를 유발하는 과정이다. 조직구성원들이 조직의 목표를 달성하도록 경영자가 영향력을 행사하는 것이다. 뛰어난 계획과 이를 수행할 조직이 있다 하더라도 지휘활동이 제대로 이루어지지 못하면 높은 성과를 기대할 수 없다. 따라서 경영자는 지휘활동을 통해 공통의 비전과 활동 방향을 제시하여 구성원들에게 동기를 부여하고, 조직구성원 간에 의사소통이 원활하게 이루어지도록 하여 구성원 간의 갈등을 해소할 수 있어야 한다.

(4) 조정

조정(coordinating)은 견해가 대립하는 여러 분야의 조직원들을 원활한 의사소통이 가능하게 해서 공통의 목표를 향해 조화를 이루어 일할 수 있도록 만드는 과정이다. 오늘날의 경영활동은 분업화되고 복잡해짐에 따라 업무 간 협업이 중요하게 되었고, 여러 요소들 간 균형을 갖추는 것이 경영활동의 필수 불가결한 요건이 되었다. 조정은 관리기능 가운데 그 중요성이 인식되기 시작하면서 점점 강조되고 있는 기능이다.

(5) 통제

통제(controlling)는 일의 성과를 측정하고, 초기에 수립된 조직 목표와 실제 결과를 비교하여 필요한 행동을 취하는 과정이다. 항상 초기의 계획대로 실행되기는 어려우므로 계획은 업무가 진행되는 과정에 수정되기도 한다. 따라서 조직구성원들이 제시된 목표를 어떻게 수행하였는가를 측정하고 목표와 비교하여 필요 시에는 수정방안을 강구하는 것이 통제과정이다. 경영자는 통제과정을 통하여 조직구성원들과 접촉하고, 그들의 성과를 측정하여 기준과 오차가 발생한 경우에 이에 대한 건설적인 대안을 제시하기도 한다. 통제는 경영의 관리과정 중 마지막 단계로 완성의 의미를 갖는다.

3. 경영자의 역할과 자질

앞서 살펴본 경영의 관리과정은 이해하기 쉽고 단순한 것처럼 보이지만, 실제 경영자의 일에서 그 과정들은 이론보다 훨씬 복잡하다. 사실 기업의 최고경영자는 사무실에서 업무를 보는 동안 휴식을 즐길 여유가 없다. 최고경영자가 출근하여 사무실에 들어선 순간부터 퇴근할 때까지 거의 모든 시간이 전화와 이메일, 회의 등으로 채워지므로 업무의 강도는 매우 강한 편이다. 예상하지 못했던 문제 등으로 자유시간은 거의 없고, 연속적인 회의는 많은 시간을 빼앗아가며, 업무에 대한 강한 책임감과 중압감으로 인해 스트레스로부터 자유로워지기가 힘들다. 그러나 이렇게 열심히 경영활동에 몰입한다고 해서 모든 기업이 성공하는 것도 아니다. 초일류기업이 어느 날 갑자기 도산하여 경영의 실패 사례가 되기도 하고 도산 위기의 기업이 회생하기도 한다.

1) 경영자의 유형

경영자란 조직이 목표를 달성하도록 방향을 제시하고 조정을 수행하며, 기업 내 구성원들의 역할 및 행동을 규정하는 사람이다. 즉, 부분이 아닌 전체적 관점에서 자신이 맡은 업무를 진행하면서 경영활동에 대한 포괄적인 판단과 결정을 내리는 사람이다.

경영자는 크게 수직적 차원과 수평적 차원으로 분류할 수 있다. **수직적 차원**은 계층의 위계에 따른 것으로 최고경영자, 중간경영자, 일선경영자로 구분한다. **최고경영자**(top manager)는 기업의 중장기 목표와 전략을 결정하고 회사 방침과 비전을 설정하며, 사회적으로 우호적인 관계를 형성하는 등 경영에 책임이 있는 사람으로서 조직계층상의 최상층에 속하는 대표이사, 사장, 임원 등이다. **중간경영자**(middle manager)는 최고경영층의 철학이 기업 전체에 잘 전달될 수 있도록 사원들과 상호작용하며, 일선경영자를 지휘하는 부사장, 공장장, 마케팅 담당자 등을 가리킨다. **일선경영자**(first-line manager)는 기술적인 능력을 갖추고 있으면서 작업자의 활동을 감독하고 조정하는 감독관리자, 일선감독자, 작업반장 등이다.

　　수평적 차원은 조직 내 활동범위에 따른 구분이다. 인사, 마케팅, 생산, 재무와 같이 담당기능분야를 직접 관리하며 책임지는 **기능경영자**(functional manager)와 하위조직 및 사원들의 전체적인 행위와 결과를 총괄하면서 모든 경영활동에 참여하는 **전반경영자**(general manager)가 있다.

2) 경영자의 역할

Mintzberg는 경영자의 역할을 경영자가 다루는 업무특성과 경영자에게 주어지는 요구들을 바탕으로 〈그림 1-4〉와 같이 열 가지로 설명했으며, 이러한 열 가지 경영

그림 1-4　경영자의 역할

자 역할을 크게 세 부문, 즉 정보관련 역할, 대인관계 역할, 의사결정 역할로 분류하였다.

경영자의 **정보관련 역할**은 정보를 주고받고 분석하는 것으로, 경영자는 의사결정을 하기 위해 다양한 정보를 필요로 하기 때문에 탐색자, 전파자, 대변인으로서의 역할을 수행한다. **대인관계 역할**은 조직 내·외부의 사람들과 상호작용하는 것으로, 대표자, 리더, 연락자의 역할을 포함한다. **의사결정 역할**은 문제를 해결하거나 기회를 포착하기 위해 수집한 정보를 의사결정에 이용하는 것으로, 기업가, 문제해결자, 자원분배자, 협상자의 역할을 수행하는 것이다. 이렇듯 다양한 역할을 경영자에게 요구하기 때문에 그들의 하루는 정신없이 바쁘다.

3) 경영자의 능력

조직이 목표하는 성과를 달성하기 위해서는 알고 있는 바를 구체적인 행동으로 옮기는 경영자의 능력이 필요하다. 경영자에게 요구되는 많은 능력 중에서 무엇보다 중요한 것은 종업원들이 생산적으로 업무를 수행할 수 있도록 도와주는 능력이다. Robert Katz는 경영자의 필수 능력을 〈그림 1-5〉와 같이 세 가지로 구분하여 설명하고 있다. 그는 경영자의 능력을 현장실무능력, 대인관계능력 그리고 상황판단능력으로 구분하였는데, 이 세 가지 능력은 모든 경영자에게 필수적이나 그 상대적 중요도는 경영자의 유형에 따라 달라진다.

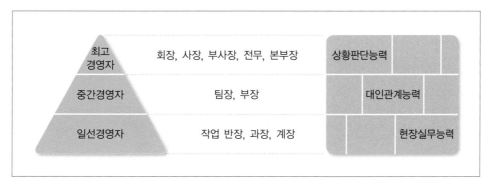

그림 1-5 경영자의 능력

(1) 현장실무능력

현장실무능력(technical skill)은 전문화된 활동을 수행하는 데 필요한 능력으로, 특정 과업을 성취하기 위해 전문능력과 지식을 활용하는 것을 의미한다. 구체적으로 회계사, 엔지니어, 시장조사자 그리고 컴퓨터 엔지니어들이 행하는 것과 같은 실무적인 능력을 의미한다. 이러한 능력은 교육과 훈련을 통해서 획득되는 것으로 〈그림 1-5〉에서 보듯이 일선수준의 경영자들에게 가장 중요하게 요구되는 경영능력이다.

(2) 대인관계능력

대인관계능력(human skill)은 경영자가 집단의 일원으로서 조직 내 구성원과 협력하여 일하고 의사소통하는 능력을 의미한다. 대인관계능력은 조직구성원들이 공동의 목표를 달성하기 위해 자발적으로 협동하게 하는 것이다. 경영활동 자체가 상호 간의 관계적 특성을 가지기 때문에 대인관계능력은 모든 계층의 경영자에게 공통적으로 요구되지만, 특히 중간경영자에게 더욱 중요시되는 능력이다.

(3) 상황판단능력

경영자에게는 상황을 폭넓게 이해하고 관계되는 모든 사람에게 도움이 되는 방향으로 문제를 해결해 나가는 능력이 필요한데, 이를 **상황판단능력**(conceptual skill)이라고 한다. 상황판단능력은 문제를 더 작은 문제로 나누어 그 관계들을 파악하고 이해하여 각 문제가 서로 연결되는 것이 어떤 의미인지를 알아내는 능력이다. 이는 조직 전체의 구성요인이나 다양한 인과관계를 이해할 수 있는 능력이자, 조직의 모든 이해관계와 활동을 조정하고 통합할 수 있는 정신적 능력을 의미한다. 조직위계상 높은 단계의 경영자일수록 장기적인 성과와 관계되는 불명확한 문제들을 주로 다루게 되므로, 〈그림 1-5〉와 같이 상황판단능력은 최고경영자에게 더욱 중요하게 요구되는 능력이다.

기업 新성장의 조건 : 성장생태계

21세기의 핵심적 아이콘인 '인터넷'과 '스마트폰'은 세계 경제 지도에서 국경과 시간의 개념을 말 끔히 지워버렸다. 더 이상 기업의 경쟁 상대는 자국의 국경 안에만 존재하지 않으며, 생사를 결정 짓는 혹독한 경쟁은 실시간으로 이뤄진다. 어디 그뿐인가. 차라리 앙숙이라 해도 좋을 기업들이 사안에 따라 이익을 이유로 연합하고 또 대치하는 일은 이미 '사건' 축에도 못 드는 세상이다. 글 로벌 경쟁이 일반화되고 LTE급으로 기술 변화가 이뤄지는 지금, 기업들은 새로운 차원의 경쟁력 확보를 요구받고 있다. 여기서 말하는 새로운 차원의 경쟁력이란 신뢰 가능한 '우호적 기업 확보' 이다. 상생의 가치를 공유하는 이들 기업과 더불어 네트워크를 구축하고 조변석개하는 소비자의 니즈에 부합할 제품과 창의적 서비스를 창출할 수 있다면, 그 기업은 지속가능한 성장을 유지할 수 있을 것이다.

이런 기업 환경의 변화를 정리한 개념이 바로 '기업 생태계(Business Ecosystem)'다. '시장은 생명체'라는 주장에 동의한다면, 시장을 배타적 경쟁이 이뤄지는 공간이 아닌 상호의존적 공존과 번영에 중심을 둔 생태계로 보는 관점은 매우 합리적이다. 생태계는 전혀 무관해 보이는 종(種)들 의 조화 속에서 유지된다. 그리고 이들은 먹이사슬로 엮여 다양한 네트워크 속에서 공존의 길을 걷 는다. 따라서 비즈니스 환경을 생태계에 빗댄다면, 기업 생태계는 '공급 그물(Supply Web)'로 엮 여 전략적 제휴와 협력이 이뤄지는 공간이라고 말할 수 있다. 생태계에서 특정 종이 홀로 생존할 수 없듯이 특정 기업의 일방적 성장을 기대할 수 없다. 그러므로 기업은 공생공멸의 생태계 속에서 '공멸'이 아닌 '공생'의 길을 개척해야 한다.

기업 생태계는 공급자와 유통업자, 아웃소싱 기업, 운송 서비스 기업, 기술 제조업자들이 느슨 하게 결합된 상호 의존적 네트워크의 또 다른 이름이라 할 수 있다. 지난 시절, 산업구조는 각 역 할 별로 그 경계가 분명하고 하나의 분야에만 집중됐지만 이제 그런 원시적 구조로는 생존이 불가 능하다. 하나의 분야가 아닌 산업 전반에 참여하는 쪽으로 진화하고 있는 것이다. 현재의 비즈니스 환경을 원시 생명체에서 고등 생명체로 진화한 기업 생태계로 인식한다면, 가장 먼저 해야 할 일은 기업이 긍정이든 부정이든 서로에게 영향을 끼치는 공생공멸의 공동 운명 집단임을 인정하는 것이 다. 이런 인식이 선행돼야 비로소 공생의 길을 찾을 수 있기 때문이다.

1개의 특허가 디바이스가 되는 시대는 저물었다. 수많은 특허와 기술이 결합돼 하나의 시스템을 만드는 새로운 개념의 시대가 도래한 것이다. 그렇기 때문에 주목해야 할 것이 플랫폼이다. 시장은 이미 '기업 간 경쟁'에서 '플랫폼 간 경쟁'의 양상으로 전개되고 있다. 세계 스마트폰 시장의 주도 권 다툼을 삼성과 애플, 양자의 대결로 인식해서는 곤란하다. 기업 생태계 관점에서 '안드로이드 진영'과 'iOS 진영'의 맞대결이라고 봐야 한다. '디바이스'가 아닌 '플랫폼'의 전쟁인 것이다.

플랫폼이란 다양한 비즈니스 주체를 하나로 묶어 주는 인터페이스이자 거래가 이뤄지는 장터다. 따라서 본질적으로 독자 전략(Stand Alone)과는 반대되는 개념이다. 전략을 주도하는 플랫포머 (Platfomer)와 파트너들이 인터페이스를 축으로 가치를 창출하는 구조를 가짐과 동시에 하나의 생태계를 이룬다. 플랫폼 전략의 대표적 케이스가 ICT 분야에서 발견되곤 하지만 사실 플랫폼은 이미 오래전 탄생한 개념이다. 1800년대 초반 조지 스티븐슨이 기차역이라는 플랫폼을 만들었기에 산업혁명이 가능했고, 그 전통과 유전자가 이어져 스티븐 잡스의 플랫폼이 등장한 것이다. 원시인의 손에 돌도끼가 쥐어진 순간 인류의 진화가 이뤄졌듯, 기업의 손에 플랫폼이란 진화의 도구가 쥐어질 때 비로소 기업 생태계의 진화에도 속도가 붙을 것이다. 미래를 설계하는 경쟁력이자 지속 성장의 마스터키가 플랫폼이라는 사실은 분명해졌다.

- 출처 : 월간 CHIEF EXECUTIVE 2015년 11월호 -

business administration **2**

기업과 윤리경영

1. 기업의 형태와 발전

기업은 이윤을 추구하는 국민경제의 주체로, 생산수단을 바탕으로 노동을 고용하여 재화와 용역을 생산하는 기본적인 경제단위이다. 즉, 기업은 국민경제가 필요로 하는 제품과 서비스를 사회에 공급하는 생산기능을 수행한다. 기업을 통해 생산된 제품과 서비스는 사회구성원들의 욕구충족을 실현하고, 이를 통해 기업은 효용을 창출하게 된다. 이것을 기업의 가치창출 기능이라 한다. 기업은 수많은 인력을 고용해 제품과 서비스를 생산하여 사회의 경제성장과 더불어 국가발전에 기여하게 된다. 또한 기업이 속한 사회와 상호작용을 하는 과정에서 사회의 요구에 부응하여 사회문제에 능동적으로 참여해, 사회적 책임을 이행함으로써 삶의 질을 향상시키는 기능을 수행하게 된다.

1) 기업의 개념

조직은 경영활동을 통하여 이익을 추구하는 영리조직과 그렇지 않은 비영리조직으로 구분되며 일반적으로 영리조직을 기업이라고 일컫는다. 기업과 경영의 개념을 어떻게 규정하느냐에 대해서 뚜렷하게 정해진 것이 없다 보니, 최근에는 경영학의 두드러진 발전에 힘입어 기업과 경영을 동등하게 생각하는 경향도 있다. 그러나 일반적으로 **기업**은 영리를 위하여 경영활동을 영위하는 개별경제 또는 경제사업체를 말하며, **경영**이란 기업이 그 목적 또는 목표를 달성하기 위한 수단 또는 활동이라 할 수 있다. 즉, 기업은 경영이라는 수단 또는 활동을 통하여 그 목적 또는 목표를 달성하게 되므로 경영은 기업의 모든 경제적 활동을 의미한다고 규정할 수 있다.

기업은 자본주의 경제에 있어서 개별자본, 다시 말하면 **영리경제**의 기본단위라고 할 수 있다. 즉, 기업은 개별경제 단위로 영리를 목적으로 하는 대표적인 영리 경제이자 **생산경제**의 주체이다. 기업은 국민경제를 구성하는 기본단위이지만, 자본주의 경제하에서 경제주체들은 각각 독립적으로 존재하므로 국민경제의 기본단위이면서 동시에 경제활동의 독립적인 주체라고 할 수 있다.

2) 기업의 본질

기업이라는 구성체는 특정한 경영목적을 실현하기 위하여 인위적으로 형성된 목적

중심구성체이면서, 목적 달성을 위한 생산력 실현을 지속적으로 재생산하는 주체이다. 즉, 기업은 개별적으로 존재하고 있는 각종 생산수단과 노동력 등의 생산요소를 결합하여 생산력을 실현해 기업의 목적을 달성한다. 이때 생산은 한 번으로 그치지 않고, 경제가 지속적으로 순환하는 과정에서 계속해서 재생산된다. 따라서 기업은 생산요소를 결합하는 과정에서 생산력을 지속적으로 만들어내는 재생산 과정의 단위가 되는 것이다.

또한 기업은 수요를 창조·개발하며, 수요 충족을 도모하는 것을 본질로 삼고 있다. 사회가 필요로 하는 제품이나 서비스를 생산함으로써 소비자의 수요를 충족시켜 주고, 사회적으로 가치 있는 것을 끊임없이 창조·개발하여 구성원들의 욕구를 충족시켜 주는 것은 기업의 본질적 기능이다. 따라서 수요의 창조는 기업에 있어서 그 무엇보다 중요한 일이다.

마지막으로 기업은 소득의 원천이다. 기업이 사회의 수요를 창조하고 개발하며, 생산요소를 결합함으로써 그것을 생산력으로 재생산하는 것은 기업에 참가하고 있는 구성원들에 대해 소득을 형성하는 일이라고 하겠다. 구성원들은 이러한 소득을 바탕으로 소비생활을 영위하고, 이 과정에서 경제활동에 참여하게 된다. 따라서 기업은 경제활동에 참여하는 구성원들의 경제활동을 유지시켜 주는 소득의 원천이 되고 있다.

3) 기업의 형태

기업의 유형은 말 그대로 기업이 취하고 있는 형태 또는 종류를 의미한다. 기업의 유형을 분류하는 첫 번째 기준으로는 생산수단의 소유와 경영의 특성에 따라 **출자, 경영, 지배**의 관계이다. 출자는 기업이 소유한 자본이 누구의 것인가와 관련된 것이고, 경영은 누가 기업조직을 운영하는 것과 관련된 것이며, 지배는 그 기업을 경영하는 경영진을 누가 감독하는 것인가와 관련된 것으로 볼 수 있다.

기업의 유형을 분류하는 두 번째 기준은 법률적 구분이다. 상법 제169조에서는 상행위나 그 밖의 영리를 목적으로 설립한 법인을 회사로 지칭하며 회사는 합명회사, 합자회사, 유한책임회사, 유한회사, 주식회사 등의 다섯 가지로 규정하고 있다. 기업 유형에 관한 첫 번째 기준과 두 번째 기준을 통하여 기업의 유형은 〈그림 2-1〉과 같이 분류될 수 있다.

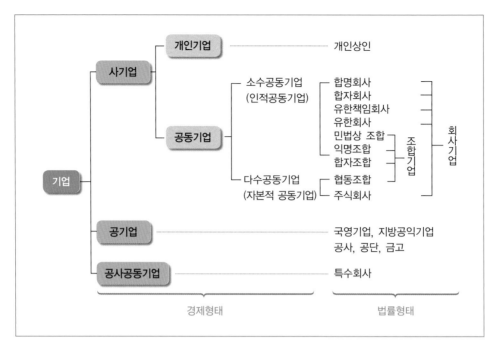

그림 2-1 기업의 형태

세 번째 기준으로는 업종별 분류로서 주로 통계청에서 사용하고 있는 한국표준산업분류(KSIC-9)를 지칭한다. 네 번째 기준은 규모별 분류로, 한국표준산업분류별로 크기에 따라 대기업, 중기업, 소기업 등의 분류이다.

(1) 출자, 경영, 지배 및 법률적 분류

사기업

사기업은 한 사람에 의해 출자, 경영, 지배가 이루어지는 기업으로, 민간의 자본을 가지고 민간의 손에 의하여 영리를 목적으로 경영되는 기업의 형태를 의미한다. 이것은 자본주의 경제체제에 있어 전형적인 기업형태로서 개인기업·공동기업 및 기업집중형태로 분류된다. 이러한 기업형태는 자본의 결합과 지배를 통합하는 방식이 중심문제가 된다.

개인기업

개인기업은 개인이 출자하여 개인의 능력과 책임을 바탕으로 단독으로 사업을 경영하고 지배하는 형태로, 역사적으로 모든 사기업이 우선 개인기업의 형태를 취하므로 원시적이고 자연적인 형태이다. 개인기업은 한 사람이 출자·경영·지배하여 경영 상의 모든 손실을 책임지고 이윤을 독점하는 단독기업으로서, 기업형태 중에서 법적 규제가 가장 적고 창설하기에 가장 용이하다는 특징이 있다.

개인기업의 기업주는 모든 기업이윤을 개인이 독점할 수 있고, 창립이 용이하며, 활동이 자유롭다. 또한 비밀 유지가 가능하다는 장점을 갖는다. 반면에 개인기업은 개인의 무한 책임이므로 기업주가 많은 위험을 부담하게 되고, 기업주 개인사정에 따라 영속성이 결여되며, 기업주의 경영능력이나 자본조달 능력의 한계에 부딪혔을 때 유연하게 대처하기 곤란하다는 단점이 있다.

공동기업(회사형태 기업)

공동기업은 개인기업의 확장된 형태로, 기업의 주체가 한 개인이 아니라 집단이고, 대부분이 회사형태를 취하고 있어 회사형태 기업이라고도 한다. 우리나라 법률상의 구분을 보면 공동기업을 조합과 회사로 나누고 있다. 조합은 민법상의 조합과 상법상의 조합으로 나누어 상법상의 조합을 익명조합이라고 한다. 또한 조합 이외의 공동기업은 회사로 보고 회사의 종류를 합명·합자·유한책임·유한·주식회사로 구분하고 있다. 미국에서는 공동기업의 채무부담의 한계를 중심으로 **보통공동기업**(general partnership)과 **특수공동기업**(special partnership)으로 분류하고, 주식회사는 법인체로서 별도 취급하고 있다. 또한 공동기업의 인적 요소와 자본적 요소 가운데, 어떠한 요소를 더 중요시하느냐에 따라 인적 공동기업과 자본적 공동기업으로 나누기도 한다.

합명회사

합명회사는 2명 이상의 사원이 공동으로 출자하여 기업을 운영하는 회사형태로, 회사의 종류 중 가장 소규모의 특성을 가지며 내용적으로는 민법상의 조합과 비슷한 측면을 가진다. 출자자이자 경영자인 사원이 회사의 채무에 대하여 무한책임을 부담하는 동시에, 정관에 특별한 계약이 없는 한 전 사원이 회사를 대표하며 경영에 참여한다. 그러나 일반적으로는 정관으로 1인 또는 2인 이상의 업무집행사원을 정하며 업무집행사원(들)의 전원 동의에 의하여 업무집행이 이루어지며 의견불일치가 있을 경우

업무집행사원들의 다수결에 의해 처리된다. 사원들은 금전 및 기타 재산뿐만 아니라 노무 또는 신용을 출자의 목적으로 할 수 있으며 이를 정관으로 규정하여 제한할 수 있다.

합명회사는 개인기업에 비교하여 더 많은 출자자를 확보할 수 있는 장점이 있는 반면, 출자자 전부는 회사의 경영에 대한 무한책임을 가지게 되므로 출자자 확보에 한계가 있다. 따라서 대부분의 경우 인척 또는 친밀한 관계에 있는 극히 제한된 사람들과 설립하기 때문에 실질적으로 개인기업처럼 한 사람에 의하여 경영되는 것과 비슷한 양상을 띠게 되며 소규모 경영에 적합하다.

합명회사는 합자회사로 변경이 가능한데 이때는 총사원의 동의를 통하여 기존 사원 중 일부 사원을 유한책임사원으로 전환시키거나 유한책임사원을 새로 가입시켜야 한다. 우리나라와 일본은 합명회사를 법인으로 취급하고 있으나, 독일·영국·미국에서는 보통 공동기업으로 분류한다.

합자회사

합자회사는 합자회사는 출자액의 한도 내에서만 채무를 변제할 책임을 지는 유한책임사원과 출자액을 초과한 기업의 채무에 대해서도 변제할 책임을 지는 무한책임사원으로 조직 되는 기업형태이다. 합명회사의 무한책임사원과 합자회사의 무한책임사원은 같은 성격으로서, 출자와 경영을 담당한다. 그러나 유한책임사원은 회사의 업무집행이나 대표행위를 하지 못하며 무한책임사원과는 달리 신용이나 노무를 출자의 목적으로 하지 못한다. 만약 유한책임사원이 회사의 거래에 있어서 타인에게 자신을 무한책임사원이라고 오인시키는 행위를 했다면 그 타인에 대해서는 무한책임사원과 동일한 책임을 가진다.

합자회사는 회사의 경영에는 관여하지 않고 단지 이익 분배에만 참여하는 유한책임사원을 구성원으로 둠으로써 합명회사보다 더 많은 자본을 모을 수 있다. 따라서 자본조달이 용이하고, 금융 능력을 증대시키는 한편, 경영자로서의 재능과 수완은 있으면서도 자본 부족으로 활동할 수 없는 기업가를 충분히 활용할 수 있다는 이점이 있으나 일반적으로 출자자가 소수이기 때문에 대규모 경영에 적합하지 않다. 영국과 미국에서는 합자회사를 법인으로 보지 않고 특수공동기업의 일종으로 보고 있다.

유한책임회사

2011년 4월부터 상법상 기존 회사형태와 더불어 유한책임회사가 포함되었다. **유한책임회사**는 1인 이상의 사원의 출자 및 설립등기에 의하여 설립되며 모든 사원은 유한책임을 가진다. 여기서도 노무와 신용은 출자목적물이 될 수 없으며 금전 및 기타 재산만이 가능하다.

합명회사나 합자회사는 소속된 무한책임사원에 한하여 업무집행 자격을 부여할 수 있다. 그러나 유한책임회사는 무한책임사원이 없고 유한책임사원으로 구성되며 특이한 점으로는 사원뿐만 아니라 사원이 아닌 자도 업무집행자로 정할 수 있다. 또한 유한책임회사는 상법상 많은 부분이 합명회사의 규정을 따르게 되므로 주식회사보다 규제를 덜 받으면서도 전문경영인을 영입하여 경영할 수 있다. 따라서 기술을 보유하고 있으면서도 경영에 익숙하지 않은 청년 벤처창업에 적합한 형태로 볼 수 있다.

유한회사

유한회사는 사원 전원이 그들의 출자액을 한도로 하여 기업채무를 변제하는 유한책임사원만으로 구성된 회사이다. 출자 1좌당 금액은 100원 이상의 금액으로 정해야 한다. 유한회사는 회사를 대표하는 1인 또는 2인 이상의 이사를 두어야 하며 정관을 통하여 1인 이상의 감사를 둘 수 있다. 감사는 언제든지 회사의 업무와 재산상태를 조사할 수 있고 이사에 대하여 영업에 관한 보고를 요구할 수 있다. 과거 유한회사의 사원수를 50인 이하, 자본총액을 1천만 원 이상으로 하였으나 이러한 규정은 폐지되어 유한회사의 사원수와 자본총액에 대한 제한은 없다.

주식회사

주식회사는 다수의 투자자가 공동으로 출자하여 유한책임인 주식의 증권화에 의해 자본을 동원시킴으로써 경영의 위험을 분산하고, 전문경영자에게 운영을 위임하는 현대 자본주의 경제의 대표적인 기업형태이다. 따라서 주식회사는 주주들의 출자금을 바탕으로 설립된 자본적 특성이 중요한 자본적 공동기업이고, 다수의 출자자가 회사의 채무에 대하여 유한책임을 지는 다수공동기업이다.

주식회사의 특징은 다음과 같다. 첫째, 주주는 유한책임자이다. 주주는 개인기업·합명회사·합자회사의 무한책임사원과는 달리 회사의 채권자에 대해서는 무한책임

표 2-1 법인 개수와 비율

국내법인		합명회사	785개사 (영리법인 중 0.2%)
517,805개사	영리법인 516,206개사 (국내법인 중 95.9%)	합자회사	3,532개사 (영리법인 중 0.7%)
		유한회사	23,368개사 (영리법인 중 4.7%)
		주식회사	467,147개사 (영리법인 중 94.4%)
	비영리법인 21,374.0개사 (국내법인 중 4.1%)		
외국법인 1,601개사			

을 지지 않고, 자기가 출자한 금액에 관해서만 책임을 지게 된다. 이러한 유한책임제도에 의하여 주식회사는 광범위하게 자본을 동원시킬 수 있다.

둘째, 주식에 대한 자유로운 양도가 가능하다. 출자자가 출자를 꺼리는 이유로는 일반적으로 출자금의 반환 및 환금성에 대한 불안감이 크게 작용한다. 합명회사나 합자회사에서는 사원이 자기의 지분을 양도하는 경우 다른 사원의 동의가 필요하며 양도가 제한되어 있다. 그러나 주식회사에서는 아무런 제한 없이 자유로운 주식의 양도가 인정되고 있으며, 또한 증권시장의 발달에 따라 쉽게 환금할 수도 있다. 셋째, 주식회사의 자본금은 주식의 형태로 다수로 분할되어 증권화되어 있어 적은 액면 금액의 주식을 다수 발행함으로써 광범위한 자본 동원이 가능하다. 〈표 2-1〉을 보면 2013년 현재 국내 영리법인들 중 주식회사가 94.4%로 압도적인 비율을 보이고 있다.

민법상의 조합

민법상의 조합은 상법이 아닌 민법에서 규정하는 조합으로 일반적으로 '조합'이라고 지칭한다. 조합은 2인 이상이 공동출자 하여 공동으로 사업을 경영할 것을 약정함으로써 그 효력이 발생되고 출자는 금전, 기타 재산 또는 노무도 가능하며 출자액의 규제는 없다. 조합은 회사가 아니며 법인 역시 아니다. 따라서 조합원을 사원으로 지칭할 수 없고, 단체 자체가 아닌 단체 구성원들, 즉 조합원들 자체가 강조되기 때문에 조합은 법인과는 달리 권리능력이 없다.

모든 조합원은 업무상 발생되는 손해에 대하여 무한책임을 가지며 조합원들의 출자나 조합의 재산은 조합원들의 합유로 한다. 조합원들의 출자나 조합의 재산의 일정부분 또는 전체를 사용 또는 처분할 때는 조합원 전체의 동의가 필요하다. 즉, 내가 출자한 액수만큼 내 임의대로 사용할 수 없으며 이를 사용하기 위해서는 모든 조합원의 동의를 얻어야 한다. 조합의 업무집행은 기본적으로 조합원의 과반수 찬성으로 결정하며 복수의 업무집행자들이 선임되어 있을 경우는 이들의 과반수 찬성으로 결정한다.

조합원은 합명회사와 합자회사의 무한책임사원과 같이 재산출자를 대신하여 신용 또는 노무를 출자할 수 있다. 즉, 서비스·기술·재능·명성 등을 제공하여 동업자가 될 수도 있다. 손익 분배는 출자액에 비례하여 배분하는데 계약에 의하여 차이를 둘 수도 있다. 생산자 또는 지방상인 간의 각종 출하조합, 가격협정·시장독점을 위해 행하는 기업연합과 같은 각종 조합이 민법상의 조합의 예이다.

익명조합과 합자조합

과거에는 민법상에서 규정하고 있는 조합(민법상의 조합)과 상법상에서 규정하고 있는 조합인 익명조합으로 조합을 구분하였으나 2011년부터 상법에 유한책임회사와 더불어 합자조합이 포함되었다. **익명조합**은 보통 '상법상의 조합'이라고 하는데 영업자와 익명조합원이 계약을 체결하고 익명조합원은 금전 및 기타 재산을 출자하며 이러한 출자물은 영업자의 소유로 귀속된다. 익명조합원은 익명조합이 손실을 냈을 경우 자신이 출자한 만큼의 유한책임만 지면되며 익명조합이 이익을 냈을 때 이익의 분배에 관심을 가지며 영업자의 영업에 대해서는 관심을 가지지 않는다. 익명조합원은 영업자의 업무행위에 대하여 감시권이 있으나 통제권은 없고 만약 영업자의 업무행위가 마음에 들지 않을 시에는 탈퇴, 즉 계약해지를 하게 된다. 이러한 점에서 볼 때 익명조합은 영업자의 단독기업, 즉 개인기업과 유사하다. 영업자는 자신의 영업능력과 사업아이템을 바탕으로 투자자, 즉 익명조합원을 모아서 자신의 의지대로 영업을 할 수 있다.

민법상의 조합과 **합자조합**은 단체 자체를 강조하는 것이 아니라 단체의 구성원들을 강조하기 때문에 단체 자체가 법적인 행위를 할 수가 없다. 그러나 익명조합은 명칭에 '조합'이 포함되어 있지만 실제로는 법인과 같은 취급을 받는다.

합자조합은 무한책임을 지는 업무집행조합원과 유한책임을 지는 조합원이 상호출

자한 형태로 비법인이라는 측면에서는 민법상의 조합과 같으며 유한·무한 책임의
구분에 있어서는 합자회사와 같은 형태이다.

협동조합

협동조합 기본법에는 영리법인인 협동조합과 비영리법인인 사회적 협동조합을 구분
하고 있다. 협동조합은 재화 또는 용역의 구매, 생산, 판매, 제공 등을 협동으로 영위
함으로써 조합원의 권익을 향상시키고 지역사회에 공헌하고자 하는 사업조직이다.
협동조합을 설립하기 위해서는 발기인 5인 이상의 조합원이 필요하며 금융업이나 보
험업을 제외한 대부분의 업종을 영위할 수 있다. 조합원들은 유한책임을 지며 출자액
에 관계없이 1인 1표의 평등한 의결권 및 선거권을 가진다. 협동조합은 투자자 또는
주주를 위한 조직이 아니라 이용자들인 조합원이 출자하여 소유한 조직이다. 따라서
회사유형별 유한책임사원들은 투자를 통한 배당에 더 관심이 있는 것이고 조합원은
자신이 그 조합을 이용하는 데 관심이 있다. 예를 들어, 유기농 식품의 생산 및 판매
와 관련된 흔히 생협이라고 불리는 협동조합들은 소비자들이 유기농 식품을 구매하
기 위하여 조합원이 되는 것이지 조합 활동을 통한 배당에 관심이 있는 것이 아니다.

사회적 협동조합이란 영리를 목적으로 하지 않고 지역주민들의 권익, 복리증진과
관련된 사업을 수행하거나 취약계층에게 사회서비스 또는 일자리를 제공 등의 활동
을 하는 조합이다. 따라서 협동조합은 법인이며 사회적 협동조합은 비영리법인이다.
이밖에도 소비자생활협동조합, 농업협동조합, 수산업협동조합, 신용협동조합, 중소
기업협동조합 등이 있다.

공기업

공기업이란 국가나 지방공공단체가 공익 또는 행정상의 목적으로 출자하여 경영하고
지배하는 기업형태이다. 자본이 국가 또는 지방공공단체의 소유이고, 영리를 목적으
로 하는 것이 아니라 공익을 목적으로 운영된다는 점에서 사기업과는 구별된다.

공기업의 성립 근거는 대체로 다음과 같다.

첫째, 정부 또는 지방공공단체의 재정적 수입을 목적으로 형성되는 경우이다. 즉,
전매사업과 같이 재정정책상으로 독립적으로 경영함으로써 조세처럼 재정수입에 부
가시킬 목적으로 공기업 형태를 취하고 있다.

둘째, 공익사업의 분야에 있어서 일반대중의 공공이익을 증대시킬 공공정책상의 목적으로 성립·경영되는 경우이다. 즉, 우편·전신·전화 등의 체신사업, 철도와 같은 교통사업 및 전력·수도·가스 등과 같은 산업은 일반 산업보다도 공익성이 크고 또 고정자본이 많이 투하되는 산업이므로 공기업이 이를 경영함으로써 자유경쟁 상태에서 파생될 각종 폐해를 막고 공익을 도모하는 경우이다.

셋째, 경제적·사회적 정책상의 목적으로 설립되는 경우이다. 즉, 경제정책상 필요하지만 사기업이 행할 수 없는 사업이나 국토개발, 실업구제, 사회복지 등의 사회 정책상 필요한 사업의 경우이다. 예를 들면 원자력산업과 같이 대자본이 소요된다든가 또는 사업성에 대한 전망이 뚜렷하지 않은 경우, 사기업은 이러한 사업을 행할 수 없으므로 공기업을 설립하여 이를 행하도록 하는 것이다. 이처럼 공기업은 영리를 목적으로 하는 사기업과는 다르게 공공성, 공익성, 통제성의 특성을 가지고 있다.

공사공동기업

공사공동기업은 사기업과 공기업의 장점만을 취하려는 의도로 국가나 지방공공단체, 개인이나 사기업이 공동 출자하여 공동으로 경영하는 기업이다. 국가나 지방공공단체가 자본출자를 하지 않더라도 기업경영에 참가하는 경우는 공사공동기업으로 포함하지만, 반대로 국가나 지방공공단체가 단지 출자만 하고 경영에 참가하지 않는 경우에는 공사공동기업이라 하지 않는다. 공기업을 민영화하는 과정에서 잠정적인 형태로 유지되기도 한다.

(2) 업종별 분류

일반적으로 국가적 차원의 업종 세분화는 통계청에서 발표한 한국표준산업분류가 주로 사용된다. 산업분류는 그간 개정작업을 거치면서 현재 아홉 번째 개정된 한국표준산업분류(KSIC-9)가 사용되고 있다. KSIC-9에는 대분류 22개 업종, 중분류 76개 업종, 소분류 228개 업종, 세분류 487개 업종, 세세분류 1,145개 업종 등으로 구성되어 있다.

표 2-2 한국산업분류 (KSIC-9)

A. 농업, 임업, 어업	• 농업 : 작물재배업, 축산업, 작물재배 및 축산 복합농업, 작물재배 및 축산관련 서비스업과 수렵 및 수렵관련 서비스업이 포함됨 • 임업 : 영림, 산림용 종자 및 묘목생산, 벌목 활동과 야생임산물 채취 및 임업관련 서비스 활동 • 어업 : 어로어업, 양식어업 및 어업관련 서비스업이 포함됨
B. 광업	• 지하 및 지표에서 고체, 액체 및 기체 상태의 천연광물을 채굴·채취·추출하는 산업활동
C. 제조업	• 원재료(물질 또는 구성요소)에 물리적·화학적 작용을 가하여 투입된 원재료를 성질이 다른 새로운 제품으로 전환시키는 산업활동
D. 전기, 가스, 증기 및 수도사업	• 전력의 발전 및 송·배전사업, 연료가스 제조 및 배관공급사업, 증기, 온수, 냉수, 냉방공기의 생산·공급사업, 상수도 및 산업용수의 집수·정수 및 공급사업이 포함됨
E. 하수·폐기물처리, 원료재생 및 환경복원업	• 고형 혹은 비고형의 각종 형태의 산업 또는 생활 폐기물의 수집운반 및 처리 활동, 환경 정화 및 복원 활동과 원료재생 활동이 포함됨
F. 건설업	• 계약 또는 자기계정에 의하여 지반조성을 위한 발파·시굴·굴착·정지 등의 지반공사, 건설용지에 각종 건물 및 구축물을 신축 및 설치, 증축·재축·개축·수리 및 보수·해체 등을 수행하는 산업활동으로서 임시건물, 조립식 건물 및 구축물을 설치하는 활동이 포함됨
G. 도매 및 소매업	• 구입한 각종 신상품 또는 중고품을 변형하지 않고 구매자에게 재판매하는 도매 및 소매활동, 판매상품에 대한 소유권을 갖지 않고 구매자와 판매자를 위하여 판매 또는 구매를 대리하는 상품중개, 대리 및 경매활동이 포함됨
H. 운수업	• 각종 운송시설에 의한 여객 및 화물 운송업, 창고업 및 기타 운송관련 서비스업을 수행하는 산업활동
I. 숙박 및 음식점업	• 숙박업 : 일반대중 또는 특정회원에게 각종 형태의 숙박시설, 캠프장 및 캠핑시설 등을 단기적으로 제공하는 산업활동 • 음식점업 : 구내에서 직접 소비할 수 있도록 접객시설을 갖추고 조리된 음식을 제공하는 식당, 음식점, 간이식당, 카페, 다과점, 주점 및 음료점업 등을 운영하는 활동과 독립적인 식당차를 운영하는 산업활동
J. 출판, 영상, 방송통신 및 정보서비스업	• 출판업 : 학습서적, 정보목록부, 소설 및 수필집 등의 일반서적과 신문, 주간지, 월간지, 연보 등의 정기간행물 등의 인쇄물을 발간하거나 소프트웨어를 출판하는 산업활동 • 영상·오디오 기록물 제작 및 배급업 : 영화 및 방송프로그램의 제작, 배급 및 상영하거나 영화 제작에 관련된 필름가공, 더빙 등의 제작 후 서비스를 제공하는 산업활동과 음반 등 오디오 기록물의 원판 및 출판활동

표 2-2 한국산업분류 (KSIC-9)(계속)

J. 출판, 영상, 방송통신 및 정보서비스업	• 방송업 : 라디오 및 텔레비전을 지상파, 유선 및 위성 등의 각종 전송방식에 의하여 송출하는 산업활동 • 통신업 : 유·무선 및 기타 전자적 방법에 의하여 자료, 문자, 영상 등의 각종 정보를 송·수신하거나 전달하는 통신서비스를 제공하는 산업활동으로 우편활동도 포함됨 • 컴퓨터 프로그래밍, 시스템 통합 및 관리업 : 컴퓨터 시스템의 통합관련 기획 및 설계서비스를 주로 제공하는 산업활동과 컴퓨터 시스템의 관리 및 운영관련 기술서비스를 주로 제공하는 산업활동 • 정보서비스 : 정보처리, 호스팅 서비스 및 온라인 정보제공 서비스를 제공하는 산업활동으로 뉴스제공 등의 기타정보 서비스활동도 포함됨
K. 금융 및 보험업	• 금융업 : 보험 또는 연금 목적 이외의 자금을 조성하고 이를 재분배, 공급 및 중개하는 산업활동 • 보험 및 연금업 : 장·단기에 발생할 수 있는 생명 또는 사고의 위험을 분산시킬 목적으로 기금을 조성·관리하는 보험업과 노후 또는 퇴직 후의 소득 보장기금을 조성하여 관리하는 개인 및 단체 공제사업 또는 연금사업이 포함됨
L. 부동산업 및 임대업	• 부동산업 : 자기소유 또는 임차한 건물, 토지 및 기타 부동산(묘지 제외)의 운영 및 임대, 구매, 판매 등에 관련되는 산업활동 • 임대업 : 개인, 가정 또는 사업체를 대상으로 조작자가 없이 각종 산업용 기계장비 또는 개인 및 가정용 기계장비·용품을 임대하는 산업활동으로, 무형재산권을 임대하는 산업활동도 포함됨
M. 전문, 과학 및 기술 서비스업	• 연구개발업 : 자연과학, 인문과학 및 사회과학 등의 각 연구분야에서 새로운 지식을 얻기 위한 기초탐구, 실용적 목적으로 연구하는 응용연구, 제품 및 공정개발을 위한 실험개발 등의 연구개발 활동 • 전문 서비스업 : 전문적인 지식을 갖춘 인적 자본이 주요 요소로서 투입되는 법률, 회계, 광고, 경영 등에 대한 전문적 서비스를 제공하는 산업활동 • 건축기술, 엔지니어링 및 기타 과학기술 서비스업 : 건축설계, 감리 등의 건축기술 서비스, 엔지니어링 원리를 이용한 공학적 전문기술 서비스, 지질 또는 지구물리학적 조사 서비스, 물리적 및 화학적 분석시험 서비스 등의 과학기술 서비스를 제공하는 산업활동 • 기타 전문, 과학 및 기술 서비스업 : 인테리어디자인, 제품디자인, 시각디자인 등의 디자인 전문 서비스활동, 번역 및 통역 등의 기타 전문기술 서비스를 제공하는 산업활동
N. 사업시설관리 및 사업지원 서비스업	• 사업시설 관리 및 조경 서비스업 : 고객의 사업시설을 관리 또는 청소, 소독 및 방제 서비스를 수행하거나 산업장비 및 산업용품을 물리적·화학적으로 세척하는 산업활동이며 조경관리 및 유지 서비스 활동도 포함됨 • 사업지원 서비스업 : 고용알선, 인력공급 등 고용지원 서비스 활동; 경비, 경호 및 보안시스템 운영 등 보안 서비스 활동; 여행사 및 예약대리 등의 여행보조 서비스활동; 문서작성, 복사 등의 사무지원 서비스활동 등의 사업운영에 관련된 지원서비스를 제공하는 활동 등

표 2-2 한국산업분류 (KSIC-9)(계속)

O. 공공행정, 국방 및 사회보장 행정	• 공공행정 및 국방 : 입법사무, 통치행정, 중앙 및 지방 행정기관의 일반 공공행정, 정부기관 일반보조행정, 교육, 환경, 노동, 보건, 문화 및 기타 사회서비스 관리행정, 산업진흥행정, 외교 및 국방행정, 사법 및 공공질서행정을 수행하는 정부기관이 포함됨 • 사회보장행정 : 정부가 제공하는 사회보장계획을 위한 기금조성 및 행정사무를 말하며, 질병, 사고, 실직, 퇴직 및 기타 수입결손을 유발할 수 있는 명백한 위험에 대하여 정부가 이전지출방식으로 수행하는 사회보장 행정이 포함됨
P. 교육 서비스업	• 초등(학령 전 유아 교육기관 포함) · 중등 · 고등(전문대부터 대학원) 교육기관 • 기타 교육기관 : 성인 또는 특정인을 대상으로 교육하기 위하여 설립된 교육기관 • 교육지원서비스업 : 교육상담, 평가 등 교육과정이나 시스템을 지원하는 교육지원 서비스 활동
Q. 보건업 및 사회복지 서비스업	• 보건업 : 인간의 건강유지를 위한 각종 질환의 예방과 치료를 위한 보건서비스를 제공하는 병원, 의원 및 기타 의료기관과 의료관련 서비스를 제공하는 기관 • 사회복지 서비스업 : 아동, 노령자, 장애자 등과 같이 자립능력에 제약을 받는 특정 범주 내의 사람을 보호하기 위한 각종 사회복지 서비스를 제공하는 거주 복지시설 또는 비거주 복지시설
R. 예술, 스포츠 및 여가관련 서비스업	• 창작, 예술 및 여가관련 서비스업과 스포츠 및 오락관련 서비스업
S. 협회 및 단체, 수리 및 기타 개인 서비스업	• 협회 및 단체 : 회원 상호 간의 복리증진과 특정 목적 실현을 위하여 조직된 각종 협회 및 단체를 말하며 산업, 노동 및 전문가 단체 또는 조합, 연합회, 종교, 정치 및 기타 협회 및 단체 • 수리업 : 산업용 기계장비, 컴퓨터 및 사무용 기계장비, 자동차 및 소비용품의 경상적인 유지, 수리를 전문적으로 수행
T. 가구내 고용활동 및 달리 분류되지 않은 자가소비 생산활동	• 각종 가사담당자를 고용한 가구의 활동과 달리 분류되지 않은 자가소비를 위한 가구의 재화 및 서비스 생산활동
U. 국제 및 외국기관	• 국제연합 및 전문기구, 아주기구, 구주기구, 경제협력개발기구, 유럽공동체, 국제대사관 및 기타 외국지역 단체 등의 공무를 수행하는 국제 및 외국기관

(3) 규모별 분류

기본적으로 규모별 분류는 대기업, 중기업, 소기업, 소상공인으로 구분된다. 대한민국의 법체계 상 중소기업법 및 시행령에서는 중기업과 소기업에 관한 분류기준이 제시되어 있으며, 소상공인 보호 및 지원에 관한 법률 및 시행령에서 소상공인에 대한 분류기준이 제시되어 있다. 중기업의 분류기준을 상회하면 대기업이라고 분류된다. 기업의 규모별 분류는 KSIC-9의 중분류를 기준으로 한다.

중기업과 소기업의 분류에 있어서 과거에는 상시근로자수 또는 자본금 등으로 분류하였으나 2016년 1월부터 기본적으로 첫째, 소유와 경영의 실질적 독립성 기준과 둘째, 매출액 기준으로 분류한다. 소유와 경영의 실질적 독립성 기준은 역시 두 가지 기준을 포함하고 있는데, 상호출자제한기업집단 또는 채무보증제한기업집단에 속하지 말아야 하며, 자산총액이 5천억 원 이상의 법인이 해당 기업의 주식 30% 이상을 직접 및 간접적으로 소유하고 있을 때는 해당 기업은 중기업에서 제외된다.

첫 번째 기준을 만족시키는 조건 하에서 평균매출액 또는 연간매출액이 〈표 2-3〉을 만족시킬 경우 중기업으로, 〈표 2-4〉를 만족시킬 때는 소기업으로 분류된다.

표 2-3 중기업 분류기준

해당 기업의 주된 업종	분류기호	규모 기준
1. 의복, 의복액세서리 및 모피제품 제조업	C14	평균매출액 등 1,500억 원 이하
2. 가죽, 가방 및 신발 제조업	C15	
3. 펄프, 종이 및 종이제품 제조업	C17	
4. 1차 금속 제조업	C24	
5. 전기장비 제조업	C28	
6. 가구 제조업	C32	
7. 농업, 임업 및 어업	A	평균매출액 등 1,000억 원 이하
8. 광업	B	
9. 식료품 제조업	C10	
10. 담배 제조업	C12	
11. 섬유제품 제조업(의복 제조업은 제외한다.)	C13	
12. 목재 및 나무제품 제조업(가구 제조업은 제외한다.)	C16	

표 2-3 중기업 분류기준(계속)

해당 기업의 주된 업종	분류기호	규모 기준
13. 코크스, 연탄 및 석유정제품 제조업	C19	평균매출액 등 1,000억 원 이하
14. 화학물질 및 화학제품 제조업(의약품 제조업은 제외한다.)	C20	
15. 고무제품 및 플라스틱제품 제조업	C22	
16. 금속가공제품 제조업(기계 및 가구 제조업은 제외한다.)	C25	
17. 전자부품, 컴퓨터, 영상, 음향 및 통신장비 제조업	C26	
18. 그 밖의 기계 및 장비 제조업	C29	
19. 자동차 및 트레일러 제조업	C30	
20. 그 밖의 운송장비 제조업	C31	
21. 전기, 가스, 증기 및 수도사업	D	
22. 건설업	F	
23. 도매 및 소매업	G	
24. 음료 제조업	C11	평균매출액 등 800억 원 이하
25. 인쇄 및 기록매체 복제업	C18	
26. 의료용 물질 및 의약품 제조업	C21	
27. 비금속 광물제품 제조업	C23	
28. 의료, 정밀, 광학기기 및 시계 제조업	C27	
29. 그 밖의 제품 제조업	C33	
30. 하수·폐기물 처리, 원료재생 및 환경복원업	E	
31. 운수업	H	
32. 출판, 영상, 방송통신 및 정보서비스업	J	
33. 전문, 과학 및 기술 서비스업	M	
34. 사업시설관리 및 사업지원 서비스업	N	
35. 보건업 및 사회복지 서비스업	Q	
36. 예술, 스포츠 및 여가 관련 서비스업	R	
37. 수리(修理) 및 기타 개인 서비스업	S	
38. 숙박 및 음식점업	I	평균매출액 등 400억 원 이하
39. 금융 및 보험업	K	
40. 부동산업 및 임대업	L	
41. 교육 서비스업	P	

표 2-4 소기업 분류기준

해당 기업의 주된 업종	분류기호	규모 기준
1. 식료품 제조업	C10	평균매출액 등 120억 원 이하
2. 음료 제조업	C11	
3. 의복, 의복액세서리 및 모피제품 제조업	C14	
4. 가죽, 가방 및 신발 제조업	C15	
5. 코크스, 연탄 및 석유정제품 제조업	C19	
6. 화학물질 및 화학제품 제조업(의약품 제조업은 제외)	C20	
7. 의료용 물질 및 의약품 제조업	C21	
8. 비금속 광물제품 제조업	C23	
9. 1차 금속 제조업	C24	
10. 금속가공제품 제조업(기계 및 가구 제조업은 제외)	C25	
11. 전자부품, 컴퓨터, 영상, 음향 및 통신장비 제조업	C26	
12. 전기장비 제조업	C28	
13. 그 밖의 기계 및 장비 제조업	C29	
14. 자동차 및 트레일러 제조업	C30	
15. 가구 제조업	C32	
16. 전기, 가스, 증기 및 수도사업	D	
17. 농업,임업 및 어업	A	평균매출액 등 80억 원 이하
18. 광업	B	
19. 담배 제조업	C12	
20. 섬유제품 제조업(의복 제조업은 제외한다.)	C13	
21. 목재 및 나무제품 제조업(가구 제조업은 제외한다.)	C16	
22. 펄프, 종이 및 종이제품 제조업	C17	
23. 인쇄 및 기록매체 복제업	C18	
24. 고무제품, 및 플라스틱제품 제조업	C22	
25. 의료, 정밀, 광학기기 및 시계 제조업	C27	
26. 그 밖의 운송장비 제조업	C31	
27. 그 밖의 제품 제조업	C33	
28. 건설업	F	
29. 운수업	H	
30. 금융 및 보험업	K	

표 2-4 소기업 분류기준(계속)

해당 기업의 주된 업종	분류기호	규모 기준
31. 도매 및 소매업	G	평균매출액 등 120억 원 이하
32. 출판, 영상, 방송통신 및 정보서비스업	J	
33. 하수·폐기물 처리, 원료재생 및 환경복원업	E	평균매출액 등 30억 원 이하
34. 부동산업 및 임대업	L	
35. 전문·과학 및 기술 서비스업	M	
36. 사업시설관리 및 사업지원 서비스업	N	
37. 예술, 스포츠 및 여가 관련 서비스업	R	
38. 숙박 및 음식점업	I	
39. 교육 서비스업	P	평균매출액 등 10억 원 이하
40. 보건업 및 사회복지 서비스업	Q	
41. 수리(修理) 및 기타 개인 서비스업	S	

소상공인의 분류는 기본적으로 상시근로자수를 기준으로 한다. 광업·제조업·건설업·운수업은 10명 미만, 그 밖의 업종은 5명 미만이면 소상공인으로 분류된다.

4) 현대기업의 경영

현대 사회에는 소수의 대기업과 다수의 중소기업이 존재한다. 그런데 대기업은 중소기업을 하청공장 또는 제품 판매점으로 여겨 자신들의 지배 하에 둠으로써 생산공정의 합리화나 판매시장 확보를 유리하게 전개하려는 경향이 있다. 대기업이 중심이 되어 중소기업과 수직적으로 결합하는 것이 곧 **기업의 계열화**이다.

한편 최근에 이르러 기업집중이 기술혁신과의 관계에 바탕을 두고 새로운 형태로 전개되고 있는데, 그중 한 가지가 **콤비나트**(combinat)이다. 콤비나트란 지역적으로 인접한 많은 기업과 자본이 결속하여 다각적으로 경영하는 형태이다. 또 자사업종과 관계없는 타업종의 회사를 합병하거나 매수하여 경영을 다각화하는 **복합기업** (conglomerate) 형태도 나타나고 있다. 거대화된 기업은 더 나아가 국제 간 **합작투자**(joint venture) 내지는 해외 직접투자를 전개하여 이른바 **다국적기업**(multinational coporation) 으로 성장하고 있고, 이것은 초국가적인 기업형태로 **세계기업**(world enterprise)이라고 불린다. 이와 같은 기업형태는 기업집중의 고도화에 따른 새로운 경향인 것이다.

현대기업의 특성에 따라 기업의 경영활동도 여러 가지 특징을 나타낸다. 우선, 마케팅 중심의 경영이다. 이전에 생산지향적이었던 경영이 시장지향적으로 바뀌고 있다. 산업혁명 이후 생산력이 급증함에 따라 소비에 대한 수요증가율보다 생산에 의한 공급증가율이 높아졌다. 이에 기업은 공급에 따른 수요를 만들어내야 했고, 자연스럽게 기업의 판매경쟁이 격화되면서 제품판매 촉진을 위한 마케팅이 중요해지게 되었다.

다음은 현대기업이 연구개발과 기술혁신에 역점을 두고 있다는 것이다. 제품은 수명주기를 가지고 있어 새로운 제품이 개발되면 성장기·성숙기·포화기를 거쳐 쇠퇴하는 과정을 밟는다. 기업은 지속적인 성장을 위해 제품수명주기를 항상 염두에 두고 신제품을 위한 연구개발을 계속해 나가야 하고, 아울러 기술혁신도 부단히 이루어야 한다.

현대경영의 또 다른 특징은 생산의 자동화와 계량적 관리기술의 발전이다. 공장에서의 작업이 이제까지와 같이 사람과 기계, 사람과 장치의 결합관계가 아니라, 기계나 장치만으로 가능해질 것이다. 즉, 사람이 미리 명령을 기계에 입력해 놓으면 작업은 기계의 활동만으로 정확하고 신속하게 진행되고, 나아가 점검 및 품질 유지와 같은 기능도 더 이상 사람의 손을 빌릴 필요가 없게 되는 것이다. 따라서 현장에서 직접 작업을 관리하는 사람은 거의 필요 없게 되고 기계가 행하는 작업관리의 상황은 모두 중앙관리실에서 파악할 수 있게 된다. 기계에 의한 자동화는 생산에서뿐만 아니라 경영관리기술의 영역으로도 확대되고 있다. 회계적 처리와 같이 객관적으로 수치화된 것들만 전자기기 시스템에 의해 처리하던 것을 넘어, 이제는 의사결정과 같은 비정형적인 문제들도 객관적이고 과학적 수법에 의존하여 처리할 수 있게 되었다.

마지막으로 경영의 집단화 및 국제화 경향이다. 오늘날 선진국은 번영을 지속하기 위해, 후진국은 경제적 자립을 위해 각각 경제개발계획을 실시하고 있다. 이 중에서 지역사회 개발의 문제는 선진국이나 개발도상국 모두의 공통 관심사이다. 정부는 법적 규제와 필요한 조성책에 의거하여 산업의 지역적 발전을 도모하는데, 경제활동의 주체는 결국 기업이기 때문에 지역사회 개발을 위한 공적 시책과 사적인 기업활동이 결부된다. 대기업의 세계기업화, 중소기업의 공업단지, 위성도시로서의 주택단지 조성 등이 그러한 경우이다. 또한 국가 간의 기업 공동투자 · 공동결정의 형태가 국제경제협력의 형태로 선진국 간뿐만 아니라 선진국과 저개발국가 사이에서도 성립되면서 세계 각국에서 이루어지고 있다. 선진국 간의 공동투자는 기업집중의 국제화 경향이며, 선진국과 저개발국가 간의 공동투자는 선진국의 자본 · 기술과 저개발국의 저렴한 노동력의 결합으로 유리한 국제적 경영을 전개하려는 데 의도가 있다.

5) 기업의 미래예측

기업 미래론에 관한 연구에서는 미래 사회에서의 기업 역할을 비롯하여 기업조직, 경영자의 직능, 기업의 행동원리 등을 예측하면서 기업이 미래의 경영계획 내지 경영전략을 어떻게 수립할 것인가를 연구하게 된다.

미래의 기업에 대해 예측하기 위해서 다음과 같은 사항에 대하여 연구하게 된다. 기업의 지위는 어떻게 될 것인가? 사회의 권력구조에서 기업의 역할은 현재보다 크게 될 것인가, 아니면 줄어들게 될 것인가? 기업조직은 어떻게 될 것인가? 사회는 기업에 무엇을 기대할 것인가? 기업은 누가 주도할 것인가? 경영자의 역할은 어떻게 될 것인가? 컴퓨터를 이용한 시스템이 경영자의 지위 내지 인적 역할의 어느 정도까지 맡게 될 것인가?

이러한 예측에 대한 준비를 바탕으로 급속한 기술변화에 대응한 사업예측, 컴퓨터의 발달과 경영조직의 재편에 따른 준비 등에 대해 기업이 주체적으로 관찰하고 연구하게 된다. 기업을 둘러싸고 있는 환경이 격변하는 상황에서 미래는 선택적인 것으로, 일정한 확률분포를 갖는 가능성의 영역이라고 할 수 있다. 이 경우 기업의 성장가능 영역은 성장코스의 집합이라고 볼 수 있으므로, 성장코스를 예측하여 인식한 다음 기업의 목표에 합치하는 성장코스를 선택하고, 일정한 목표실현을 위한 대체적 수단의 효과를 비교 · 검토하여 최종적으로 특정안을 선택 · 확정할 수 있다. 이와 같이 기업은 미래계획을 확정함으로써 불확실한 미래의 영역 속에서 지속적으로 기업 목표를 달성하게 되는 것이다.

2. 기업의 사회적 책임

기업은 경제적 이익을 추구하는 독립적 조직인 동시에 기업이 속한 사회의 법을 준수하고, 이해관계자 집단을 포함한 사회의 복지에 공헌할 수 있도록 경영활동을 수행하는 사회적 기관이다. 즉, 기업이 그 자체의 경제적 기능을 수행하는 독립된 개체이기는 하지만, 사회적 존재 기관이기 때문에 단순히 영리추구만을 하는 것이 아니라, 생산요소를 유효하게 결합하여 사회적·공공적 관점에서 기업경영을 해야 한다. 기업의 사회적 책임은 이러한 관점에서 출발한다.

일반적으로 **기업의 사회적 책임**은 경제적·법률적 의무 그 이상으로 사회에 유익한 일을 하려는 기업의 의도를 의미한다. 달리 말해서 기업이 법과 경제가 요구하는 범위를 뛰어넘는 장기적 목표를 수행해야 한다는 것이고, 기업이 사회적 책임을 수행한다는 것은 경제적·법률적 책임은 물론이고 윤리적 책임과 재량적 책임까지도 포함하는 적극적인 자세를 의미한다.

경제적 책임이란 기업이 고객을 만족시켜 이윤을 창출하는 것으로 기업의 가장 기본적인 책임이다. 만약 기업이 경제적 책임을 다하지 않을 경우 그 상위에 있는 책임들을 질 수 없다. **법률적 책임**이란 기업의 활동과 관련된 법규를 준수하고, 각종 규제를 지켜야 하는 책임을 말한다. **윤리적 책임**은 법적으로 강요되지는 않지만 사회가 기대하고 요구하는 바를 충족시키는 것을 의미한다. 자선적 책임이라고도 불리는 **재량적 책임**은 법률적 책임과는 달리 사회 구성원들이 기업에 대하여 강하게 기대하지는 않지만 특정 책임활동을 수행해 주었으면 좋겠다는 희망적 기대가 포함되어 있으며, 기업이 그 책임활동을 할 여력이 있을 때 하는 재량적 성격 또는 외부의 자극유무에 관계없이 기업 스스로가 수행하는 자발적 성격을 가지고 있다. 예를 들어, 직장 내에서 발생할 수 있는 절도 또는 성희롱 등과 관련된 일을 명확한 절차를 가지고 있는가? 또는 자사 판매원이 판매제품에 대한 모든 그리고 정확한 정보를 고객에게 제공하는가? 종업원 평가는 성별, 부서 등과 관련된 차별 없이 공정한가? 등은 윤리적 책임에 속한다. 직장 내에서 낭비되는 에너지 또는 자원을 절약하는 프로그램이 있는가? 가정과 직장을 조화롭게 유지할 수 있게끔 정책적으로 지원을 하는가? 기업은 기부금과 같은 자선적 활동을 하는가? 등은 재량적 책임에 속한다.

1) 사회적 책임의 실행

사회적 책임은 사회적 의무와 사회적 대응이라는 개념을 통해 보다 더 잘 이해할 수 있다. **사회적 의무**는 가장 기초적인 수준의 사회적 책임에 해당되는 것으로, 기업이 사회적 의무를 다했다고 할 때 법적·경제적 책임을 완수했다는 것을 의미하며 그 이상을 의미하는 것은 아니다. 때로는 범위를 줄여서 법의 준수만으로도 기업은 사회적 의무를 다했다고 말할 수 있다. 반면 **사회적 대응**은 기업이 사회의 대중적 요구에 부응하여 사회적 행동을 하는 것을 말한다. 이때 기업의 관리자들은 사회에서 요구하는 기준과 가치관을 존중하면서 시장지향적 의사결정을 하게 된다. 일반적으로 기업들이 환경오염 기준을 준수하는 것으로 사회적 의무를 충족시키고, 직장 내에 탁아소 운영 시설을 마련함으로써 사회적으로 대응하는 것이다. 이러한 기업들의 행위는 결과적으로 사회에 긍정적인 영향을 미치게 된다. 결국 사회는 기업의 사회적 책임을 통해 사회를 더 좋게 변화시키는 행위를 기업에 윤리적으로 강요하고, 이를 통해 긍정적인 영향을 받고 있는 것이다.

2) 기업의 사회적 책임에 대한 견해

기업의 사회적 책임은 1960년대를 전후로 대두되기 시작하여 기업이 경제적 이익 추구에만 몰두해야 하는가에 대한 의문을 제기하였다. 1970년대에는 인종차별, 환경오염, 성적차별 등의 여러 사회현상들이 사람들로 하여금 자신들이 갖고 있던 가치관을 되돌아보게 만드는 계기가 되었다. 이 과정에서 기업의 사회적 책임에 대한 논의가 적극적으로 이루어졌고, 학자들 간에 사회적 책임에 대한 다양한 견해가 제시되었다.

(1) 고전적 견해

고전 경제학자들에 의해 주장된 전통적인 관점으로 기업의 사회적 책임을 주주에 대한 책임으로 한정하여, 기업의 이윤과 주주의 장기적 이익을 극대화해야 한다고 주장한다. 기업은 일차적으로 이익을 창출해야 주주와 종업원들의 경제활동을 유지시켜 줄 수가 있다. 그런데 기업이 이익 창출과 관련 없는 사회 비용을 지출하면 생산원가를 상승시켜 결국 기업의 경쟁력이 저하되기 때문에 다른 사회문제들은 전문적인 기관이 담당해야 한다는 관점이다. 결국 고전적 견해는 기업의 사회적 책임이 주주에 대한 책임으로 제한되기 때문에, 기업은 이윤을 추구하는 데 전념할 수 있도록 내버려두면 된다는 입장을 가진다.

(2) 사회경제적 견해

고전적 견해가 기업의 사회적 책임을 단기적으로 파악하고 있다는 비판을 받으면서 진보주의자들을 중심으로 기업의 역할과 책임에 관한 보다 활발한 논의가 일어났다. 기업이나 주주의 이익에만 몰두하고 사회적 책임을 방치하면 장기적으로는 그 피해가 사회구성원들에게 돌아오고, 결국 기업도 피해를 입게 된다는 것이다. 따라서 기업도 사회를 구성하는 구성원으로서 좋은 사회를 만드는 데 적극 협조해야 하고, 그러한 책임을 성실히 수행하는 기업이 사회적인 지지를 통해 경제적으로도 성공할 수 있다고 주장한다.

3) 기업의 사회적 책임 대상

기업의 사회적 책임 대상이란 기업은 누구를 위하여 사회적 책임활동을 수행하는가와 관련이 있다. 넓게는 자사가 속한 국가도 될 수 있으며 좁게는 주주 개인 또는 고객 개인도 해당될 수 있다. 사회적 책임의 대상은 기업의 외부환경 또는 산업구조에서 찾아볼 수 있으며 **이해관계자집단**에서도 찾아볼 수 있다.

(1) 주주

전통적인 관점에서 경영의 역할은 기업이윤을 추구하고 주주들에게 적절한 배당금을 제공하는 것이다. 주주란 기업의 주식을 보유하고 있는 자로 주주들은 기업의 최고의사결정기관인 주주총회에서 경영진 및 감사의 선임 및 해임 등을 비롯하여 주식의 분할, 합병의 승인 등 기업 경영에 있어서 굵직한 의사결정에 참여한다. 주주들이 주식보유를 통하여 기업이 필요한 자본을 제공하고, 기업의 의사결정에 참여하기 때문에 경영진들은 기업이윤의 창출, 주주들에 대한 배당금 향상, 그리고 주가를 상승시키는 방향으로 기업경영을 해야 한다. 그러나 경영진은 기업의 성장과 확장을 통해 기업의 생존과 영속성 역시 책임져야 하기 때문에 기업 목표에 악영향을 미치지 않는 범위에서 다양한 이해관계자의 모든 요구를 골고루 충족시켜야 한다. 따라서 최고경영자들은 주주의 이익과 다른 이해관계자의 이익이 서로 상충되지 않도록 조정자의 역할을 잘해야 한다.

(2) 종업원

1980년대 들어 서비스 산업의 비중이 높아짐에 따라 종업원에 대한 시각이 달라지기 시작했다. 예를 들어, 주방장이 최고의 품질과 평균수준 이하의 가격으로 짜장면을 만들어낸다 하더라도 주문을 받고, 짜장면을 테이블에 가져다주며, 카운터에서 결제하는 등의 여러 서비스 접점에서 불친절하다면 소비자들은 외면할 수밖에 없다. 즉, 최일선에서 고객에 서비스를 제공하는 자들의 성과에 따라 기업의 성과가 달라지기 때문에 기업의 경영진은 서비스 제공자들을 1차 고객으로 생각하고 1차 고객들을 만족시켜 궁극적으로 2차 고객인 소비자들을 만족시켜야 한다. 즉, 2차 고객인 최종고객을 만족시키기 위해서는 먼저 1차 고객인 종업원이 만족해야 한다는 것이다.

(3) 고객

기업이 수익을 내기 위해서는 기업이 제조하는 제품이 판매되어야 한다. 만약 이 제품이 판매되지 않는다면 제품을 제조하는 데 소요된 재료비, 가공비, 노무비 등을 회수할 수 없기 때문에 판매되지 않은 제품은 비용 그 자체이다. 따라서 소비자들이 제품을 구매해야 기업은 최소한 생존할 수 있고 판매량이 손익분기점 매출량을 넘어설 때부터 이익이 발생하기 시작한다.

흔히 소비자와 고객을 혼동하는 경우가 있는데 소비자는 전체 집합의 개념이며 고객은 부분집합의 개념이다. 고객이란 자사의 제품이나 서비스를 구매했거나 구매할 확률이 있는 소비자를 말한다.

기업은 자사가 제공하는 제품에만 신경을 써서는 장기적인 관점에서 경쟁기업과의 경쟁에서 이겨낼 수 없다. 아무리 좋은 품질의 적정한 가격을 가진 제품이라 할지라도 그 제품을 생산하는 기업이 사회적, 환경적, 또는 정치적 사건에 휩싸여 이미지에 타격을 받는다면 고객들로부터 외면당할 수밖에 없다. 더불어 고객뿐만 아니라 자사가 거래하고 있는 공급업체 또는 유통업체와의 갈등 역시 적절히 관리해야 한다.

(4) 지역사회

오늘날 기업과 지역사회는 상호의존적인 파트너라고 볼 수 있다. 지역사회는 다른 지역과 차별화된 산업인프라를 제공하여 기업들을 유치하기 위하여 경쟁하고 있으며 기업들이 다른 지역으로 생산기지를 옮기지 않게끔 적절한 관리를 하고 있다. 이러한 이유들 중 대표적인 것으로는 지역사회의 세수확충과 일자리 창출에 있다. 이를 기업 입장에서 볼 때 지역사회의 발전에 공헌하는 것이 된다. 앞서 언급된 기업의 사회적 책임과도 같은 맥락이다. 따라서 기업은 자신이 속하고 있는 지역사회와의 적절한 교류, 달리 말해 지역사회에 대한 적절한 사회적 책임의 수행을 통하여 보다 좋은 이미지를 확보할 수 있으며 이를 통하여 적극적으로 매출 증대로 연결시켜야 한다. 이러한 활동을 **사회적 마케팅**(societal marketing)이라고 한다.

(5) 국제사회

오늘날 세계경제는 글로벌화되고 있다. 자원공급, 제품시장, 기업경쟁 등이 글로벌화 추세이고 2009년 11월부터 국제표준기구는 사회적 책임을 규정하는 '국제표준(ISO26000)'을 채택함으로써 국제사회에 대한 기업의 사회적 책임은 당연한 의무가 되었다. 최근에 국제 사회의 주요 이슈들을 살펴보면, 국제사회의 긴장, 빈곤과 질병, 인구 증가, 천연자원 고갈, 인간복제의 윤리적 딜레마, 기후변화 등이 있다. 특히 기후변화는 인류의 삶과 세계 경제에 엄청난 영향을 미칠 수 있기 때문에 기업들은 친환경 제품의 개발과 출시에 많은 투자를 해야 한다.

4) 경영자의 사회적 책임

기업이 '사회적 존재물'이자 '사회적 기관'이기 때문에 기업경영은 과거와 같이 소수를 위한 이윤 추구만 해서는 안 되고, **사회적 기관**으로서의 책임을 이행해야 한다. 이에 따라 기업 경영자의 활동 목표에도 변화가 일어났다.

경영자는 사업으로 충분한 이윤을 올리도록 경영활동을 이끌어 나가야 하고, 이윤으로 주주에게 봉사하는 것 이상으로 일반사회에도 가능한 한 최대의 봉사를 해야 한다. 오늘날의 기업은 과거와 같이 자유기업이 아니고 정부와 민간단체로부터 통제를 받으며, 또 많은 사람들이 기업에 대해 발언권을 갖고 있기 때문에 공정한 경쟁과 협력업체의 협정에 대해 고려해야 한다. 또한 경영에 관계하는 주주·종업원·소비자·협력업자 및 사회에의 봉사와 이익의 조화·유지도 고려해야 한다.

3. 기업문화와 윤리경영

기업문화는 조직의 특성을 나타내고 유지하는 데 중요한 요소이다. 일반적으로 종업원은 자신의 업무가 삶의 목표를 달성하는 데 도움을 주고 자신의 개성, 태도, 신념이 조직의 문화와 일치할 때 기업의 목표 달성에 적극적이다. 기업문화는 기업 내에서 발전되고 기업 구성원들의 행동지침이 되는 공유된 신념과 가치관이다.

윤리는 어떤 사람이 행동하는 데 있어 좋거나 나쁜 것, 혹은 옳거나 그른 것의 기준을 설정하는 도덕 원리의 규칙이라고 정의된다. 윤리는 양자택일의 과정에서 도덕적인 선택을 하는 것을 돕고, 사람들에게서 올바른 행동을 이끌어내기 위한 원리들을 제공한다.

1) 기업문화의 역할

기업문화가 기업 내의 모든 일을 결정하는 유일한 요인은 아니지만 기업이 어떻게 움직이고 무엇을 하는가에 영향을 미치는 주요 요인임은 분명하다. 기업 **내부문화**는 구성원의 태도 형성에 영향을 미치고, 공유된 신념을 강화시키며, 성과 기대치를 형성하고, 동기부여를 하게 된다. 성공한 사업을 분석해 보면 기업문화가 장기성과에 큰 영향을 미친 것을 알 수 있다. 기업문화는 기업이 성취하려는 명확한 비전을 제시하고 종업원들이 그 비전에 따라 열심히 노력하도록 동기를 부여한다. 이러한 의미에서 기업문화란 자원을 행동으로 옮길 수 있도록 가동시키는 역할을 하는 것이다. 명확하게 정의되어 공유되는 강한 기업문화는 이에 배치되는 행동을 막아주며 긍정적인 행동을 권장하는 역할을 한다.

2) 리더십과 기업문화

기업문화의 관점에서 경영자가 발휘해야 하는 리더십은 기업의 적절한 핵심가치를 설정하고 유지하는 역할을 한다. 이 일은 최고경영자에게만 해당되는 것이 아니라 중간경영자나 하위경영자에게도 해당되는 일이다. 기업 전체의 문화가 있는 것처럼 부서단위별 문화도 존재한다. 문화가 기업의 목표 달성에 얼마나 기여하는가는 문화의 핵심가치가 얼마나 강한가에 의해 결정될 수 있다.

우리나라의 기업문화는 창업자나 현재의 최고경영자에 의해 크게 영향을 받는다. 우리나라의 대표적인 기업인 현대와 삼성의 기업문화는 많은 차이를 보이고 있다. 현대가 대범하고 임기응변에 강한 문화를 가진 반면, 삼성은 상대적으로 치밀하고 질서를 중시하는 문화를 가지고 있다고 알려져 있다. 최근에는 기업문화를 설정하고 관리하기 위하여 상징(symbol)을 사용하는 기업 **심벌관리**(symbolic management)에 기업들이 점차 큰 관심을 가지고 있다.

3) 법, 가치, 윤리적 행동

법적인 것이 동시에 윤리적이어야 한다는 점은 일리가 있다. 미국의 노예제도나 남성들에게만 투표권을 준 것은 당시에는 합법적이었지만 윤리적이지는 않았다. 이는 법적인 것이 곧 윤리적인 것은 아니라는 점을 의미한다.

또한 불법적이지 않다고 해서 윤리적인 것은 아니다. 회사에서 직원들에게 필요 이상의 야근을 하도록 하는 것이나 직원들이 업무시간에 개인적인 일을 하는 것 등은 엄격하게 불법적인 것은 아니지만 비윤리적인 것으로 간주될 것이다.

직장에서 대부분의 윤리적인 문제들은 종업원들이 자신들의 신념에 위배되는 어떤 일을 강요받거나, 하고 있을 때 발생한다. 만일 자신이 하고자 하는 행위가 법적인 것이라면, 그들은 확신을 가지고 업무를 처리할 것이다. 그러나 다른 사람들은 윤리적인 잣대로 그 행동을 평가할 것이고, 결국 윤리적인 문제는 개인적 행동을 결정하는 데 영향을 미치는 신념이나 태도와 같은 가치로 확대된다.

유한회사 전환으로 감시망을 벗어나다

'명품(名品)'이란 과거엔 장인이 '한 땀 한 땀' 공들여 만든 제품을 가리켰지만, 지금은 소비자에겐 선망의 대상, 사업가에겐 수익성 높은 비즈니스다. 1854년 프랑스 파리의 가방전문점에서 시작해 지금은 세계 최대 럭셔리 브랜드로 손꼽히는 루이비통이 그 대표적 사례다.

세계적 명성답게 한국에서도 비즈니스로서 루이비통의 파워는 막강하다. 인천공항 면세점에 '세계 최초의 루이비통 공항 매장'을 유치하기 위해 면세점 업계 양대 축인 신라와 롯데가 법정 다툼을 벌인 일, 인천공항이 상대적으로 낮은 임대료 등 루이비통 측의 요구를 거의 다 수용한 일 등이 지난 1~2년 사이 세간에 널리 알려진 바 있다.

인천공항 루이비통 매장의 성적을 보면 신라, 롯데, 인천공항이 루이비통에 '목을 맨' 사정이 이해되는 면도 있다. 인천공항이 이미경 민주당 의원실에 제출한 자료에 따르면, 2012년 한 해 동안 루이비통은 인천공항에서 1,027억 원의 매출을 올렸다. 인천공항 면세점의 연간 매출이 1조 9,462억 원이니, 루이비통 하나가 전체 매출의 5%를 차지한 셈이다. 수백 개 브랜드가 인천공항 면세점에 입점해 있음을 감안하면 루이비통의 존재감은 단연 돋보인다.

한국에서 면세점 이외의 사업을 총괄하고 있는 루이비통코리아 역시 거침없는 상승세를 타고 있다. 2011년 매출액이 4,973억 원으로 5년 만에 4배 이상으로 뛰었다(2006년 1,212억 원). 기업의 모든 이익에서 비용과 손실을 뺀 당기순이익도 2008년까지는 70억 원 정도였지만, 2009년부터는 400억~560억 원 수준으로 수직 상승했다. 당기순이익률(당기순이익/매출액)도 2009년 이후 9% 이상을 유지하고 있다(국내 제조업의 당기순이익률은 대체로 2~4% 수준).

기업의 일자리 창출 효과를 간접적으로 짐작해볼 수 있는 급여, 퇴직급여, 복리후생비는 해마다 늘긴 했으나 매출액이나 당기순이익처럼 드라마틱하진 않다. 그간 명품업계의 소홀한 사회공헌활동이 종종 언론의 도마에 오르곤 했는데, 루이비통코리아가 지출한 기부금도 가장 많은 해가 2억 1,000만 원(2011년)으로 매출의 0.04%에 해당하는 미미한 수준이다. 그런가 하면 국내 게임업계는 매출 대비 1%인 사회공헌 기여금액이 너무 적다는 비판이 일자 최근 2%로 끌어올리겠다고 밝힌 바 있다.

한편 2010년부터 루이비통코리아는 주주에게 그해 당기순이익과 비슷한 규모의 배당금을 지급하기 시작했다. 2010년 440억 원(당기순이익 400억 원), 2011년 400억 원(당기순이익 448억 원)이 배당됐다. 자본금이 86억 원이니 자본금의 5배에 해당하는 고배당이다. 루이비통코리아의 지분은 프랑스 본사 루이비통말리티에(Louis Vittion Malletier S.A.)가 100% 갖고 있어 배당금 전액을 본사가 가져간다.

위에서 살펴본 루이비통코리아의 경영정보는 이 회사가 금융감독원에 매해 제출하는 감사보고서를 통해 파악된 것이다. 하지만 2012년 이후의 경영정보는 알 수 없게 됐다. 루이비통코리아가 지난해 11월 상법상 주식회사에서 유한회사로 전환함에 따라 더는 금융감독원에 감사보고서를 제출하지 않아도 되기 때문이다. 우리나라는 '주식회사의 외부감사에 관한 법률'에 의거, 자산총액 100억 원 이상인 주식회사에 대해 외부감사를 의무화하고 있다.

최근 들어 유한회사가 급증하는 추세가 뚜렷해졌다. 2012년 현재 2008년 대비 주식회사는 23.4% 증가했지만, 유한회사는 41.4% 늘었다. 특히 2011년에 주식회사는 전년 대비 4% 증가했지만, 유한회사는 13%나 늘었다. 2012년 유한회사 수는 1만 8,800여 개로 전체 회사의 4% 수준이다.

그렇다면 어떤 회사들이 유한회사 형태를 취할까. 유한회사는 주식회사와 마찬가지로 사원(주주)이 자신의 출자금액을 한도로 책임을 지는 물적 기반의 회사지만, 주식회사보다 인적 유대를 더 중시하는 소규모의 폐쇄적 기업에 적합한 형태다. 기업 인수합병(M·A) 전문 변호사인 법무법인 세종의 임재우 변호사가 설명하는 유한회사의 특징은 세 가지다.

첫째, 주식회사와 달리 회사 정관(定款)을 유연하게 만들 수 있다. 둘째, 주식회사와 달리 증서(證書)를 발행할 수 없어 사실상의 지분 양도가 어렵다. 이런 점이 폐쇄적인 경영을 원하는 기업에 장점으로 작용한다. 셋째, 미국 투자자의 경우 해외투자법인이 유한회사라면 본국에서 세법상 'Pass Through' 원칙이 적용돼 세제상 혜택을 받을 수 있다. 임 변호사는 "인적 유대를 중시하는 내외국인 합작회사에 유한회사가 바람직하다고 과거부터 조언해왔다."며 "최근 들어 유한회사에 대한 사회적 인식이 개선되면서 유한회사를 선택하는 경우가 많아졌다."고 말했다.

- 출처 : 신동아, 2013년 4월 -

경영환경과 경쟁우위

1. 경영환경의 의의

경영환경은 기업의 경영활동에 직접적 · 간접적으로 영향을 주는 모든 요인들이라고 할 수 있다. 즉, 기업의 내 · 외부에서 경영활동에 영향을 미치는 경제적, 기술적, 사회 · 문화적, 정치 · 법률적, 윤리적, 자연적 측면의 모든 요인들이 해당된다. 최근의 기업환경은 변화 속도가 매우 빨라지고 있으며 이것은 조직성과에 많은 영향을 미친다. 특히 개방화와 국제화가 세계 각국의 기업활동에 필수적 소명이 되면서 외부환경에 대한 변화감지와 중요성이 강조되고 있다.

이러한 환경의 변화는 기업의 변화 속도와 파급력에 큰 영향을 미친다. 특히 기업은 투입된 자원을 최종 산출물로 변환시키는 과정에서 끊임없이 외부 환경과 상호작용하여 성장하는 **개방시스템**이다. 따라서 기업의 성장 · 발전과 효율적인 경영활동을 위해서는 기업 내부의 상황과 제약조건을 충분히 고려해 이에 대한 대책을 강구해야 한다. 또한 기업이 지속적인 생존과 성장을 도모하기 위해서는 환경에 계속해서 적응하는 노력을 기울여야 한다. 따라서 이 장에서는 급격하게 변화하는 기업의 외부환경을 중심으로 살펴보기로 한다.

1) 일반적 경영환경

일반적 경영환경은 모든 조직에 공통적인 영향을 미치는 환경으로서, **거시적 환경**(macro environment)이라고도 한다. 경영자의 의사결정에 영향을 미쳐 경영활동에 간접적인 영향을 주는 모든 외부 환경요인으로, 크게 다섯 가지로 구분할 수 있다.

(1) 경제적 환경

경제적 환경이란 경영활동에 영향을 주는 **국민경제적 환경**으로서 전반적인 경제시스템을 의미한다. 경제성장, 산업구조의 변화, 재정 · 금융정책, 인플레이션, 소비성향의 변화, 수출입 동향 및 외환 상황, 노동시장 상황 등이 해당된다.

경제적인 환경의 변화는 소비자의 구매력에 직접적인 영향을 미친다. 시장이란 단순히 사람들이 아니라 그들이 가진 구매력으로 구성되는데, 구매력의 원천에는 현재의 소득, 가격, 저축, 신용 등이 포함된다. 경기란 경제의 거시적 분위기를 말하며, 경기가 침체되면 실질적인 거래의 빈도와 물량이 줄어드는데 무엇보다 소비자의 구매

심리를 위축시킴으로써 시장수요가 떨어지고, 결과적으로 기업의 생산 감소로 인한 여파가 경제 곳곳에 영향을 미치게 된다. 반대로 호경기 때에는 이와는 반대의 현상이 나타나므로 그만큼 기업의 경영활동이 호전된다. 물론 불경기라고 해서 모든 산업이 피해를 보는 것은 아니다. 할인소매점이나 중고시장은 불경기 때 오히려 더 큰 기회를 얻을 수도 있다. 90년대까지는 국민총생산(GNP)을 중시하였으나, 글로벌 경제시대가 되고, 다국적 기업이 늘어나면서 '명목 GDP'와 '일인당 명목 GDP'로 해당국의 경제력과 경제수준을 측정하는 것이 대세가 되었다. GDP 성장률이 곧 경제성장률을 의미하는 시대인 것이다. 한국의 GDP 성장률은 산업화 초기 10%를 넘기도 했으나 2011년부터는 2~3% 후반대에서 미미한 변동세를 보인다. 2011년에만 3.7%를 기록했고 2012년은 2%, 2013년은 3%, 2014년에 3.3~3.5%를 기록했다. 그러나 2015년이후는 경제 상황이 워낙 안 좋아서 2013년과 비슷한 수치로 떨어질 것으로 보인다. 한편 물가상승 또한 구매력에 영향을 미치는 중요한 요소이다. 특히 임금 상승률이 물가 상승률을 따라주지 못하면 소비자들의 실질소득 감소를 가져오게 되고, 실질소득의 감소는 구매빈도 및 가격에 대한 구매탄력성, 상품 선택행동 등에 영향을 미치게 된다.

기업은 생산 활동을 수행하여 이윤추구의 목적을 달성하는 생산 주체로서 경제적 환경은 경영활동에 직접적이고 즉각적인 영향을 미치는 중요한 환경요인이다. 특히 2008년 미국발 금융위기인 서브프라임 모기지론의 사태는 금융시장뿐만 아니라 기업전반 활동에 악영향을 주어 전 세계 소비시장을 위축시키는 결과를 낳기도 했다. 따라서 경영자는 경제적 환경에 대하여 충분한 이해가 선행되어야 한다.

(2) 기술적 환경

기술적 환경은 재화나 서비스를 생산하는 기업의 기술 수준 또는 상태를 의미한다. **기술 수준**이 높은 기업은 제품의 경쟁 우위를 확보함으로써 기업의 목표를 보다 능률적으로 달성할 수 있다. 혁신지향적 기업일수록 특히 기술은 그 기업경영의 핵심 요소로 삼는다. 인터넷 장비업체인 시스코의 경우 규모가 적지만 기술력을 가지고 있는 벤처기업들을 적극적으로 인수하여 핵심기술을 확보한 대표적인 기업이다. 한편 사회의 전반적인 기술 환경은 그 사회가 생산할 수 있는 상품이나 서비스 수준을 결정하고, 기술혁신은 제품이나 공정에 영향을 주어 관련 산업의 변혁을 가져온다. 이처럼 기술적 환경의 변화는 신제품 개발을 촉진시켜 새로운 사업기회를 제공하는 반면에 이에 대응하지 못하는 기업들에게는 큰 위협이 되기도 한다. 즉, 새로운 기술은 **창조적 파괴**(creative destruction)의 요인이 되고 있다. 신기술은 새로운 제품을 탄생시키며 기존 제품의 질을 높이기도 하고 생산비용을 줄이기도 하며, 기존 제품을 퇴화시키기도 한다. 최근에는 소셜 미디어(SNS : Social Network Service), 모바일, 클라우드 등의 최신 디지털 기술이 기업과 소비자 개인의 상호 의사소통 방식에 끊임없는 변화를 주고 있다. 기업들은 빅데이터 등으로 대표되는 정보 통신(ICT) 메가 트렌드와 고객 인텔리전스(CI : Customer Intelligence) 및 고객 경험을 결합하여 고객 중심 전략에 더욱 박차를 가하고 있다. 과거에는 해외 선진 기업에서 고객 관리를 위한 서비스 차원으로 고객 관계 관리를 수행했다면, 이제는 고객 관리가 단순 고객 서비스 차원을 떠나 기업 조직과 문화의 중심에 위치한 주요 전략으로 자리 잡아 가고 있다. 따라서 오늘날 기술적 환경은 현대기업의 성패에 대단히 큰 영향을 미치고 있고, 다른 환경요인들 가운데 가장 동태적인 성격을 지니면서 급속하게 변하고 있다. 미래 산업과 사회에 큰 영향을 미치게 될 과학 기술에는 컴퓨터, 위성통신, 산업용 로봇, 우주항공 등이 있다. 미래 산업에 대한 기술개발 능력을 갖추지 못한 기업은 기술혁신을 따라가지 못해 조직의 성장과 발전을 기대할 수 없으므로, 경쟁력을 강화하기 위해 **기술혁신 능력**을 갖추어야 한다.

(3) 사회·문화적 환경

사회·문화적 환경이란 구성원들의 행동에 영향을 미치는 가치관, 태도, 관습, 생활양식 등을 말한다. 사회·문화적 환경 속에서 습득한 생활의식은 경영자, 종업원, 소비자의 행동 패턴에 지속적이고 일관된 성향을 형성하여, 기업활동에 중요한 기능을 제공하게 된다.

우리 사회는 급속한 경제성장을 이루면서, 생존을 위해 노력하던 시대에서 경제성장의 결실을 향유할 수 있는 시대로 변화하며 커다란 문화적 변화를 경험하고 있다. 소비자들의 라이프스타일과 소비문화 역시 변화하고 있다. 특히 소매업에 크게 영향을 주는 요인으로 여성의 취업을 들 수 있다. 대부분의 신세대 여성은 자신의 직업을 갖고자 한다. 결혼 전에는 물론이고 결혼 후에도 직업을 계속 유지하기를 원한다. 자신뿐만 아니라 자기 부인의 취업을 원하는 남편도 점점 늘어난다고 한다. 따라서 여성은 직장업무뿐만 아니라 식사준비, 육아 등 가정 일에 매달리면서 자신을 위해 쇼핑하는 데 많은 시간을 낼 수가 없다. 그래서 one-stop 쇼핑, 홈쇼핑, 방문판매, 인터넷 쇼핑 등과 같이 적은 시간으로 효율적인 쇼핑을 가능하게 해 주는 수단을 이용하게 된다. 또한 맞벌이 부부 가정이 늘어나면서 아동케어 산업, 사교육 산업, 즉석식품 산업, 외식 산업 등이 차지하는 비중이 점점 커지게 된다.

1인당 GNP가 2만 달러를 넘어서면서 건강 및 여가에 대한 욕구도 늘어나고 있다. 주말마다 2~3시간을 소비하며 도심을 빠져나가려는 자동차의 행렬을 보거나, 여름이나 겨울 휴가를 이용해 해외로 나가는 사람들이 점점 증가하는 현실을 감안해 볼 때, 우리나라 사람들의 여가에 대한 욕구가 어느 정도인지 짐작할 수 있다.

은퇴를 하거나 미혼인 사람들이 예전에는 가족과 함께 거주했지만, 최근에는 독신으로 생활하는 사람들이 늘어남에 따라 주방용품 산업, 식품 산업 등에도 변화의 기회가 제공되었다. 1인용 밥솥, 1인용 식탁, 1인용 전기장판 등과 같이 1인 가정을 위한 제품들이 출시되고, 2인분 이상일 때만 주문이 가능했던 요식업에서도 최근에는 1인분을 배달해 주는 등 변화하고 있는 실정이다.

문화적 환경은 사회의 기본적 가치, 지각, 선호, 행동 등에 영향을 미치는 제도나 요인으로 구성된다. 문화는 단기적으로는 안정적이지만 장기적으로는 부단히 변화한다. 특히 근래에 와서 문화의 변화속도가 빨라지고 있는데 기업은 이에 보다 신속하게 대응해야 한다.

사회 전체의 문화는 그 속에 여러 개의 하위문화들을 포함하고 있다. 이러한 하위문화는 연령, 직업, 지역, 종교 등의 차이에 의해 점차 다양해지고 특성화되고 있다. 하위문화의 특성화는 상이한 욕구와 상이한 소비행동을 보이는 집단의 수가 증가함을 의미한다. 우리나라에도 니트족, 캥거루족, 딩크족과 같은 특수한 하위문화층이 형성되어 있다.

우리 사회의 신세대는 전쟁과 가난 등을 겪지 않았고, 핵가족 사회에서 가정과 학교교육을 통해 민주적인 합리주의를 배웠다. 기성세대가 농경사회에서 자란 반면, 신세대는 산업사회에서 자란 것이다. 이로 인해 신세대는 개인주의와 합리주의 그리고 보편주의에 정신적 근간을 두고 있다. 즉, 신세대는 사회적 신분보다는 가치 있는 일을, 출세보다는 행복을, 조직보다는 개인과 가정을, 희생적 정신보다는 이기주의를 추구한다. 신세대를 영상(TV)세대라고 한다면 구세대는 문자(신문)세대라고 부를 수 있다.

(4) 정치·법률적 환경

기업 경영활동의 성과는 법률적 규제나 행정적 조치와 같은 정치·법률적 환경의 변화에도 크게 영향을 받는다. 특히 해외에서 사업 활동을 수행하는 기업들은 그 나라의 정치 환경을 신중하게 검토해야 한다. 정치적 안정성은 기업의 경영활동에 큰 영향을 미친다. 이란에서의 정치적 변화로 인해 수많은 한국 건설업체들이 서둘러 철수하여 큰 손실을 입었던 사례나, 1959년에서 1960년 사이에 쿠바에서 새로 정권을 잡은 카스트로가 국내기업이나 외국기업 할 것 없이 모든 사기업을 몰수한 사례 등 이 전형적인 예에 속한다. 또한 베이징 천안문사태 발생 후 홍콩기업들이 홍콩에 대한 중국의 주권회복 이후의 정치적 상황을 두려워하여 동남아, 미국 등으로 근거지를 옮긴 것도 좋은 예가 될 수 있다. 현대는 자본주의 국가나 공산주의 국가를 가리지 않고 활발히 무역이 이루어지고 있다. 또한 무역의 형태도 시대에 따라 변천하여 보호무역에 치중하던 과거와는 달리 WTO 등의 정책방향에 맞게 무역을 자유화하고 있다. 이에 따라 우리나라에 중국의 값싼 농산물이 수입되어 국내 농·수산업계가 큰 타격을 받고 있으며, 제조업에서도 일본의 우수한 전자·전기제품이나 동남아산 저가 제품과의 경쟁을 피할 수 없게 되었다. 이러한 자유무역은 국제 정치적으로 피할 수 없는 상황이며, 국내외를 막론하고 살아남기 위해 치열한 경쟁을 벌여야 하는 것이 현실이다.

이와 같이 기업의 경영성과에 영향을 미치는 요인이 커다란 정치적 변혁에만 있는 것은 아니다. 정부의 정책 및 규제, 각종 정부기관의 방침, 국회의 입법 등과 같은 요소들도 모두 정치·법률적 환경을 구성하는 내용들이다. 또한 국제화의 시대로 변화하며 무역(UR), 환경(GR), 기술(TR), 노동(BR), 경쟁(CR) 등의 모든 분야에 걸쳐 국가 간의 협상이 이루어지고 있으므로, 이러한 문제를 극복해야 하는 어려움에 처해 있다.

(5) 자연적 환경

자연적 환경이란 기업을 둘러싼 자연적 조건과 관련된 환경을 의미한다. 천연자원의 부족, 자원가격의 상승 등 자원 공급 문제와 경영활동 과정에서 발생되는 환경파괴의 문제가 자연적 환경과 관련된 대표적인 문제이다.

물, 공기와 같은 무한자원은 오염되고 있어서 언제 사용이 중단될지 모르고, 삼림, 해양과 같이 재생 가능한 자원은 기후의 변화 등으로 인해 점점 고갈되고 있다. 석유, 석탄과 같이 재생 불가능한 자원은 1970년대에 두 차례의 석유파동에서 알 수 있는 것처럼 자원보유국들에 의해 언제 부족문제가 시작될지 장담할 수 없는 실정이다. 한편 이러한 자원들은 재생가능 여부에 관계없이 대기오염, 수질오염 등으로 이상기온, 생태계 파괴와 같은 문제가 나타나면서 점점 자정능력을 잃어가고 있어 인류의 생존에 대한 위협이 이미 시작되었다고도 볼 수 있다.

최근 폭스바겐 자동차의 배출가스 조작 사태가 전 세계적 이슈가 되면서 저탄소사회 구축을 위한 탄소규제가 강화되고 있다. 산업계를 중심으로 저탄소 사회를 향한 패러다임 전환이 이루어지고 있으며, 세계의 경제활동, 사회활동 추진에 있어 탄소삭감이 새로운 평가척도가 되었다. 또한 석유, 가스 등과 같은 제한된 자원보다는 태양광, 풍력발전 등 자연 에너지를 활용한 재생가능 에너지의 개발이 필요하다.

2) 이해관계자

기업을 둘러싼 갖가지 환경 가운데서도 경영전략상 의사결정에 매우 중대한 영향을 미치는 환경요인이 이해관계자 집단이다. **이해관계자 집단**이란 기업이 생존하고 성장하기 위하여 상호 교류하는 집단이나 개인들, 기업들을 말한다. 이들은 일상적인 기업활동에 직접적인 영향을 주는 환경요인들이다. 이해관계자라는 것이 구체적으로 어떤 것을 지칭하는지에 관해 통일된 견해는 없지만, 공통적으로 언급되는 집단으로는 주주, 금융기관, 거래처, 고객, 경쟁기업, 종업원, 정부 그리고 지역사회 등이 있다.

(1) 주주

주주는 기업에 자본을 제공하여 기업에 대한 소유권을 보유하고 있는 개인 투자자나 투자기관으로 기업의 경영에 중요한 영향을 미친다. 산업사회의 발전으로 기업규모가 확대되면서 기업은 많은 자본이 필요하게 되었으나 오너의 자본동원 능력만으로는 한계가 있었다. 따라서 기업은 개인 투자가나 투자집단으로부터 자본을 조달받기 시작했고, 주주라는 새로운 계층이 형성되었다. 주주는 의결권에 바탕을 두고 기업의 기본적인 정책결정에 참여하고, 이익과 잔여재산 분배에 참여하는 등의 권한을 행사한다.

(2) 고객

고객은 기업이 생산한 제품이나 서비스를 반복적으로 구매하는 소비 주체로, 고객들의 집합이 하나의 시장을 형성하게 된다. 오늘날의 자본주의 경제에서 기업은 고객 없이 존속할 수 없다. 오늘날 기업은 고객만족이라는 전략적 목표를 달성하기 위하여 **고객관계관리**(CRM : Customer Relationship Management)를 통한 마케팅을 전개하고 있다. 고객에게 탁월한 가치를 바탕으로 만족을 제공함으로써 수익성 있는 고객관계를 구축하고, 이를 통하여 기업의 수익성을 극대화할 수 있다는 것이다. 따라서 경영자는 고객들의 욕구, 소비성향, 취향, 교육수준 등을 세밀하게 파악하여 고객들과의 긴밀한 관계를 지속적으로 유지·발전시켜 나가야 한다.

(3) 종업원 및 노동조합

종업원들은 자신들의 권익을 보호하기 위해 조직 내부의 협력단체인 노동조합을 구성하여 공동의 목표를 달성하고자 한다. 노동조합과 같은 근로자 집단을 통해 종업원 들이 경영활동에서의 의사결정에 미치는 영향력이 점점 증대되고 있다. 이처럼 노동조합은 기업을 구성하고 있는 근로자 집단의 의견을 대표하여 기업의 경영활동에 직접적인 영향을 미치기 때문에, 경영자는 기업의 목적을 효과적으로 달성하기 위해 원만한 노사관계를 유지하여 상호 협력할 수 있도록 해야 할 것이다.

(4) 정부

정부는 사회구성원들의 공익을 보호하기 위해 다양한 기능을 수행하는 이해관계자 집단이다. 기업에 대한 관찰, 감시, 제품의 품질, 광고, 독과점이나 담합에 대한 부당이익 등을 규제하기도 하고, 사회간접자본 확충, 수출지원, 자금지원 등을 통해 기업을 정책적으로 지원하기도 한다. 이와 같이 정부는 기업활동에 막대한 영향을 미치며 기업활동을 규제하는 한편, 기업이 나아가야 할 방향을 제시하는 환경요인이라고 볼 수 있다.

2. 환경 불확실성

기업이 오늘날 당면하고 있는 외부환경은 극히 불확실하다. 경영자들은 이러한 불확실한 환경에서 미래에 대해 예측할 수 있는 충분한 정보를 갖지 못한 채 사업을 경영한다. 외부환경의 불확실성이란 외부환경이 어떻게 변화·발전될 것인가를 누구도 정확히 알 수가 없다는 것을 의미한다.

기업이 당면한 불확실성은 복잡성과 역동성으로 구성된다. **복잡성**(complexity)이란 경영자가 의사결정을 위해 고려해야 하는, 기업의 경영활동에 직·간접적으로 영향을 미치는 환경들의 수를 의미한다. **역동성**(dynamics)이란 이러한 환경들의 시간에 따른 변화속도를 말한다. 결국 불확실성이 높다는 것은 복잡성과 역동성의 수준이 높다는 뜻이며, 일반적으로 기업이 속해 있는 산업에 따라 그 정도가 달라질 수 있다.

비교적 단순하고 역동성이 낮은 환경에서는 환경요소들이 거의 변하기 않기 때문에 낮은 불확실성을 갖는다. 대학교 구내식당은 고객이 재학 중인 학생들로 고정되어 있고, 경쟁자들도 학교 주변의 식당으로 한정되어 있으며, 정부와 같은 외부단체의 영향을 크게 받지 않으므로 아주 단순하면서도 안정적인 환경에서 운영되고 있다. 매년 재학생들의 수는 일정하고, 학기 중과 방학에 따라 수요의 차이는 있지만, 그조차도 비교적 일정한 수준이므로 불확실성이 낮다.

표 3-1 기업이 당면한 환경 불확실성

환경특성		환경의 복잡성	
		단순 또는 동질적	복잡 또는 이질적
환경의 역동성	안정적	• 소수의 동질적 환경요소 • 환경요소가 변화하지 않거나 변화의 속도가 느림	• 다수의 이질적 환경요소 • 환경요소가 변화하지 않거나 변화의 속도가 느림
	역동적	• 소수의 동질적 환경요소 • 환경요소가 지속적으로 변화함	• 다수의 이질적 환경요소 • 환경요소가 지속적으로 변화함

환경요인의 수가 많으면서 역동성이 낮은 환경은 경영자가 외부환경의 여러 요인들을 고려해야 하지만, 그 변화속도는 빠르지 않아 다소 낮은 불확실성을 갖는다. 예를 들어 주유소의 경우, 석유부존국가들의 자원보유 상황, 국제유가시세 등의 국제관계뿐만 아니라, 정부의 유가정책, 경쟁자들과의 가격경쟁, 카드사나 공급업체와의 수수료 분쟁 등 여러 요인들을 고려해야 하지만, 주유를 하는 고객들의 수는 늘 일정한 편이고, 여러 정책들이 급속하게 변하지는 않으므로 불확실성이 다소 낮은 편이다.

단순하고 역동적인 환경은 경영자가 고려해야 할 외부환경 요인의 수는 적지만, 환경의 변화 속도가 빨라 다소 높은 불확실성을 갖는 환경이다. 패션산업은 고객, 경제적 환경 등만 고려하면 되기 때문에 환경요인의 수는 적지만, 고객들의 소비성향, 취향이 급속도로 변하고 그에 따라 유행의 속도가 점점 짧아지고 있어, 변화를 감지하지 못하면 큰 어려움에 처하게 된다.

환경요인의 수도 많고, 변화의 속도도 빨라 역동성이 높은 환경은 경영자가 고려해야 할 요인도 많고 그 변화속도에도 민감하게 반응해야 하므로 불확실성이 높은 환경이다. 스마트폰 산업에서는 국내 경쟁업체, 고객, 거래업체뿐만 아니라 외국 제품의 기술력, 무역 분쟁과 같은 국제적 요인까지 많은 환경요인을 고려해야 한다. 그뿐만 아니라 고객들의 욕구가 지속적으로 변화함에 따라 고객 성향도 관찰해야 하고, 경쟁사들의 계속되는 신제품 출시에도 반응해야 하는 등 역동성도 높아 경영자는 시장에서 잠시도 눈을 돌릴 수가 없다.

일반적으로 환경적 불확실성이 높을수록 외부환경에 더 많은 경영노력이 집중되어야 한다. 따라서 기업은 환경에 관한 정보를 수집, 분류, 해석하는 기법을 연구, 개발해야 한다. 이를 통해 지속적으로 외부환경을 연구하고 추적하여 새롭게 나타나는 추세들을 파악하고, 새로운 정보를 이용하여 경영전략 수립에 사용할 수 있어야 한다. 또한 불확실성이 높을수록 기업조직이나 경영활동에 융통성과 적응성이 필요하다. 불확실한 환경이 미래에 어떻게 변할 것인가를 예측하는 데는 필연적으로 한계가 있기 때문에 기업은 새로운 상황이 발생하거나 다른 좋은 정보를 얻게 되었을 경우에 즉각적으로 반응할 수 있어야 한다. 특히 기업이 종사하는 산업이 컴퓨터와 같은 첨단 산업일 경우에는 적응·반응능력이 더욱 필요하다.

3. 경쟁우위의 원천

경쟁우위는 경쟁시장에서 평균보다 지속적으로 높은 수익률을 올릴 수 있는 힘으로서 경쟁상의 이점을 의미한다. 이는 특정한 기업이 다른 수많은 기업과의 경쟁에서 우위에 설 수 있는지의 여부를 판단할 때 사용하는 개념으로, 두 국가 간 우위를 판단하는 비교우위와는 다르다. 비교우위가 주로 임금, 금리, 환율, 부존자원 등의 비교 개념이라면 경쟁우위는 개별기업에 한정된 개념이다. 즉, 경쟁우위는 다른 기업과 뚜렷하게 구분되는 것으로, 다른 기업이 보유하지 못한 그 기업만의 **경영자원**과 다른 조직이 따라 할 수 없거나 다른 조직보다 더 나은 조직의 **핵심역량**에서 나온다.

기업이 경쟁우위를 가지기 위해서는 두 가지 조건이 필요하다. 하나는 다른 기업이 갖고 있지 못한 희소한 경영자원을 가지고 있어야 한다는 것이고, 다른 하나는 경영자원과 핵심역량이 현재 기업이 속해 있는 산업 환경에 적합해야 한다는 것이다. 이처럼 경쟁우위는 외부의 환경 변화에 의해 생길 수도 있고, 내부의 경영활동 노력에 의해 생길 수도 있다. 마이클 포터는 산업구조와 같은 외부의 환경요인이 기업 성과를 결정한다고 보았다. 기업은 외부 환경을 제대로 파악하고 이에 적합한 산업을 선택함으로써 일정 수준의 경쟁우위를 가지게 되는 것이다. 내부의 경영활동에 의한 경쟁우위는 기업이 보유한 가치활동과 경영자원에 의해 발생한다. 가치활동은 기업이 부가가치를 창출하는 활동으로, 마이클 포터는 본원적 활동인 주활동과 지원 활동인 보조활동으로 가치활동을 구분하였다. 경영자원은 기업이 보유하고 있는 물적·인적 자산을 의미한다.

기업이 창출할 수 있는 경쟁우위로는 원가우위와 차별화우위가 있다. 원가우위는 동일한 제품을 경쟁사보다 저렴한 가격에 파는 것이고, **차별화우위**는 다른 기업이 제공하지 못하는 독특한 제품과 서비스를 고객들에게 제공하는 것이다.

경영자들은 과거의 성공에 안주하거나 다른 기업이 활동하는 방식을 무시할 수가 없다. 경영환경에서 경쟁우위를 계속 유지하기 위해서, 경영자는 지속적인 환경변화에 대한 관심과 더불어 변화에 끊임없이 적응할 수 있는 능력이 있어야만 한다.

4. 지속적 경쟁우위

기업이 경쟁우위를 확보하기 위해서는 제품의 가격, 고객서비스, 원가효율성, 제품의 질, 기업특유의 기술, 탁월한 경영능력 등을 확보해야 한다. 따라서 경쟁우위 요인을 확보하기 위해 투자하면, 경쟁우위의 원천인 우수한 경영자원과 핵심역량을 보유하게 되고, 이를 바탕으로 경쟁우위가 실현된다. 그 결과 경쟁기업보다 나은 고객가치를 창출하게 된다. 이러한 방법을 통해 경쟁우위를 가지게 되면, 기업은 경쟁자가 모방하거나 따라오기 어려운 정도의 우위를 지속적으로 유지하는 것이 중요하다. 이때 기업은 단기간에만 집중하는 일시적인 경쟁우위가 아니라 장시간에 걸쳐 유지되는 지속적인 경쟁우위를 가져야 한다.

경쟁우위를 지속적으로 유지하기 위해서는 기업의 고유한 능력이라고 할 수 있는 뛰어난 효율성, 품질, 혁신, 고객반응과 같은 요소가 중요하다. 우수한 품질은 효율성을 높이고, 우수한 혁신은 효율성과 품질을 동시에 향상시킨다. 어떤 기업이 이러한 요소들을 추구한다면 이것이 바로 본원적인 차별화 역량이라고 할 수 있다. 이러한 본원적 역량은 기업으로 하여금 제품이나 서비스를 차별화하여 고객에게 많은 효용성을 주고 원가를 낮추게 한다. 따라서 우수한 효율성, 품질, 혁신, 고객반응을 확보하기 위해 필요한 역량을 구축하면, 기업은 저원가전략과 차별화전략을 달성할 수 있고, 원가우위와 차별화우위의 경쟁우위를 바탕으로 우수한 수익성을 창출하게 된다.

경쟁우위는 기업의 경영성과를 창출하는 핵심이라고 볼 수 있다. 이때 경영성과는 경제적 성과로서 회계적 성과와 직결되는데, 일반적으로 기업이 경쟁우위를 가질 때 평균 이상의 회계적 성과를 가지게 되며, 이 경우 보통 수준 이상의 경제적 성과를 달성할 수 있게 된다.

1) 경쟁우위의 구축

만약에 기업이 극도로 경쟁적인 환경에 놓여 있다면 조직과 관리자가 가장 중요하게 여겨야 할 것은 무엇인가? 그 답은 경쟁우위를 구축하기 위해 조직이 보유하고 있는 자원의 사용과 관련이 있다. 경쟁우위란 경쟁업체보다 상품이나 서비스를 더욱 효율적이고 효과적으로 생산해, 다른 조직들보다 뛰어난 성과를 얻는 조직의 능력이다.

경쟁우위의 주요한 요인에는 〈그림 3-1〉과 같이 뛰어난 효율성, 품질, 속도, 유연

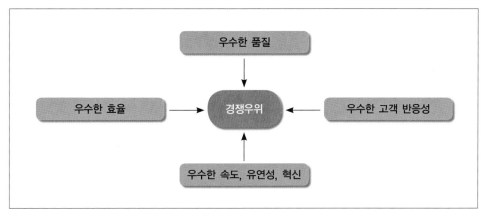

그림 3-1 경쟁우위의 구축

성, 혁신과 고객 반응성 등이 있다.

(1) 효율성

기업은 상품이나 서비스를 생산할 때 효율성을 증대시켜야 한다. 오늘날과 같은 경쟁적인 환경에서 조직들은 지속적인 성장을 위해, 자원을 효율적으로 사용하기 위한 새로운 방법들을 끊임없이 모색하고 있다. 많은 기업들은 조직원에게 컴퓨터 시스템에 의한 자동화 시설로 운영되는 공장에서의 작업에 필요한 새로운 기술과 기법을 훈련시키고 있다. 또한 **교차훈련**(cross-training)을 실시하여 여러 가지 다양한 작업을 수행하는 데 필요한 기술을 제공하고, 팀 관리와 같은 새로운 방법으로 직원을 관리함으로써 그들의 능력을 보다 잘 활용할 수 있도록 만들어 준다. 이것은 기업의 생산성 향상을 위한 노력에 있어서 아주 중요한 과정으로 일본과 독일의 기업들은 미국과 이탈리아의 기업보다 직원훈련에 더 많은 자금을 투자한다.

종원업들에게 비교적 낮은 임금을 지불하는 멕시코, 말레이시아와 같은 국가에서 운영되는 회사들과 경쟁해야 하는 기업은 효율성을 증대시키거나 품질을 높이는 등 다른 경쟁우위를 얻기 위한 새로운 방법들을 궁리해야만 한다.

(2) 품질

한국의 전자제품 제조업, 멕시코의 농업, 유럽의 재무회사와 같은 세계적인 조직으로부터의 도전은 기업에게 제품과 서비스 품질을 향상시키기 위해서는 종업원들의 기술과 능력을 더욱 향상시켜야 한다는 압력을 가하고 있다. 품질을 개선하고자 하는 기업들의 노력으로 **전사적 품질관리**(TQM : Total Quality Management)로 알려진 품질 확장 기술이 도입되었다. TQM과 관련된 종업원들은 품질 통제팀의 구성원으로 조직되어, 업무를 실행하면서 더 나은 방법을 찾아야 하는 책임을 가진다. 또한 그들이 생산하는 제품의 품질을 계속해서 모니터링하고 평가해야 한다.

(3) 속도, 유연성, 혁신

오늘날 기업들은 자신이 가진 속도와 유연성에 의존하여 경쟁에서 승리할 수도 있고, 그렇지 못할 수도 있다. 속도는 어떻게 하면 경쟁자보다 더 빨리 시장에 신제품을 내놓을 수 있느냐에 관한 것이고, 유연성은 경쟁업체의 행동에 얼마나 쉽게 대응할 수 있느냐에 관한 것이다. 속도와 유연성을 가진 기업은 경쟁자들과의 경쟁에서 보다 빠르게 승리할 수 있다. 경영자들은 뛰어난 계획과 조직화 능력을 가지고 있고, 무엇을 해야 할지 미리 결정할 수 있으며, 변화하는 환경에 적응하기 위해 자원을 빠르게 동원할 수 있다. 스티브 잡스의 목표는 급속하게 변화하는 컴퓨터와 디지털기기의 환경에서 빠르게 반응할 수 있는 회사로 만드는 것이었고, 그것이 애플의 경쟁우위가 되었다.

　혁신은 고객들이 원하는 제품과 서비스를 생산하는 데서 더 나아가 보다 새롭고 개선된 제품이나 서비스를 창조하는 것이다. 관리자들은 종업원들이 혁신적으로 일할 수 있도록 보다 창조적인 조직 환경을 만들어야 하고, 그에 맞게 조직문화를 만들어 가야 한다.

(4) 고객 반응성

조직은 고객에게 제품과 서비스를 제공하여 고객만족을 실현하기 위해 경쟁한다. 따라서 고객들의 욕구에 제대로 반응하도록 잘 훈련받은 직원들은 아주 중요한 자원이고, 특히 서비스 조직에서는 더욱 그러하다. 은행, 병원과 같은 소매점들은 고객이 지불하는 비용에 적합하거나 혹은 더 높은 품질의 서비스를 제공하기 위해서 그들의 직원을 훈련시킨다. 미국, 캐나다와 같은 많은 선진국에서는 이미 서비스 산업의 비중이 커지고 있고, 이에 따라 서비스 조직의 중요성은 점점 더 커지고 있다. 그러므로 기업은 종업원이 고객에게 보다 높은 품질의 고객 서비스를 제공할 수 있도록 많은 권한을 주고 있다.

읽을거리

新산업융합 패러다임 만들기

20세기 정보화 시대 이후, 산업 간의 융합과 녹색성장은 세계 경제의 중요한 화두로 부상하고 있다. 글로벌 기업들은 다양한 산업 간의 융합을 통해 시장주도권과 경쟁우위를 확보하기 위해 치열하게 노력하고 있다. 또 선진국들은 이런 상황에 맞춰 발 빠르게 국가 차원의 지원 전략을 수립해 추진하고 있다. 우리 정부도 급성장하고 있는 산업 간 융합 시장의 선점과 국가 주력산업의 재도약을 위해 범부처 차원의 산업융합 촉진 정책을 추진하고 있다. 하지만 아직 산업 간 융합이라는 개념은 일반인은 물론이고 많은 국내 대기업 경영자들, 정책 입안자들에게도 생소한 것이 사실이다.

2008년 이후 산업 간 융합의 범위는 기술·제품·산업·시장·학문 등 모든 영역에 걸쳐 다양하게 확산되고 있다. 이 가운데 창조경제시대의 상생발전에 가장 적합한 사례로 한류 콘텐츠 산업을 활용한 융합사례가 주목을 받고 있다. 올해 10월 27일 대통령의 국회 시정연설에서도 한류 콘텐츠와 타 산업과의 연계가 중요한 주제로 언급됐을 정도다.

한류 콘텐츠 산업이 타 산업과 연계 또는 융합이 되면서 타 산업의 성장과 해외 진출에 큰 도움을 주고 있고 한류 콘텐츠로 촉발된 해외 소비자들의 관심이 국가 이미지뿐만 아니라 다른 분야 산업과 기업까지 전이되고 있다. 또 한류 콘텐츠의 판매 자체보다 더 큰 가치를 타 산업에서 창출하는 이른바 '스필오버 이펙트(Spillover Effect)'도 기대할 수 있다. 실제 2012년 이후부터 한국 드라마나 K-pop, 한류 스타들로 인해 촉발된 관심은 미용, 성형, 패션 등 연관 산업을 비롯해 식품, 생활용품, IT 상품, 자동차나 건설 부문까지 확대되고 있다. 그러나 아쉽게도 현재 한류 콘텐츠와 거리가 먼 대부분의 타 산업 분야에서는 연계활동은 한류스타를 이용한 광고 수준에 머물러 있다. 스필오버 이펙트가 일어나는 접점에 두 산업 간 협업과 융합을 촉진할 수 있는 플랫폼을 구축하고 마케팅 전략을 수립하는 것이야말로 이종 산업 연계를 강화할 수 있는 최선의 지원일 것이다. 다른 산업에서 한류를 활용할 수 있는 마케팅 전략 4P(Product, Place, Promotion, Price)를 제시하자면 첫째, 어떤 제품을 팔 것인가를 정해야 한다. 국내·외 한류팬들이 어떤 제품에 관심이 많은지 조사해 국가별 제품 선호도를 파악할 수 있고 이를 통해 육성할 기업, 브랜드, 제품 등을 선정할 수 있다. 둘째, 어디서 판매를 할 것인가를 고민해야 한다. 공격적인 온라인 상거래를 활용해 B2B 시장 진출에 앞서 B2C 시장부터 공략하는 것이 효과적일 것이다. 셋째, 어떻게 홍보를 할지도 고안해야 한다. 스타를 활용한 PPL 방법이 가장 효과적이고 파급효과가 크지만 비용문제 탓에 중소기업에는 부담스러운 전략이다. 그러므로 한류의 전도사 역할을 하고 있는 대표적인 소셜네트워크 서비스(SNS)인 트위터, 유튜브, 페이스북은 물론 웹드라마, BJ(Broadcasting Jockey) 등을 적극적으로 활용해 전 세계 한류에 관심이 있는 잠재고객을 대상으로 저비용 홍보 방식을 고민할 수 있을 것이다. 마지막으로 적절한 가격 전략을 세워야 한다.

한류 콘텐츠라는 장점을 타 분야 산업에서 활용한다면 '한류 프리미엄'의 효과를 통해 국내 기업들이 저가 전략에서 벗어나 가격 프리미엄을 추구하는 데 도움이 될 것이다. 특히 중소기업들의 경우 한류를 한국 상품의 '프리미엄화'를 실현시키는 지렛대로 잘 활용해 무리한 가격 경쟁에 따른 출혈을 막을 수 있다. 이런 전략이 성공적으로 실행되기 위해서는 한류 콘텐츠의 기획 및 개발과 관련 있는 기업들이 보유하고 있는 콘텐츠와 다른 분야 산업의 제품을 연계해 시너지 효과를 극대화할 수 있는 새로운 플랫폼을 구상해야 한다. 또 이를 산업화하는 데 정부가 주도적인 역할을 수행하고, 상생을 통해 창조경제를 실현하기 위해 민간-공공, 대기업-중소기업과 협업을 이끌어 낼 수 있는 비즈니스 모델과 정책 수립이 필요하다. 무엇보다 중요한 것은 산업 간 융합에 대한 끊임없는 연구와 노력일 것이다.

- 출처 : 동아비즈니스리뷰 191호, 2015년 12월 Issue 2 -

business
administration **4**

정보기술과 의사결정

1. 경영활동과 정보기술

컴퓨터기술과 정보기술의 급격한 발전은 기업의 경영문제 해결과 성과 향상에 기여하고 있다. 정보기술의 개발과 혁신은 기업의 의사결정 과정뿐만 아니라 경영활동 전반에 걸쳐 영향을 미치고 있고, 이러한 까닭에 기업들은 CIO(Chief Information Officer)나 CKO(Chief Knowledge Officer)와 같은 정보와 지식을 총괄적으로 책임지는 직책이 기업의 경영진에서 생겨나고 있다. 컴퓨터기술과 정보기술의 급격한 발전은 기업의 경영문제 해결과 성과 향상에 기여하고 있다. 정보기술의 개발과 혁신은 기업의 의사결정과정뿐만 아니라 경영활동 전반에 걸쳐 영향을 미치고 있고, 이러한 까닭에 기업들은 CIO(Chief Information Officer)나 CKO(Chief Knowledge Officer)와 같은 정보와 지식을 총괄적으로 책임지는 직책이 기업의 경영진에서 생겨나고 있다.

1) 전자사무실

정보기술(IT: Information Technology)이 직장생활에 어떠한 영향을 미치었는가를 가장 잘 보여주는 예가 바로 전자사무실이다. **전자사무실**(Electronic Office)이란 컴퓨터를 이용하여 사무실에서의 활동을 수월하게 전자적으로 수행하는 곳을 말한다. 예를 들어 문자나 영상 또는 목소리로 데이터처리가 가능하게 되어 컴퓨터가 해당 담당자의 목소리를 알아들어 업무를 수행하고, 자동으로 전화에 응답하고 메시지를 전달해 주는 역할을 할 수 있게 되는 것이다. 종업원들이 데이터베이스를 이용하여 손쉽게 자료 분석을 하고 보고서를 작성할 수 있으며 워드프로세서로 작성된 문서들은 보관하여 후에 다시 이용하고 전자우편이나 팩시밀리 등을 통하여 다른 사람들에게 자료를 신속하게 전달하여 이용하도록 한다. 문서작성을 위한 책상은 사라지고 종이가 없는 사무실이 된다. 우편물은 컴퓨터로 전달되며 컴퓨터회의나 화상회의가 일상적인 업무가 된다. 공간적 제약이 없어지고 어디 있든 간에 실시간으로 함께 일할 수 있게 된다.

이러한 일은 사실 이미 시작되었다. 진취적인 기업은 이러한 기술을 사용하여 작업 효율과 함께 생산성을 증대시키고 있다. 따라서 급속한 변화에 뒤쳐지는 기업은 경쟁 우위 확보에 실패하게 될 것이다. 미래학자 Toffler가 지적했듯이 급격한 변화의 시대에는 의사결정의 속도가 중요한 자산이 된다.

2) 전자상거래

요즘은 책을 구입할 때 아마 동네 서점에 가서 찾는 것보다 인터넷에서 찾아 구매하는 것이 사실은 더 편리할 것이다. 이미 이러한 변화를 기회로 포착하여 가상서점인 아마존(amazon.com)이 성공적으로 세계 시장에 등장하여 운영되고 있고, 국내에서도 오프라인 서점을 찾아보기 힘들 정도로 인터넷 서점이 일반화되었다. 이제 기업은 물론 개인에 이르기까지 전자상거래가 일상이 되었고, 이런 움직임은 전 세계적인 현상이다. 나아가 모바일 기술의 발전으로 인해 모바일 폰을 통한 상거래도 가능하게 되었으며, 모바일 폰을 통한 광고 및 상거래(M-commerce) 활동도 활성화되고 있다.

좁은 의미의 전자상거래는 일반적으로 생각하는 '인터넷에서 물건을 사고파는 것'이라고 할 수 있다. 즉, 인터넷에 주소를 마련하고 홈페이지를 만들어서 물건의 목록을 전시하면 구매자들이 찾아와서 물건을 구매하는 것이다. 인터넷 상점을 운영하는 기업과 실수요자인 고객이 시간과 공간의 제약을 뛰어넘어 만날 수 있다는 점에서 그리고 비싼 임대료를 지불하며 실내 장식을 하는 것보다 비용부담이 적다는 점에서 처음에는 '대안적 상점'의 차원에서 주목을 받기 시작하였다. 그 대표적인 사례가 바로 '아마존'이다. 1999년 말 시사주간지 「Time」은 올해의 인물로 아마존의 설립자 제프 베조스를 선정할 정도로 아마존은 전자상거래의 대명사로 인식되기에 이르렀다.

넓은 의미의 전자상거래는 아마존의 경우와 마찬가지로 거래가 이루어지는 매장이 가상공간, 즉 인터넷에 마련되어 있는 것을 말한다. 물론 이는 '매장'만 해당되므로 물건을 배달하기 위해서는 전문업체와 별도 계약을 맺어야 하고, 물류 창고가 필요하며, 기업을 제대로 경영해서 세금도 내야 한다는 면에서는 일반 기업과 크게 다르지 않다.

국내의 인터넷 서점이나 기타 상점들은 초기에는 큰 성공을 거두지 못하였다. 매출이 발생하기는 하지만 생각보다는 금액이 적다는 데 그 원인이 있었는데, 그 원인 가운데는 미국의 사례를 여과 없이 그대로 도입하는 과정에서 국내 사정을 제대로 고려하지 못했기 때문이라는 점을 들기도 했다. 인터넷 서점을 예로 들면, 미국에서는 통신을 통해 책을 구매하는 것이 일반적인 현상이라서 구매자가 발송비를 부담하거나 오랜 시간 기다리는 것에 익숙해져 있었지만 우리의 상황은 달랐다. 서울에는 아시아 최대 규모의 대형서점이 즐비했었고, 지방에서도 대형서점을 쉽게 찾아볼 수 있었다.

또한 출판물의 수가 상대적으로 적었기 때문에 동네서점에도 웬만한 책은 다 갖추어져 있었고, 주문하면 3~4일 이내에 가져다주었기 때문에 굳이 인터넷 서점을 찾을 이유가 적다고 생각했던 것이다. 이로 인해 국내에서는 한동안 인터넷 서점을 비롯한 다양한 전자상점이 만들어졌지만, 여러 가지 이유로 타산을 맞추지 못해서 개점휴업 상태인 곳이 많았다. 그러나 전자상거래의 이점을 살린 서적의 가격인하, 유통시스템의 개선을 통한 익일 배송 등과 같은 지속적인 노력으로 인터넷 서점이 생겨난 지 10여 년이 지난 지금, 오프라인의 대형 서점들은 거의 사라지고 그 자리를 인터넷 서점들이 대신하고 있다.

사실 인터넷 상점은 매출 발생이 되더라도 한 달간은 안심하지 못한다는 한계를 가지고 있다. 소비자가 직접 물건을 보지 않은 상태에서 그저 사진만으로 판단, 구입하는 경우에 한 달 이내에 반품을 요구할 경우, 무조건 반품을 받아주어야 한다. 또한 직접 소비자를 대상으로 한 비즈니스는 고객지원에도 많은 비용이 들어가기 때문에, 화려한 외양과는 달리 번거로운 요소가 많은 것이 사실이다. 이런 기업 대 소비자의 인터넷 전자상거래를 B to C(Business to Customer)라 부른다. B to C라는 용어가 등장하게 된 이유는 바로 '기업 대 기업'의 거래를 말하는 B to B(Business to Business) 개념이 부각되었기 때문이다.

B to B는 소비자를 상대하는 번거로움은 줄어드는 대신 거래금액 단위가 크기 때문에 전자상거래 핵심은 계속해서 B to B로 옮겨갈 것으로 예측되고 있다. 거슬러 올라가 보면 1990년대 초반 인터넷을 기반으로 한 전자상거래는 광속거래(CALS : Commerce at Light Speed)라는 이름으로 이미 주목받았다. 당시 미 국방성에는 다양한 물품을 조달하기 위해 인터넷으로 일종의 공매 공고를 냈고, 규격만 맞는다면 어느 나라 어떤 업체든 상관없다고 하였다. 이렇게 인터넷을 통해 조달할 경우에 제반 경비를 절약하는 것은 물론, 무엇보다 시간을 절약할 수 있기 때문에 미국에서는 이 방식을 통해 조달하는 정부기관이 많이 늘어났다. 요즘은 국내 기업에서도 이를 사용하고 있고, 그 결과 기업 대 기업의 거래가 큰 폭으로 성장할 것이라고 예측된다.

B to B의 영역은 단순히 물건을 사고파는 것뿐만 아니라 하나의 공동체를 통해 비용을 절감하는 것도 포함된다. 대표적인 사례는 미국 자동차업계에서 활용하고 있는 공동네트워크 ANX를 들 수 있다. GM, 포드, 크라이슬러 등 자동차 3사가 활용하고

있는 ANX는 미국의 완성차업체와 부품업체 및 판매점, 물류 및 자동차 보험업자가 정보를 공유하는 공동 네트워크이다. 이곳에서는 제품설계 데이터, 부품재고, 부품발주정보, 출하일정, 대금지불 등 자동차 개발에서부터 제조, 판매에 이르는 방대한 정보가 공유되며, 이를 통해 이들 세 업체는 자동차 한 대당 약 71달러 정도의 비용을 절감할 수 있어서, 이들 3사가 전체 자동차 분야에서 절감하는 비용만도 매년 약 10억 달러가 넘는다.

개인이 인터넷 상점에서 책이나 CD를 구매하는 것은 좁은 의미로, 기업이 기업 간의 조달행위를 하는 것을 좀 더 넓은 의미의 전자상거래라고 볼 때, 넓은 의미의 전자상거래는 '가상의 공간에서 이루어지는 모든 상행위'를 뜻한다고 할 수 있다. 이와 같이 앞으로도 전자상거래는 우리의 모든 것을 지속적으로 바꾸어 나가는 미래의 새로운 장이 될 것이다.

3) 계량경영과 컴퓨터

계량경영은 계량경제가 발달한 것과 마찬가지로 컴퓨터와 같은 정보기기의 발달로 경영의 숫자적 파악 및 분석이 가능해짐에 따라 나타나게 되었다. 즉, 계량경영은 종래의 직감 내지 육감적 경영에 대한 반대개념이라 할 수 있다. 경영에 있어서 종래의 추측적·경험적 경영과 달리 수치적 파악 및 분석에 중점을 두어 사전계획업무나 사후집계업무가 보다 신속·정확하게 수립되고 파악될 수 있도록 한다. 이를 통해 합리적인 해결방안이 제시되고 의사결정이 적시에 제시되어 보다 더 체계적인 경영업무가 이루어질 수 있도록 하는 것이다. 이와 같이 **계량경영**의 개념은 경영활동에 통계적·수학적 방법을 도입하여 계량적 분석을 기초로 계획 및 통제를 행하는 것이라 할 수 있다.

계량경영은 컴퓨터와 함께 **오퍼레이션 리서치**(OR : Operation Research)의 등장으로 더욱 각광을 받게 되었다. 오퍼레이션 리서치란 조직의 운영 및 그 행동에 관한 문제를 과학적·계량적으로 분석하고 예측함으로써 시스템의 효율적 개선을 꾀하는 것이라 할 수 있다. 문제 해결에 있어서 경영자의 합리적인 의사결정이 이루어지도록 하기 위해, 제반의 활동과 관련되는 통계적·정량적 자료를 바탕으로 이들 활동의 합리성 내지 타당성을 과학적으로 분석·검토하는 과학적 방법이다. 즉, 경영자의 의사결정을 수학적으로 행하는 방법으로, 이를 통해 경영 전반의 관점에서 최적의 정책을 발견하고자 하는 것이다.

오퍼레이션 리서치는 원래 영국에서 전투기의 최적배치를 위한 군사상 작전계획용으로 개발되었지만, 이후 산업계에 도입되면서 더욱 발전되어 경영에 있어서의 과학적 의사결정을 위한 기법으로 널리 보급되었다. 선형계획법(Linear Programing), 게임이론(Theory of Games), 동적계획법(Dynamic Programming), 대기행렬이론(Queuing Theory), 시뮬레이션(Simulation), PERT(Performance/Program Evaluation and Review Technique) 등의 다양한 기법이 사용된다.

4) 컴퓨터 과학

컴퓨터 과학이란 간단하게는 '컴퓨터를 둘러싸고 있는 환경'으로, 컴퓨터의 등장에 따라 복잡하고 다양해진 현상들을 과학적으로 연구하는 것을 의미한다. 컴퓨터 자체와 컴퓨터와 밀접한 관련이 있는 정보과학 · 응용수학 · 언어분석 · 정보시스템 · 시스템 엔지니어링 등을 그 대상으로 하여, 컴퓨터의 개발 및 이것의 응용에 관한 이론적이고 응용적인 훈련과 교육을 그 주된 분야로 삼아 연구한다.

컴퓨터가 전 세계적으로 불가결한 존재로서 실제 많이 사용되고 있지만, 컴퓨터 과학의 본질에 관한 논쟁은 아직도 활발히 이루어지고 있다. 그럼에도 컴퓨터 과학이 수치분석 · 응용통계 · OR · 데이터 처리 등의 여러 영역에 있어서 순수연구보다 오히려 응용과학으로서의 설정을 목표로 해야 한다는 것은 더욱 명백해지고 있다.

2004년을 기점으로 '닷컴 버블'이 꺼지면서 컴퓨터 과학 분야가 다소 침체기를 맞았지만, 페이스북 · 트위터 등과 같은 소셜 네트워킹 사이트들이 급부상하면서 다시 각광을 받기 시작했다. 미국에서는 '**스푸트니크 모멘트**(Sputnik Moment)'에 비유하며 컴퓨터 과학 분야에 대한 관심을 보였고, 다른 선진국들에서도 향후 세상을 지배하게 될 디지털 분야에서 경쟁우위를 선점하기 위해 컴퓨터 과학을 강화하고자 하는 움직임이 일어나고 있다는 것을 잘 염두에 두어야 할 것이다.

5) 기업 조직의 정보필요

전자상거래나 전자사무실의 기초가 되는 것은 의사결정을 위한 정보이다. 컴퓨터 기술이 발전함으로써 이전보다 손쉽게 정보를 얻어 유용하게 사용할 수 있게 되었다. 예를 들어 AT&T와 같은 기업에서는 대학생들이 집으로 통화하는 연간 2조 5천만 통의 전화를 분석하였는데, 그 결과 학생들이 집으로 전화를 짧게 한 후 부모가 전화요금을 부담하기 위하여 자녀에게 전화를 다시 걸어 오랜 시간 통화한다는 것을 발견하였다. 이 정보를 이용하여 AT&T에서는 집으로의 통화를 위한 무료전화 서비스를 개발할 수 있었다.

　기업 내에서는 매일 당면하는 여러 의사결정 내용을 위한 여러 종류의 많은 정보가 필요하다. 〈그림 4-1〉은 정보의 수직적 수평적인 흐름을 보여주고 있다. 최고경영자는 전략적 계획을 수립 실행하기 위한 정보를 더 필요로 하며, 중간경영자나 일선경영자는 전략적 계획을 실행하는 데 필요한 정보보다는 관리적인 정보를 더 필요로 한다. 일선 종업원들은 그날의 과업에 관한 정보를 더 필요로 한다. 경쟁적 우위를 누리는 기업은 이와 같이 바로 내부적으로 정보를 신속하고 수월하게 공유할 수 있는 기업이 될 것이다.

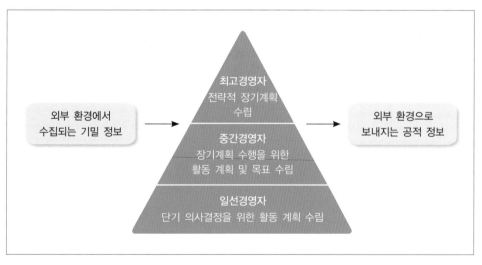

그림 4-1 기업 조직의 정보 흐름

2. 경영정보시스템의 활용

직장의 규모와 상관없이 효율적으로 업무를 수행하기 위해서는 정확한 정보를 정확한 시점에 정확한 곳에서 얻을 수 있어야 한다. 정보로서 가치가 있는 자료를 모으고 조직하고 또 유통시키는 정보시스템이 효율적이어야 업무수행도 효율적으로 이루어진다. 효율적 정보시스템은 기업의 성과를 향상시킨다. 효율적 시스템이 되기 위해서는 시스템의 기술적 수준과 시스템 사용자들의 시스템 디자인에의 참여 여부 그리고 관리지원 기능이 필수적인 요소이다.

점차 많은 기업들이 경영층에 CIO라는 직책을 두고 있다. CIO는 일반적으로 컴퓨터와 정보 그리고 텔레커뮤니케이션을 총괄적으로 책임지고 있다. 오늘날과 같이 경쟁이 극심한 환경 하에서 전략적 의사결정을 내리거나 경쟁적 우위를 확보하는 데 CIO의 역할은 필수적이다. 간략히 말하면 기업에서 CIO의 업무는 기업이 컴퓨터기술과 정보를 이용하여 건설적 변신을 하게 하고 이를 통해 경쟁적 우위를 확보하게 하는 것이다.

1) 경영정보시스템

MIS(Management Information System)란 기업의 기본 업무가 제대로 수행되고 있는지를 감시하고 통제하기 위하여 필요한 각각의 자료를 일정기간별로 요약하여 필요한 경영자들에게 제공하는 정보시스템이다. 기업의 일상적인 경영활동을 수행하는 과정에서 당면하게 되는 다양한 의사결정을 하는 데 있어, 경영자들이 필요로 하는 정보기술을 사용하게끔 고안된 시스템인 것이다. 따라서 기업은 운영 및 의사결정에 필요한 정보를 수집하여 MIS상에 축적하여 경영자와 같은 정보사용자로 하여금 필요한 정보가 있을 경우 언제든지 활용할 수 있게 한다. 예를 들어 장거리 냉동화물운송업체인 A기업은 500여 가지 기업활동을 컴퓨터를 이용하여 모니터하고 있다. MIS를 이용하여 운송차량의 보수유지에서부터 운전자에 대한 만족도, 배송시간 그리고 요금의 정확도까지 다양한 경영상의 내용들을 확인하고 있다. 이러한 시스템을 이용하여 이 기업에서는 안전한 운전과 연료소비 등을 바탕으로 하여 운전자의 업무를 평가하여 수당과 보너스 휴가 등을 제공하고 있다.

2) 의사결정시스템

DSS(Decision Support System)는 경영자가 복잡하고 비정형적인 문제에 대한 의사결정을 하기 위하여 특별한 소프트웨어를 이용하는 시스템이다. 다양한 방면의 DSS가 개발되어 있다. 예를 들면 기업인수와 합병, 공장 확장, 신제품 개발, 주식포트폴리오 관리 등에 관한 여러 프로그램들이 출시되어 있다.

빠른 속도로 발전되고 있는 기술 가운데 **그룹의사결정지원시스템**(GDSS : Group Decision Support Systems)이 있는데, 이 기술은 쌍방향의 정보시스템으로서 집단이 함께 비정형적인 복잡한 문제를 해결하는 데 유용하다. Groupware라 불리는 GDSS 프로그램을 이용하여 여러 사람이 동시에 한 파일이나 데이터베이스를 가지고 네트워크에서 작업이 가능하게 되었다. 서로 직접 안 만나고도 집단의사결정을 하고, 작업 스케줄도 작성하며, 멀리 떨어져 있거나 근무시간이 다른 경우에도 한 팀으로서 작업이 가능하게 되었다.

정보기술로써 가능하게 된 또 다른 혁신적 기술이 **인공지능**(AI : Artificial Intelligence)이다. 인공지능 기술은 컴퓨터 시스템이 인간이 사고하는 것과 같은 방식으로 사고하여 불명확한 상황에서도 판단할 수 있게끔 하는 내용에 관한 연구이다. 인공지능의 신기술을 이용하여 경영 분야에서 응용되는 가장 대표적인 분야가 **전문가시스템**(EI : Expert Systems)이다. 전문가시스템은 마치 인간인 전문가가 생각하는 것과 같이 사용자에게 일관된 의사결정 조언을 주는 시스템이다. 의사결정자는 전문가시스템을 통하여 상황이 어떤 특정한 내용이라면 어떻게 되겠는가를 물어서 문제해결에 도움을 받을 수 있다.

3) 사무자동화시스템

사무자동화시스템(OAS : Office Automation Systems)은 사무실의 기능 및 운용을 최대한 기계화시켜 사무실에서의 일상적인 정보처리 업무를 자동화시켜 주는 시스템이다. 기업의 사무실에서 이루어지는 기업 업무와 관리 업무, 경영 전반에 필요한 정보관리 등의 합리화와 효율화 등을 통해 사무노동자들의 생산성 향상을 목적으로 정보기술을 응용하였다. 이러한 사무 업무의 개선을 바탕으로 투입 인력의 감소, 경비절감의 달성, 업무의 질 향상 등을 효과적으로 수행하고자 한다. 업무 활동 가운데 기계에 의한 부분은 자동화하여 인간 본연의 창조적인 활동을 보다 촉진하고, 자동화 수단을 사용하여 사무 기능은 더욱 고도화된다. 사무처리의 기계화를 통해 사무 활동의 효율이 제고되고 이러한 효율화에 의해 최적의 경제성을 추구할 수 있다.

4) 인트라넷

전자사무실의 핵심은 컴퓨터와 소프트웨어를 통합하여 네트워크에 연결하는 것이다. 네트워크를 이용하면 사용자는 정보를 손쉽게 공유하고 이전하게 된다. **인트라넷**(Intranet)은 특별한 프로그램을 이용하여 한 기업에서 지역적으로 분산된 많은 사업부들이 데이터베이스를 공유하여 전자문서로 서로 통신을 가능하게 한다. 인트라넷의 목적은 기업의 통합을 촉진하고 업무의 효율성과 질을 증진시키는 데 있다. 예를 들어 포드 사에서는 전 세계에 있는 사업부들이 120,000개의 워크스테이션을 통하여 인트라넷으로 연결되어 있다. Concentric Network라는 신기술을 이용하여 이 회사에서는 음성과 데이터 비디오를 한 네트워크에 통합하여 실시간으로 종업원들이 정보를 공유하고 공동으로 작업할 수 있게 하였다. 이러한 통합적 관리를 통하여 포드는 자동차의 주문으로부터 배송까지의 시간을 15일 감축시킬 수 있었다.

5) 엑스트라넷

엑스트라넷(Extranet)은 기업과 외부환경 간의 의사소통을 위하여 일반 인터넷을 사용하는 네트워크를 말한다. 새로운 정보기술을 이용하여 이러한 기업조직 간의 정보시스템의 사용도 증대되고 있다. 많은 정보가 기업들 간에 이전되고 있으며, 여기에 기초하여 전자상거래 또는 e-business가 빠른 속도로 성장하고 있다. 기업의 공급자와 고객 간에도 컴퓨터를 이용한 연결이 증대하고 있으며 **전자문서교환**(EDI : Electronic Data Interchange)을 이용하여 기업은 주문장이나 영수증 또는 대금결제까지도 인터넷으로 처리하고 있다.

3. 경영문제와 의사결정 과정

정보는 기업조직이 성공하기 위한 기초이며, 일상적으로 당면하는 문제를 해결하기 위해서 반드시 필요하다. 문제란 실제 상황과 원하는 상황과의 차이를 말한다. 효과적인 문제해결을 위하여 실제 상황과 이상적인 상황의 차이를 찾아내서 부족한 점을 고치든가 넘쳐나는 기회를 포착하든가 하여 이를 행동으로 옮겨야 한다. 문제해결이 효과적으로 이루어지기 위해서는 정확한 시점에 적합한 사람이 올바른 정보를 가지고 있어야 한다.

1) 경영문제의 유형

경영의사결정은 문제의 성격에 따라 정형적인 의사결정문제와 비정형적인 의사결정문제로 구분될 수 있다. **정형적인 의사결정문제**는 문제의 내용이 명확하여 대안을 탐구할 필요가 없이 틀에 박힌 일정한 절차와 방법에 따라 기계적·반복적으로 결정하면 되는 문제이며, **비정형적인 의사결정문제**는 문제 자체의 내용이 엉성하고 명확하지 못하여 일정한 절차와 방법을 적용할 수 없으며 불확실한 상황 속에서 항상 새롭게 나타나는 문제를 주관적 판단에 주로 근거하여 의사결정을 해야 하는 경우이다.

정형적인 의사결정의 경우는 마치 수학방정식을 풀 때와 마찬가지로 일정한 관습과 규칙 그리고 절차에 따라 이루어지기 때문에, OR기법과 선형계획법, 게임이론 등의 수학적 분석을 이용해 처리할 수 있다. 예를 들면 대부분의 조직은 일반적으로 모든 직책에 대한 봉급수준이 설정되어 있어 새로이 고용된 종업원들에게 어느 정도의 봉급을 지불할 것인가에 대하여 자동적으로 의사가 결정되는 경우가 많다. 또한 재고수준이 어느 정도 미리 정해진 수준 이하로 내려가면 자동으로 재주문을 하는 재고관리 의사결정을 들 수 있다. 오늘날에는 이러한 의사결정을 도와주는 여러 컴퓨터 프로그램의 도움에 따라 많은 정형적인 문제에 관한 결정이 이루어지고 있다.

비정형적인 의사결정은 문제의 성격이 독특하고 반복되지 않는 예외적인 의사결정이다. 비정형적인 의사결정은 새롭고, 구조적으로 짜여 있지 않거나, 불투명한 요인들을 내포하고 있는 상황에서 필요하다. 그래서 비정형적인 의사결정은 컴퓨터가 의사결정에 물론 도움을 줄 수는 있으나 프로그램화하기 곤란하고, 개인의 주관적 판단, 경험, 직관 등이 보다 많이 요구된다.

정형적인 의사결정은 주로 외부의 요인에 영향을 받지 않는 조직의 내적 문제에 초점을 두고 이미 알려진 문제에 대한 해결방안을 마련하는 것으로 대부분 하위 관리자들에 의해 이루어진다. 반면 비정형적 의사결정은 장기적인 전략과 관련되어 있거나 조직의 생존에 영향을 미치는 중대한 문제로 미처 예상하지 못한 예외적인 문제를 다룬다. 의사결정에 많은 시간적 여유가 없으면서 혁신적이거나 창조적인 방안을 요구하는 문제들로 주로 최고경영자가 당면하게 되는 의사결정이다.

2) 문제해결 방법

문제해결을 위한 의사결정은 여러 가지 해결방안 중에서 보다 나은 대안을 선택하는 과정을 말한다. 다시 말해서 문제해결 과정의 핵심은 대안을 평가하고 결정하는 것이다. 과연 관리자들은 어떻게 대안을 평가하며 선정하는가? 직장에서 유심히 살펴보면 근무자들이 문제를 대하는 태도에서부터 큰 차이가 있다는 것을 알 수 있다. 어떤 사람들은 큰 문제가 될 수 있는 경고성 정보를 무시하고 문제를 외면하려 하기도 하며, 또 어떤 사람들은 문제가 발생했을 때 그 문제에 대한 정보를 찾아보고 문제해결을 위해 열심히 노력하기도 한다. 문제해결에 적극적인 사람들은 문제가 될 소지가 있는 부분을 먼저 찾아보고 정보도 탐색하여 이에 대하여 적극적으로 대비하고 생각한다. 이렇게 문제를 미리 찾아서 하며 이를 위해서 다차원적 사고가 요구된다.

경영자가 의사결정하는 방법을 다른 시각으로 살펴보면 시스템적 사고와 직관적 사고로 구분해 볼 수 있다. **시스템적 사고**란 문제에 대해 합리적이고 분석적으로 차근차근 접근하는 방식이다. 복잡한 문제를 여러 작은 문제들로 분리하고 또 이들을 논리적으로 통합할 경우에는 시스템적 사고가 필요하다. 시스템적인 사고를 하는 경영자들은 행동을 취하기 전에 계획을 세우며 단계적으로 문제해결을 위한 정보를 탐색한다. 한편 **직관적 통찰**에 의지하는 경우에 경영자는 이와는 대조적으로 융통성이 있고 즉각적이며 창의적이어야 한다. 직관적 통찰은 문제에 대한 전반적이고 신속한 판단을 통해 창의성 있게 문제해결을 하도록 도와준다. 경영자는 시스템적 사고와 직관적 사고를 가지고 문제해결에 임해야 하며, 여러 문제를 연관하여 통합적으로 파악하고 문제들 간의 관계를 파악하는 능력이 필요하다.

3) 의사결정 과정

의사결정이란 경영활동 과정에서 문제점을 인식하고, 문제를 해결할 수 있는 여러 대

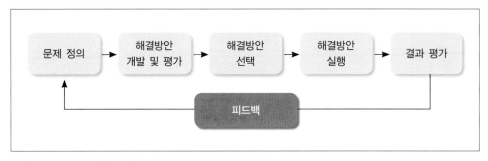

그림 4-2 의사결정 과정

안 가운데 최적의 대안을 선택하고 실행하는 과정이다. 모든 경영자는 경영활동 과정에서 의사결정 과정을 수행하게 되고, 이때 높은 경영성과를 달성하기 위해서 최선의 의사결정을 해야만 한다.

〈그림 4-2〉와 같이 전형적인 의사결정 과정은 ① 문제의 규정, ② 해결대안의 개발 및 평가, ③ 추구하는 목표에 기초를 둔 대안의 선택, ④ 해결대안 실행, ⑤ 결과 평가의 과정을 밟게 된다.

(1) 문제규명 및 정의

판단이 필요한 문제가 제기되었을 때 비로소 의사결정 과정은 시작된다. 이때 문제에 대한 정확한 규명이 이루어지지 않으면 올바른 의사결정을 할 수 없다. 따라서 의사결정자가 제일 먼저 할 일은 문제를 야기시켰거나 해결방안 속에 포함시킬 모든 요인들을 탐색하는 것이다. 먼저 의사결정자는 문제의 핵심과 그에 관련되어 있는 징후들 속에서 근본문제를 구별하여 포착하고 이를 명확히 규정하는 것이 중요하다. 의사결정자는 지엽적인 징후와 핵심적인 문제를 혼돈하지 말고 조직의 목표 달성을 저해하는 근본적인 문제만을 찾아서 규정하는 것이 필요하다. 문제가 규정되었으면 현실과 이상의 차이를 분명히 구별하여 원인을 찾아 밝히는 문제의 진단이 필요하다.

의사결정의 첫 번째 단계에서 세 가지 주요한 실수를 범할 수 있다. 첫째, 문제를 너무 광범위하게 혹은 너무 좁게 설정하는 것이다. 예를 들어, 문제가 "쥐덫을 더 좋게 만들자."라면 경영자는 "쥐를 없애자."와 같이 문제를 정의할 수도 있다. 즉, 관리자는 문제를 해결할 수 있는 옵션에 최상의 범위를 제공하여 문제를 정의해야 한다.

둘째, 원인 대신에 조짐에 초점을 두는 것이다. 조짐은 문제들이 존재할지도 모른다는 지표가 되기는 하지만, 그렇다고 문제의 원인으로 오해해서는 안 된다. 관리자가 문제의 원인과 증상을 구별하여 경고해 주어야 하지만, 또한 근본적인 원인들을 해결하기 위해서 관리자는 문제에 대해 더 깊이 파헤쳐야 한다. 셋째, 잘못된 문제를 선택하는 것이다. 문제의 우선순위를 정하고, 가장 중요한 문제를 처음으로 해결하는 것이 중요하다. 따라서 관리자는 가장 먼저 해결해야 하는 문제에 우선순위를 두어야 한다.

(2) 가능한 대안창출 및 평가

문제가 일단 규정되었으면 다음 단계는 문제의 해결을 위한 대안들을 개발하고 평가하는 것이다. 이를 위해서 더 많은 정보가 필요하게 된다. 대안을 개발하는 능력은 적합한 대안을 선택하는 것만큼이나 중요하다. 좋은 의사결정이란 결국 개발된 대안들 가운데서 채택되므로 개발된 대안들의 질이 결과를 결정한다고 해도 과언이 아니다. 이 단계에서 흔히 우리가 범하는 실수는 최초의 대안이 그럴듯한 경우에 너무 신속하게 특정 대안을 선택한다는 것이다. 이러한 오류를 범하지 않기 위해서 대안을 평가하여 선택하는 의사결정자는 우선 불확실한 환경을 고려하여 각각의 대안들이 문제해결에 어떠한 도움을 줄 것인가를 다각적으로 평가해야 한다. 이때 대안을 평가하기 위해 일반적으로 사용하는 기준으로 효익, 비용, 시기적절성, 수용성, 윤리성 등을 들 수 있다.

- 효익 : 문제해결을 위해 특정 대안 선택 시 어떠한 효익을 얻게 되는가?
- 비용 : 특정 대안을 선정하여 실행했을 경우에 직접자원 투자뿐만 아니라 잠재적인 부정적 부수효과까지 포함하여 기업에 미치는 비용은 어느 정도인가?
- 시기적절성 : 특정 대안을 선정했을 경우 효익이 얼마나 빠른 시기에 획득되며 긍정적인 효과는 언제 누리게 되는가?
- 수용성 : 함께 일하는 사람들에게 특정 대안이 어느 정도 받아들여지고 지지되는가?
- 윤리성 : 특정 대안은 다른 이해당사자들의 윤리적 기준에 어떻게 부합되는가?

대안을 평가하는 가장 기본적인 방법은 **비용-효익분석**(Cost-Benefit Analysis)이다. 비용-효익분석은 각각의 대안들의 효익과 비용을 비교하여, 비용보다 큰 효익을 갖는 대안을 선택하는 것이다. 이러한 분석을 위하여 많은 계량적 분석방법들이 개발되었다. 그러나 불확실한 경영환경에서는 계량적 분석방법들에만 의존하기 어려우므로, 경영자들은 계량적 분석법을 이용한 분석내용과 경영자의 주관적 판단을 이용하여 보다 포괄적인 판단기준을 고려한 의사결정을 내리게 된다.

(3) 해결방안 선택

해결방안의 선택은 여러 대안들로부터 기업의 목표를 가장 잘 만족시키는 최적의 대안을 선정하는 것이다. 대안을 선정하는 것이 의사결정의 궁극점이지만, 의사결정에 필요한 시간, 대안, 정보 등이 제한되어 있으므로 경영자들은 제한된 합리성에 이르게 된다. 의사결정과 관련된 모든 정보들을 수집하는 것이 불가능하고, 각 대안들에 대한 장단점을 모두 알 수 없기 때문에 경영자들은 정보처리에 대한 능력이 제한된 상태에서 합리적인 의사결정 과정을 수행하게 된다는 것이다. 따라서 대안 선정에 있어서, 그것을 어떻게 선정할 것이냐 하는 방법이 중요하다. 경영자들은 보통 경험, 실험, 분석과 같은 방법들을 사용한다.

경영자가 의사결정을 할 때 과거 경험에 의존하는 경우가 많다. 특히 경험이 많은 경영자들은 보통 그들이 경험한 성공사례와 실패사례가 미래에 대한 확실한 길잡이 역할을 한다고 믿는 경향이 있다. 이러한 태도는 경영자가 경험이 많이 쌓을수록 또 지위가 올라갈수록 더욱 확고해지는 경향이 있다. 그런데 경험이 가장 중요한 자산 중 하나이기는 하지만 경험에만 의존하여 미래의 행동지침으로 삼는 데는 한계가 있다. 우선 경험을 통해 얻은 교훈은 새롭게 발생하는 모든 문제에 적용될 수 없다. 그러므로 경험을 맹목적으로 따르기보다는 이를 주의 깊게 분석하여 성공과 실패의 근본 이유를 경험으로부터 여과시켜 찾아낸다면 경험은 의사결정의 분석을 위한 토대로서 유용하게 쓰일 수 있다. 또 다른 방법은 실험을 해서 의사결정을 하는 것이다. 실험은 과학적인 연구를 할 때 많이 이용되나, 요즈음에는 경영관리에도 많이 이용되고 있다. 하지만 경영의사결정과 관련하여 대안을 선정할 때 가장 널리 이용되는 방법이 분석법이다. 이 접근방법은 먼저 문제를 이해한 후 추구하는 목표에 영향을 주는 전제조건, 제약조건 및 변수들 사이의 관계를 탐구하는 것을 말한다. 문제해결을 위하여 질적·양적 분석이 가능하며 실험에 비하여 훨씬 적은 비용으로 조사분석이 가능하다. 또한 컴퓨터의 도움으로 시뮬레이션 등을 이용한 수리적 모형으로 상호관계 등을 살펴볼 수 있다.

(4) 해결방안 실행

선택된 해결책에 대한 적합한 실행계획을 수립하여 정확하게 실행할 필요가 있다. 이 단계에서는 문제해결의 방향이 정해지고 문제해결을 위한 방안들이 실행계획에 맞추어 실천되는 단계이다. 해결책 실행 단계에서 경영자는 의사결정을 내리기 위한 창의력과 결단력뿐만 아니라 결정을 실천하기 위한 능력과 추진력이 필요하다.

　이전 의사결정 단계가 어떻게 집행되었는가에 따라 실행단계는 영향을 받는다. 또한 실행단계에서 가장 문제가 되는 것은 구성원들의 참여 부족이다. 해결책 실행은 구성원들에 의해 이루어지기 때문에 의사결정의 실행에 필요한 사람들의 지지와 지원을 받는 것이 이 단계에서는 가장 중요한 부분이고, 따라서 그들의 동참이 반드시 필요하다. 그러므로 문제해결을 위한 처음 단계에서부터 이에 적합한 인물들을 동참시켜 함께 의사결정을 하는 것이 현명하다고 하겠다. 처음부터 함께 동참했을 경우에는 계획의 실천과정은 자연히 만족스럽게 진행될 것이다.

(5) 결과 평가

결과가 평가된 후에야 의사결정 과정이 완료된다. 원하는 결과를 얻지 못했을 경우에는 의사결정 과정을 다시 수정해야 한다. 이러한 의미에서 평가는 관리통제수단이 된다. 평가는 성과 결과에 관한 정보를 지속적으로 수집하는 것이다. 성과 결과에 대한 정보를 수집하는 과정에서 결과를 개선시키기 위하여 본래의 해결방안을 어떻게 수정하는 것이 바람직한가를 파악하게 된다.

　평가 시에는 실행계획들의 긍정적 결과와 부정적 결과 모두를 살펴보아야 한다. 만일 원래의 해결방안이 부적합하다고 나타난 경우에는 새로운 수정안을 찾기 위하여 문제해결의 전 단계로 다시 돌아가서 살펴볼 필요가 있다. 이와 같이 문제해결은 동적이며 지속적인 관리과정상의 경영활동이다. 결과평가는 해결방안 자체 내에 측정 가능한 목표가 있고 이에 대한 시간계획표가 있는 경우에 훨씬 수월하게 수행될 수 있다.

페이스북

페이스북(face book)은 일종의 인맥관리 사이트로, 관심사나 배경이 비슷한 사람들끼리 친구를 맺어 교류하는 소셜네트워크서비스(SNS) 사이트이다. 페이스북은 2004년 마크 주커버그가 하버드대학교에 재학 중이던 당시, 친구 더스틴 모스코비츠, 에두아르도 새버린, 크리스 휴즈와 함께 하버드대학교 학생들끼리 연락처를 공유하고 인맥을 관리하는 사이트로 이용하기 위해 만들었다. 그것이 교내에서 점차 인기를 얻자 가입 조건을 스탠퍼드대학교, 컬럼비아대학교 등 미국 전역의 대학교 학생으로 넓혔고, 이후에는 13세 이상이면 누구나 가입할 수 있게 했다.

페이스북의 회원 수는 2011년 6월을 기준으로 7억 5천 명에 이르고 있어, 전 세계 인구 12명 중 1명이 페이스북 회원인 셈이다. 이탈리아와 콜롬비아 직장인들 사이에서는 페이스북이 이메일을 대체하는 추세이고, 인도네시아에서조차 인터넷 사용자 3,000만 명 중 2,780만 명이 페이스북을 이용할 만큼 세계 곳곳에 깊숙이 파고들고 있다.

페이스북이 초기 단계이던 2006년, 주커버그는 야후로부터 10억 달러라는 거액의 인수 제의를 받았지만, 이를 단호히 거절하였다. 그는 금전적인 이유보다는 페이스북을 더욱 보완하고 성장시켜 자신의 소셜네트워크서비스를 완성하고 싶었기 때문에 그러한 결정을 내렸다고 밝혔다. 장기간의 계획을 가지고 서비스를 구축하는 데 매진한 결과, 2011년 현재 페이스북의 시장가치는 당시 야후의 제안을 80배 이상 뛰어넘는 800억 달러(약 92조 원) 이상으로 평가되고 있다. 더불어 기업공개(IPO)가 이뤄지는 내년 봄쯤에는 페이스북의 기업가치가 1,000억 달러(약 110조 원)를 넘어설 것이라는 전망이다. 이렇게 될 경우, 페이스북은 아마존 닷컴(970억 달러)이나 휴렛팩커드(740억 달러)를 뛰어넘어 세계에서 가장 큰 IT 기업 중 하나가 될 것이다.

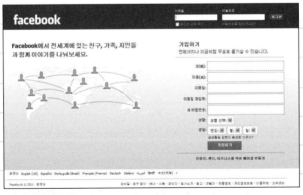

페이스북

경영학의 의의와
학문적 특성

1. 경영학의 의의

1) 경영학의 필요성

경영학은 조직을 효율적·효과적으로 운영하는 지식을 습득하고, 조직운영과 관련된 문제의 해결책을 강구하는 학문이다. 한 사람의 개인으로서는 이룰 수 없는 많은 일들이 조직에 의해서 성취될 수 있다. 모든 조직들이 그들의 목표를 효과적으로 달성한다면 사람들의 삶은 그만큼 나아질 것이다. 즉, 경영학의 학문적 공헌도는 성공적인 기업경영을 가능하게 하고 우수한 제품과 서비스를 소비자들에게 제공함으로써 삶의 질을 향상시킬 수 있을 뿐만 아니라 조직의 목표와 종업원 개인의 목표가 조화를 이룰 수 있는 기회를 제공한다.

2) 경영학의 학문적 특성

모든 과학은 **이론과학**과 **실천과학**으로 구분된다. 이론과학은 사물의 본질이나 현상의 법칙적 관계에 관하여 이론적인 인식을 획득하는 것, 즉 개개의 사실이나 인식을 통일적으로 설명할 수 있는 일정한 보편성을 지닌 체계적인 지식을 전개하는 것을 주된 과제로 한다. 반대로 실천과학은 실천적인 사회생활의 문제에 관련된 일정한 목적을 합리적으로 달성하기 위해 어떤 정책이나 수단과 방법 그리고 절차를 동원해야 할 것인가에 대한 실천적인 제언을 하는 것을 목적으로 한다. 이들 양자는 이론과 실천의 관계에서처럼 상호보완적인 관계에 있다. 한편 과학을 경험과학과 비경험과학으로 구분하고 전자를 다시 자연과학과 사회과학으로 구분할 때 경영학은 **사회과학**에 속한다. 또한 과학을 순수과학과 응용과학으로 구분할 때 경영과학은 **응용과학**에 속한다.

지금까지 산업혁명의 진전에 따라 생성된 학문으로부터 경영학의 기본적인 학문적 성격에 관하여 총괄해 볼 때, 어떤 학문이 그의 독자성을 주장하기 위해서는 독자적인 이론과 방법을 확립하지 않으면 안 된다는 관점에서 그리고 그의 접근방법의 이해를 위해서 경영학의 기본적인 성격을 몇 가지로 구분할 수 있다.

(1) 응용과학으로서의 경영학

무엇보다도 먼저 경영학은 응용과학 및 실천과학으로서의 성격을 갖는다. 경영학의 한 기초학문인 경제학이 이론과학의 성격을 강하게 지니고 있는 데 반하여 경영학은 경제이론을 실천 목적에 응용한 응용과학이며 과학을 위한 과학이 아니라 실천을 위한 과학, 즉 목적 달성을 위한 '**수단의 과학**'이다. 또한 응용과학적 연구는 현실의 문제해결에 관해 실천적 처방을 제공함으로써 실증적인 유용성을 검증할 수 있게 된다.

경영학은 기법성을 지니고 있기 때문에 최고의 생산성을 추구하기 위한 처방을 해야 하는데 이것이 바로 경영학에 주어진 실천적 요구이다. 경영학은 직접 또는 간접적으로 확고부동한 과거의 연구자료에 기초를 두고 있다는 점에서, 다시 말해 인식의 소재는 과거에 속하고 과거에 속한 것만이 인식된다는 점에서 보면 과거학이다. 그러나 인식하는 주체와 인식목적이 현재에 있다는 관점에서 보면 현재학이며 미래를 지향한다는 점에서 미래학이라고 할 수 있다.

(2) 종합학문으로서의 경영학

경영학의 연구대상은 기업조직 같은 것이고 기업조직 안에는 다양하고 복잡한 인간행동이 모두 얽혀 있는 곳이기 때문에 그 속에는 심리, 경제, 법률, 공학, 문화인류학, 철학 등의 문제와 객관적 의사결정을 위한 통계학과 수리적 접근 등에 관한 문제가 존재한다. 따라서 경영학은 다른 관련 학문분야의 연구결과를 토대로 독자적인 학문분야를 구축하는 종합 과학적 성격을 가지고 있다. 경영학은 그 인접과학인 사회학, 경제학, 심리학, 문화인류학, 통계학, 법학, 공학 등의 학문분야 중에서 조직 내 인간활동을 다룬 분야를 선택하여 이들을 원용하고 종합하여 조직효율화에 도움이 되는 이론을 정리해 나가는 학문이다.

(3) 순수인과과학으로서의 경영학

순수인과과학에서는 보통 원인과 결과 사이에 타당한 관계가 존재한다는 전제 하에 그 법칙을 발견하고 체계화하는 것을 과제로 삼는다. 순수인과과학은 일체의 가치판단을 하지 않으므로 객관적이라고 할 수 있다. 자연과학은 전형적인 순수과학 기업과 같은 사회·경제적 사상에 관해 보편타당한 일의적 관계를 발견·정립할 수 있다는 데 비판적이다. 이는 하나의 원인에서 복수의 결과가 생겨나는 다의적 관계가 많기 때문이다. 미국에서 유래한 과학적 관리나 산업공학은 기본적으로 기술론이나 자연과학적 사고에 바탕을 두었다는 점에서 순수인과과학의 색채가 강하다고 할 수 있다.

(4) 역사과학으로서의 경영학

역사과학은 과거의 사상 가운데 흐르는 고도의 개연성, 경향성 및 가능성을 규명하려는 것으로 이를 경영학에 도입하면 경영사학이 성립된다. 여기에는 기업사와 기업가사의 두 가지 흐름이 있다.

(5) 경험과학으로서의 경영학

경영학은 형식적인 추상과학이 아니라 기업의 경영현상을 인식 대상으로 하는 구체적인 경험과학이다. 따라서 경험과학은 현실적인 경험을 바탕으로 하므로 이런 의미에서 경영학은 현실묘사의 학문이고 앞서 경험한 현실을 사후에 인식하는 논리적 체계이며 학문이다.

경영학이 다루는 기업은 경제적 가치를 추구하므로 기업의 사상을 다루는 한 그것이 기업의 지도이념이 된다는 사실을 떠나서 생각할 수는 없다. 경영학에서는 기업의 지도이념과 회사, 공장, 상점이 어떻게 관련되는지를 인식대상으로 다루어 그 안에 존재하는 인과관계를 기술하고 법칙화하려 한다. 독일 경영학의 일부가 이에 포함되며 미국의 행동과학적 경영학이나 의사결정적 경영학의 일부는 기술과학이란 이름으로 이에 포함된다.

(6) 규범과학으로서의 경영학

경영학은 주어진 경영 목적에 대한 수단이나 방법의 적합성을 문제로 하며, 기술적 가치판단을 통하여 규범적 원리를 설정한다. 규범과학적 연구방법은 현실의 상태를 초월하여 경영시스템이 가치 있게 나아가기 위한 규범을 발견하고 이 규범을 기초로 현실을 인식할 뿐만 아니라, 현실과 규범 사이의 차이를 줄이기 위한 구체적 수단이나 방법을 제시하려 한다. 따라서 규범적 연구방법은 이상적으로 경영시스템이 나아가야 할 가치를 중심으로 하기 때문에 가치론적이며, 목적지향적이라고 할 수 있다.

(7) 특수성과 보편성의 동시 추구

동서고금을 막론하고 모든 조직이나 기업에 적용될 수 있는 가장 합리적이고 보편적인 경영방식을 찾아내고 발전시키는 것이 경영학이 추구하는 궁극적인 목적이다. 하지만 현실적으로 개별 기업이나 그 구성원들은 시대와 국가에 따라 환경이 서로 다르고 이들의 가치관이나 행동양식이 상이하기 때문에 보편타당하고 유일한 경영원칙을 개발하기란 쉽지 않다. 오히려 특정 사회나 국가에 가장 합리적인 경영방식을 개발하는 것이 보다 유익하고 현실적일 수 있지만, 하나의 학문으로 발전하기 위해서는 특수성은 물론, 여러 특정 상황을 일반화하는 보편성도 동시에 추구하는 것이 바람직하다.

독일 **경영경제학**의 성격은 철학적 기초가 내재된 이론적 성향이 강하며, 미국 경영관리학은 실천적 성격이 강하다. 즉 독일 경영경제학은 객관적 사실로써 사물이나 금전의 이동에서 필연성 또는 법칙을 찾는 객체적 측면을 중시하는 반면, 미국 경영관리학은 경영자가 계획하고 조직하며 통제하는 과정을 합리화하기 위한 것이므로 경영의 주체적 측면을 중시한다. 이상과 같이 경영학은 경제적, 기술적 및 인간적인 여러 측면을 연구하는 학문인 것이다.

2. 경영학의 체계와 구성

1) 경영학의 체계

경영학의 연구대상은 경영경제 내지 경영이며, 이것은 생산경제의 의식적 조직구성체이다. 이 구성체에는 통일적 주체로서 경영자가 있고, 조직·관리적 사고와 가치·계산적 사고가 그 중심이 된다. 이런 점을 고려할 때 경영학의 체계는 다음과 같이 생각할 수 있다. 먼저 경영학의 기초적인 성격과 개념을 검토해야 한다. 그러므로 경영학의 연구대상·연구방법을 중심으로 하는 이른바 '**기초개념론**'이 최초로 거론된다. 따라서 조직·관리적 사고라는 것으로부터 연구대상인 경영경제 내지 경영이 취하는 형태가 문제시 된다. 경영경제 내지 경영은 생산경제의 조직체이므로 그것은 여러 가지 형태로 나타난다. 구체적으로는 그 실현체인 기업의 형태에 관해서 출자관계 또는 지배관계를 중심으로 한 '형태론'의 검토가 이루어지게 된다. 기업의 형태는 사기업·공기업·공사(公私) 등으로 나눌 수 있다. 이와 같이 생산경제의 조직체는 일정한 주체, 통일적 의사 주체에 의하여 지휘·운영된다. 이 주체가 바로 경영자이며, 따라서 경영자 문제에 대한 고찰이 필요하고 경영자 직능의 문제를 중심으로 하여 '경영자론'이 전개되지 않으면 안 된다.

경영경제 내지 경영에 있어서의 계속적 통일성은 그 주체인 경영자에 의한 조직적 사고에 바탕을 둔 관리에 의하여 부여된다. 경영활동이 어떻게 영위되고 효과적으로 수행되는가는 경영활동이 어떻게 관리되며 능률이 발휘되는가에 달려 있다. 따라서 경영학에 있어서 관리의 문제가 하나의 중요한 측면을 이룬다고 할 수 있으며, 이는 **'경영관리론'**으로서 전개된다.

경영관리의 문제는 다른 한편으로 생산경제의 조직구성체 구성원의 문제와 깊은 연관성을 가지게 된다. 경영활동은 주로 인적 요소와 물적 요소로 성립되고 있는데, 그중 인적 요소가 한층 중요하다고 볼 수 있다. 이 인적 요소는 경영관리를 수행하는 통일 주체인 경영자와 실제의 작업·노동활동을 행하는 일반종업원·노동자에 의해서 구성된다. 따라서 인간노동에 관한 관리의 문제가 충분히 검토되지 않으면 안 된다. 여기에 인간성이라는 것을 중심으로 놓고 이 문제를 고찰할 필요가 있다. 이것이 소위 **경영노무론**(經營勞務論) 또는 **노무관리론**(勞務管理論)이라고 불리는 것이다.

이상과 같은 경영경제 내지 경영에 있어서의 조직·관리적 사고와 함께 가치·계산적 사고에 관련되는 문제도 등장하게 된다. 경영활동에 있어서의 물적 요소의 문제이다. 이 문제는 주로 자본의 조달과 운용에 관계되는 것이다. 경영활동에 필요한 자본을 어떻게 합리적으로 조달하고 이를 운용하는가는 대단히 중요한 일이다. 경영 목적의 효과적인 달성은 인적 요소를 어떻게 관리하는가라는 문제와 함께 그 자본을 어떻게 효과적으로 관리·운용하고 있는가 하는 데 있다. 이런 문제를 다루는 것이 **'경영재무론'**, **'재무경영론'**이다. 경영학 연구방법의 기초를 이루는 경제성 사고는 추상적인 관념에 그쳐서는 안 되며, 구체적으로 측정 가능한 것이어야 한다. 여기에 계산적 사고의 역할이 있게 된다. 경영활동은 경영 성과로서 구체적으로 나타난다. 즉, 수익과 비용에 관한 계산적인 파악인 것이다. 따라서 이 점에 있어서의 연구도 중요한 영역을 이룬다. 이것을 **'경영계산론'**이라고 하며, 부기·원가계산·관리회계 등으로 이루어진다. 그러나 주지하다시피 현재 이와 같은 분야는 이미 경영학 체계에서 제외된다.

지금까지 고찰한 경역학의 체계는 일반적으로 ① 기초개념론, ② 기업형태론, ③ 경영자론, ④ 경영관리론, ⑤ 경영노무론 내지 노무관리론, ⑥ 경영재무론 내지 재무관리론에 의하여 성립되는 것으로 보인다. 이와 같은 파악 방법은 조직적이고 평면적인 방법이라고 여겨진다. 따라서 이와 같은 파악 방식 외에 몇 개의 파악방법이 더 있음은 당연한 일이다. 그러한 것들 가운데 경영학의 체계에 대하여 경영활동의 과정적 측면에서, 즉 개별자본의 운동이라는 관점에서 ① 자본조달론, ② 생산론, ③ 판매론, ④ 재무론으로 파악하는 방식도 널리 알려진 것이다. 이와 같은 방식은 앞에 말한 평면적인 이해 방식에 비해 입체적인 파악 방법이라고 말할 수 있다. 이 외에도 ① 경영요소(경영자본·경영노동·경영조직), ② 경영과정(경영비용·경영성과 등), ③ 경영계산(재무제표·원가계산 등), ④ 기업형태와 같은 파악 방법도 있다.

2) 경영학의 구성

경영학은 크게 나누어 다음의 다섯 가지 분야, 즉 회계학, 인사관리, 재무관리, 생산관리, 마케팅으로 이루어졌다고 할 수 있다. 이들 분야는 경영자가 기업을 경영하는 데 있어서 필요한 기능을 각 분야별로 나눈 것으로, 경영학의 구성은 위의 다섯 가지 기능별 분야를 중심으로 논할 수 있다.

(1) 회계학

회계학은 기업의 경제적 활동을 기록하고, 여기에서 수집된 경제활동에 관한 자료들을 경영자와 기업에 이해관계가 있는 사람들에게 제공함으로써 기업활동이나 투자 시에 올바른 경제적 결정을 내릴 수 있게 도와주는 것이다. 이와 같이 경제활동에 관한 자료들을 제공한다는 의미에서 회계학에서 가장 기본이 되는 것은 재무제표로, 그중 대표적인 것이 대차대조표와 손익계산서이다. 회계학은 크게 나누어 **재무회계**(financial accounting)와 **관리회계**(managerial acounting)로 구성되어 있다. 재무회계는 재무제표를 작성하기 위하여 기업의 경제적 활동을 회계적으로 처리할 때, 여러 가지 가능한 회계처리 방법 중에서 어느 것이 기업의 재무상태나 경영상태를 가장 잘 나타내는 대차대조표와 손익계산서가 될 것인가를 연구하는 분야이다. 즉, 재무제표를 작성하는 데 필요한 회계원칙을 확립하기 위하여 각각 다른 회계처리 방법에 대해 이론적 연구를 하는 것으로, 회계이론의 개발에 중점을 둔다. 이에 대하여 관리회계는 회계학에서 수집된 자료들을 어떻게 분석하는 것이 경영자가 기업경영에서 의사결정을 할 때 가장 도움이 될 것인가를 연구하는 것이다. 따라서 관리회계의 중추를 이루고 있는 것은 원가회계와 기타 계량적 분석방법에 의한 회계자료의 분석방법들이다.

(2) 인사관리

인사관리는 기업경영에서 가장 중요한 자원이라고 할 수 있는 인적 자원을 어떻게 관리해야 할 것인가를 연구하는 분야이다. 인사관리는 크게 나누어 **인간관계**(human relations)와 **노사관계**(labor relations)로 구성되어 있다. 인간관계에서 주로 다루는 것은 공식 혹은 비공식 조직 하에서 상호 간에 어떠한 관계를 유지하고, 또 각각 다른 조직형태 하에서 어떤 인간행동이 나타나는가를 연구하는 것이다. 이 밖에도 인적 자원의 개발과 적절한 활용을 위하여 직무분석, 업적평가방법, 직원훈련 등에 대해 연구하게 된다. 노사관계는 기업 내의 인적자원을 경영자층과 이들에게 고용되어 있는 노무자층 사이에 발생할 수 있는 여러 가지 노사관계 문제를 다루는 것이다. 특히 노사조합이 발전함에 따라 이러한 문제들은 더욱 중요성을 가지게 된다. 노사관계에서 중요한 것은 단체협약으로 근로자의 처우 및 노동조건이나 환경의 개선 등이 이에 포함될 것이다.

(3) 재무관리

재무관리는 기업의 금융과 재무상태를 어떻게 관리해야 할 것인가를 다루는 분야로 크게 재무분석, 투자결정, 자본구성으로 나눌 수 있다. 재무분석이란 회계학에서 작성한 재무제표를 사용, 재무비율을 산출·분석하는 것으로, 기업의 재무상태를 파악하는 한 방편이다. 이와 같이 일단 기업의 재무상태가 재무분석에 의하여 파악되면, 이를 기반으로 하여 적절한 기업금융과 재무활동을 할 수 있게 된다. 구체적으로 재무통제와 이익계획이 가능하게 되고, 기업의 운전자본과 자산관리에 대한 경영정책을 수립할 수 있게 된다. 또 하나의 중요한 재무활동은 기업이 소유하고 있는 자본을 적절히 활용하는 것으로, 이를 위해서는 투자활동이 필요하게 된다. 따라서 투자결정은 재무관리자의 중요한 부분이며, 여기에서는 여러 가지 투자결정기법이 이루어진다. 이 밖에 재무관리에서 중요한 부분을 차지하는 것은 기업의 자본구성을 어떻게 했을 때 자본비용 재무상의 위험이 최소로 되는가를 연구하는 것이다.

(4) 생산관리

생산관리는 어떠한 기업이 유형의 재화나 무형의 서비스를 생산할 때 여기에 수반되는 경영문제를 다루는 분야이다. 생산관리에서 중요한 경영과제는 공장의 입지조건에서부터 공장내부 배치, 기계 선정방법, 작업방법 연구의 일환으로 시간 및 동작연구 상품 및 원료의 적절한 재고를 위한 재고관리, 상품품질에 관한 품질관리, 그리고 생산활동의 전체적 계획을 세우는 생산계획 등을 포함한다.

(5) 마케팅관리

마케팅관리는 기업의 판매활동에서 기업과 소비자의 관계를 어떻게 연결시키는 것이 기업의 이익을 증진시키고 소비자의 욕망을 충족시키는가를 연구하는 것이다. 따라서 현대의 마케팅관리는 마케팅 정보시스템(marketing information system)에서부터 시장조사, 마케팅 믹스(marketing mix), 마케팅 전략 및 계획, 신제품개발, 가격정책 및 관리, 판매경로 관리, 판매촉진 및 광고 그리고 판매부 관리 등에 관한 경영 문제를 다루게 된다.

3. 경영학과 인접과학

1) 경영학과 경제학

경영학과 경제학의 관계를 살펴보면, 경영학은 개별경제를 대상으로 하고, 경제학은 개별경제로부터 조직되는 국민경제를 대상으로 한다. 따라서 경영학에서의 국민경제는 경영활동에 영향을 미치는 데 한하고, 경제학에서의 개별경제 활동은 경제체계를 구성하는 하나의 분자로서만 그 의의를 지닌다. 경영학이 경제학에서 분화되기 전에는 경제학의 테두리에서 경영의 문제도 제기되었으나, 현재로서는 전술한 바와 같이 학문적 분업이 성립되는 경향이 있다. 그러나 경제학과 경영학의 분화는 그다지 엄격하지는 않아 현재에도 경제학 가운데 경영학적인 이론이 있고, 반대로 경영학 속에 경제이론을 도입하려는 경향도 있다. 우선 경제학은 J. M. Keynes(1883~1946)가 **거시적 경제학**(macroeconomics)을 확립한 이래 이와 대립하는 **미시적 경제학**(microeconomics)의 두 부문으로 분할되기에 이르렀다. 미시적 이론은 기업과 소비자의 주체적 행동에서 출발하여 시장이 형성되고 가격이 성립되는 과정을 설명하는 이론으로서, 이 가운데 기업행동 이론은 경영학과 공통점이 많으며 특히 생산이론은 경영학의 내용 자체라 해도 무방하다(C. Menger, M. E. L. Walras, A. Marshall 등). 이에 대해 거시적 이론은 국민소득의 형성과 변동을 다루는 부문이므로 주체적 행동의 이론은 아니다. 그러나 이를 국민경제의 계획이론에 활용하는 것은 가능하며 사실상 거시적 이론의 주요 목적은 이 점에 있다고 보아도 무방하다. 이 경우에 경제학은 국민경제의 경제학이라는 성격을 띤다. **케인즈 경제학**(keynesian economics)은 단지 경제현상을 파악하는 데 그치지 않고 객관적인 경제법칙을 소재로 삼아 완전고용을 실현하기 위한 경제의 관리방안을 연구하는 것이며, 이 주체적 성격이 케인즈 경제학에 있어서 실천성을 띠게 하고 있는 것이다.

2) 경영학과 회계학

경영학과 연관된 학문은 광범위해서 경영학이 소속된 사회과학 전반에 걸치나, 회계학과의 연관은 아주 대등하고 독립되어 있다. 그러나 학문의 관계를 상하의 종속인 것처럼 설명하려는 견해, 즉 경영학을 경제학의 제1분과로 인식하려고 하는 경향이 없지 않다. 이는 잘못된 생각이며 독립성을 인식치 못한 결과이다. 경영학과 회계학의 관계론에는 사회과학 소속의 모든 학문, 모든 관계론과 공통된 것은 있을지언정 특수한 요소는 존재하지 않는다. 관계론이 문제가 되는 것은 학문 상호 간에 있지 않고 '경영과 회계'와 같은 실천의 마당에서이다. 따라서 학문으로서의 관계를 미국과 독일의 경우를 들어 살펴보고자 한다. 독일의 경영학, 정확히 말해 경영경제학은 대체로 회계학이라고 할 회계이론(rechnungswesen)을 포함하고 있어, 경영경제학 이외에 따로 회계학은 존재하지 않는다. 거꾸로 말해 오히려 회계학으로서 경영경제를 다룬다는 느낌이 없지 않다. 독일에서는 경영학자와 회계학자의 구별이 없다. 이는 대상이 되는 경영경제라는 경제단위가 그 가운데 본래 회계를 포함하는 것으로 보는 까닭일 것이다. 미국의 경우, 관리론인 매니지먼트(management)는 회계론인 어카운팅 (accounting)과 전혀 대립되는 연구 분야이다. 이것을 독일류의 '학문'으로 생각할 수는 없으나, 이른바 '논(論)'의 분야에서 비교한다면 양자는 각기 다른 연구분야로 간주된다. 그러나 최근에는 관리회계(manageral accouting)가 중요시되기에 이르러 양자는 구별하기 어렵게 되었다. 요컨대 미국적인 학문관이 매우 실천적이고 경영교육적이어서 이들을 각기 독립된 학문으로 다루는 그 자체에 문제점이 있다. 따라서 경영학과 회계학이 별개의 연구인 이상 상호 결합적인 연구를 시도할 수가 있다고 보아야만 한다.

3) 경영학과 사회학

경영학과 사회학은 모두 사회과학 가운데서도 가장 신흥 과학이라 할 수 있다. 사회학이 학조(學祖)인 Comte 이래 불과 1세기에 지나지 않는 반면, 경영학은 이보다도 더 짧아 기껏 반세기 정도의 역사를 지닌다. 또한 경영학이 주로 독일과 미국에서 각기 같은 대상을 다루면서도 대조적이라 할 만큼 상이한 성격인 학문의 흐름을 형성했던 것과 마찬가지로, 사회학 역시 방법론 중심의 관념적인 독일 사회학의 흐름과 실증적 연구 중심의 현실적인 미국 사회학의 흐름을 담고 있다. 그 밖의 나라에 관해서는 사회학이 프랑스의 E. Durkheim, 영국에는 M. Ginsberg가 있듯이 경영학 역시 프랑스에는 H. Fayol, 영국에는 L. Urwick이나 E. F. L. Brech 등이 있다. 이들 학자는 각기 사회과학의 영역에 있어서 주류라고는 하나 간과할 수 없는 독특한 위치를 차지하고 있다. 또한 "사회학자의 수효만큼 사회학이 있다."는 표현이 있듯 "경영학자의 수효만큼 경영학이 있다."고 해도 좋을 만큼 그 방법론, 연구방침, 이론체계라는 것이 큰 혼란을 빚고 있다. 그런데 분명히 방법론, 연구방침, 이론체계의 혼란은 어떤 의미에서는 과학으로서 미성숙하다는 것을 뜻한다고는 하나, 한편으로는 사회과학이 잠재적으로 많은 것을 내포하고 있는 것으로 생각할 수도 있다. 제2차 세계대전 후 세계 각국에서 사회과학에 대한 관심과 기대가 한층 고조되어 왔다는 사실이 이를 뒷받침한다. 과거의 발전과정에서 경영학자와 사회학자는 의식적이든 무의식적이든 간에 서로에 대해서 너무도 무관심했으나, 이는 곧 해소될 것으로 보인다. 방법론의 충실화와 아울러 이론의 확립에도 두드러진 성과를 나타낸 미국 경영학이 인간관계론을 계기로 사회학적 연구방침이나 이론적 성과를 대폭적으로 섭취하고 있기 때문이다.

4) 경영학과 심리학

심리학은 인간의 행동에 대한 기초적 과학의 구성을 추구하는 학문이다. 심리학은 과학으로서의 형성과정의 시조인 W. Wundt가 기초 의학자이듯 생물체로서의 인간의 의식이나 반응의 연구에서 비롯되었으며, 따라서 이른바 생리적 심리학의 영역이 된다. 따라서 눈의 지각이라든가 다리의 운동, 그리고 계산능력 등의 활동을 연구대상으로 하는 개인심리학에서 차츰 발전되어 인간을 전체적으로 파악하는 성격 및 개성에 관한 연구영역도 개척되기에 이르렀고, 나아가 개인의 집단이나 조직 및 사회와 관련되는 사회적 인간으로서의 행동 연구도 점차적으로 발전되어 왔다. 경영심리학의 연구영역에는 경영조직 내의 인간관계와 인간행동의 연구가 있고, 또한 경영주재자로서의 경영자의 심리, 경영상 의사결정을 지배하는 심적 메커니즘의 추구 등의 분야가 있다. 그러나 이것보다도 더욱 중요한 분야로는 인간의 경제심리 메커니즘 연구가 있다. 즉 소비 · 저축 · 투자 등 경제행동이 어떤 동기에 따라 생기는지를 연구하는 분야이다. 이 분야의 연구는 아직도 미숙하지만 최근에 와서 산업계의 마케팅 연구가 두드러지게 활발해짐에 따라 시장조사 활동이 활성화되고, 특히 소비자의 구매동기를 심리학적으로 깊이 분석 · 조사하는 **모티베이션 리서치**(motivation research)가 상당히 활발해지고 있다. 즉, 이러한 연구 자료에 따라 인간의 경제활동에 관한 분야가 차차 밝혀지고 있는 것이다.

5) 경영학과 수학

'인간은 의사결정의 동물'이라고 하듯이 모든 행동과학의 기본문제는 의사결정의 문제이고, 따라서 경영학의 기본적인 문제가 되기도 한다. 그런데 이 기본문제는 문제 자체에 가해진 조건 혹은 상황에 따라서 (1) 확실성 조건 하에서의 결정문제, (2) 리스크 조건 하에서의 결정문제, (3) 불확실성 조건 하에서의 결정문제로 분류할 수 있다. 확실성 조건 하에서의 결정문제는 각 행동에 일의적으로 하나의 결과가 대응한다. 이 경우 각각의 행동 결과에 어떤 지표를 부여하고 그 지표를 최소 또는 최대화시키는 기준에 따라 행동을 선택·결정하는 문제이다. 리스크 조건 하에서의 결정문제는 각 행동에 각기 하나의 결과가 아닌 몇 개의 가능한 결과의 집합이 대응하고 그 결과의 하나하나에 대한 확률이 결정자에게 알려질 경우의 결정문제이다. 불확실성 조건 하에서의 결정문제는 (1)의 경우처럼 행동의 결과가 일의적으로 결정되는 것도 아니고, 또한 (2)의 경우처럼 행동 결과의 확률분포가 주어지는 것도 아니며, 행동의 결과가 전혀 불확실한 경우이다. 경영자 혹은 관리자는 이상 말한 조건의 혹은 그것들의 배합조건 아래서 결정을 내리고 있는데, 행동 결과를 숫자에 의한 지표로써 표현하고 이 기준에 따라 결정을 내리는 것이 행동과학의 문제가 된다. 이때 결정에 필요한 계량적 정보를 제공하는 하나의 도구로서, 수학과 경영학과의 관계영역으로 경영수학이 성립되는 것이다.

6) 경영학과 통계학

경영통계학이란 기업경영이 행해지는 범위를 모집단으로 하는 통계학으로서, 이 모집단에서 표본을 추출해 그 구조를 밝히는 것이 목적이다. 이를테면 자재의 수요를 알기 위해 표본추출에 의한 자재수요의 통계분포를 작성하는 것이 자재 재고관리에 응용된 경영통계의 한 단면이다. 이 경우 자재수요가 모집단을 구성한다. 경영통계학은 세 가지 중요한 측면을 갖고 있다. ① 경영통계학의 수법, ② 경영통계학이 응용되는 범위의 설정, ③ 정보처리의 문제 등이 그것이다. 여기서 ①은 통계학의 기존 수법 중 특히 경영통계학의 입장에서 이용 가치가 있는 것의 선출이 중요하고, ②는 경영정보시스템의 입장에서의 모델설정이 중요하며, ③은 경영의 계획과 관리를 위한 정보처리의 방법이 된다.

7) 경영학과 법학

경영학과 법학의 관계는 넓은 의미에서는 경제학과 법학과의 관계이기도 하며, 동시에 그 다루는 대상으로 보아 경영이란 경제의 일부인 만큼 '경제와 법'의 관계이기도 하다. 그렇지만 역시 협의로는 경영학이라는 특수한 학문과 법학 전반에 걸친 관계를 가리킨다. 여기서는 현재의 경영학자의 지식 내지는 연구에 있어서 법학 지식이 어느 정도 필요한지 또는 얼마나 기초가 되는지를 설명한다. 경영학은 '기업'을 다루는 부분이 많다. 법학에서는 ① 상법, ② 경제법, ③ 세법 등에서 기업을 다루는 데 있고, 주로 '기업'의 자본과 재산관계에 관한다. 이 밖에 '기업'에는 인적관계가 있으므로 이를 위해 따로 노동법과 사회법이 있다.

8) 경영학과 공학

생산의 고도화를 위해서는 기계와 동력이 고도화되어야 한다. 이것이 산업혁명을 불러일으키고 기술발달을 촉구했는데 이를 공학이라 한다. 기술은 기계의 보전, 전동기의 설치와 결합되고 경영의 안전성을 유지한 것으로 이를 위한 수단·방법이 생산기술이다. 생산기술은 현장작업의 시간·동작연구의 과학적·공학적인 접근과 결합되었다. 이것이 F. W. Taylor, H. Emerson, F. B. Gilbreth, H. L. Gantt 등에 의한 초기의 과학적 관리이다. 1940년 영국 육군의 작전연구에서 비롯된 OR(Operations Researsh)은 제2차 세계대전 중 미국에서 발전되어 전후에는 기업의 운영과 기획에서 '경영의 과학화'로 전용되었다. OR은 데이터에 바탕을 두고, 그 문제를 해결하기 위해 조작되는 모델을 중심으로 하는 기법이다. 그것이 문제해결과 액션을 위한 기술이기 때문에 경영문제에 활용된 것이다. 경영이 OR을 발생케 한 군사활동과 유사한 것도 그 이유이겠으나, 이 기법이 각양각색의 요인이 얽힌 기업경영에서의 문제를 해결하는 데 가장 효과적으로 작용했으므로 OR이 경영에 전용될 수 있었다.

적대적 M&A

적대적 M&A는 상대 기업의 동의 없이 공개적인 주식매수나 위임장 대결을 통해 이루어지는 기업의 인수와 합병을 말한다. 이러한 적대적 M&A에 대한 방어책에는 인수자의 매수자금에 부담을 주는 방법과 재무적인 전략, 회사정관을 이용한 전략 등이 있다. 적대적 M&A의 경우 단기간에 의도한 가격으로 대량의 주식을 공시해 매집하게 되는데 인수대상 기업도 적극적으로 맞대응하게 되므로 그 과정에서 주가가 상승하게 된다. 이러한 이유로 시세차익을 노리는 공개매수가 이뤄질 가능성도 배제할 수 없고, 주식을 매집한 후 대주주를 압박하여 이미 매집한 주식을 보다 높은 가격에 되파는 그린메일(Greenmail)도 있을 수 있다. 궁극적으로 주주총회에서 의결권을 갖고 있는 위임장을 보다 많이 확보하여 현 이사진이나 경영진을 교체하는 방식을 취하게 된다.

2003년에 SK의 지분 12% 이상을 취득한 소버린이 경영진의 교체와 SK텔레콤 주식의 매각을 요구한 것과 영국계 헤르메스펀드의 삼성물산에 대한 압박은 매우 충격적인 일이었다. 특히 외국인의 적대적 M&A에 대한 위협으로부터 국내 기업들이 경영권을 방어하기 위해서는 제도적 장치가 너무 취약하여 많은 기업들이 적대적 M&A의 위협에 노출되어 있다.

SK와 소버린

business
administration **6**

경영이론의 전개

1. 독일과 미국 경영학의 특색

1) 독일 경영학

독일 경영학의 특색은 존재(存在)의 과학으로서의 경제학으로는 만족치 못하며, 규범 과학으로서 경제학을 수립하려는 의도에서 찾을 수가 있다. 이는 신(新)칸트학파의 가치철학과 독일 전통의 역사파 경제학의 영향에 따른 것인데, 그와 함께 근대에 있어서의 경영조직의 발달과 확립이라고 하는 역사적 사실이 기반이 된 것으로 여겨진다. 또한 제1차 세계대전 후에 독일에서 일어난 초(超)인플레이션이 자본유지 문제를 중심으로 회계학에 경제학적 사고를 도입한 사정도 경영학 성립의 중요한 계기가 되었다. 이렇듯 응용경제학의 한 부문으로 발표된 J. F. Shair의 상업경영학에서부터 E. Schmalenbach의 사(私)경제학, H. K. Nicklish의 경영경제학, 그리고 현대의 경영학까지 점차적으로 독립된 학문으로서의 내용을 갖추어 왔던 것이다. 그 과정에 있어서 독일의 이론경제학자 E. Schneider, H. V. Stackelberg 등이 경제의 유통현상보다 비용이론이나 생산이론 등 기업의 경영활동에 관한 문제에 뛰어난 업적을 남기고 있는 것도 독일 경제학의 경영학적 성격을 말해 준다.

2) 미국 경영학

미국의 과학적 관리법의 선구적인 업적은 바로 테일러 시스템이다. Frederick Taylor는 금세기 초에 합리적인 임금제도를 설정하기 위해 시간과 동작연구(Time and motion study)를 바탕으로 해서 과학적 관리법을 제창했다. 그 뒤 **포드 시스템**에 흐름작업(Fiessarbeit, conveyer system, tact system) 방법이 채택되는 등 미국의 대량생산에 적합한 관리방식이 개발되어 실행됨으로써 미국 산업이 번영할 수 있는 바탕을 이루었다. 또한 제2차 세계대전의 전후에 걸쳐서 추론통계학을 응용한 품질관리와 시장조사는 더욱 대량생산을 가능케 했고, 군사작전에 이용된 바 있던 선형계획(線形計劃)이나 OR이 전후 기업경영에 이용되었으며, 과학적 관리법은 사무활동 혹은 경영방침 결정에까지 영향을 미치게 되었다. 이와 같은 관리기법의 충실화와 확대에 따라 미국의 **기업경영학**(business administration) 혹은 **경영과학**(management science)이 형성되었다. 또한 전후 미국에 있어서의 특색 있는 현상으로는 **경영경제학**(managerial economics)이 경제학과 경영학의 경계영역으로서 문제가 제기된 사실이다. 이는 종래 국민경제적 입장에서 연구되어 온 가격·시장·생산·비용 등에 관한 이론을 경영의 입장에서 활용하려는 학문이며 J. Dean의 저서에서 자극받은 하나의 학문으로 체계화되고 있는데, 그 방법과 의식은 독일 경영학과 상통되는 점이 있다. 이 책에서는 미국 경영학을 주축으로 경영이론을 전개한다.

2. 경영학의 고전이론

1) 과학적 관리론

Taylor는 미국 필라델피아 출신으로 안질로 인해 대학을 포기하고 작은 펌프공장에 들어간 다음, 여러 회사를 전전한 끝에 베들레헴 스틸회사의 고문이 되고 수년 후에는 저술과 강연활동에 전념하였다. 그는 오랫동안의 실제적 체험을 토대로 연구해 경영관리사의 합리적 사상을 수립하였는데, 일반적으로 이것을 가리켜서 **테일러주의**(Taylorism)라고 한다. 또한 그는 '과학적 관리의 아버지'라고 불리기도 한다.

Taylor가 한 제철공장의 중간관리자로 일하고 있을 때인 19세기 후반에는 노동자 대부분의 교육수준이 낮았고, 경영자 또한 경영에 관한 특별한 관심 없이 경험에 의해 주먹구구식으로 회사를 운영해 나가고 있었다. 이러한 상황에서 그는 당시의 조직적 태업을 해결하기 위해 임금제도의 기초적 전제가 되는 임금률을 합리적·과학적으로 조정해야 한다고 주장하였다. 이를 위해 공정한 1일 작업량으로서의 과업(task)을 설정할 것을 주장하고 종래와 같은 노동자의 경험적 지식에 의한 추정과업량 방식에 따른 막연한 무작위관리(drifting management) 대신에 명확한 법칙과 원리를 기반으로 한 '**참다운 과학적 관리**'를 수행하지 않으면 안 된다고 역설했다. 이것이 Taylor의 과학적 관리법의 출발점이다. 그는 종래의 임금제도와는 달리, 높은 능률을 올린 사람에게는 할증배당금을 지불한다고 하는 '**능률단위 차별급 제도**(differnetial piece-rate system)'를 제창했다. 또한 그는 저서인 『공장관리(Shop Management)』에서 "노동자가 요구하는 높은 임금과 고용주가 주려고 하는 싼 노임은 일치될 수 있다."는 목표 아래 '**과업관리**(task management)'제도를 만들어냈다. 이 과업관리의 기초가 되는 것은 1일 작업량의 결정이며, 이를 결정하는 데는 일류 노동자가 하루에 해낼 수 있는 작업량에 관한 정확한 자료를 '동작연구(motion study)'와 '시간연구(time study)'를 통해 수집하는 것이다. 이 외에도 '계획부(planning department)'의 설치, '직능별 직장제도(functional foremanship)', '지도표 제도(instruction card system)' 등을 제창하였다.

1911년 Taylor는 『과학적 경영의 원칙(The Principles of Scientific Management)』이라는 책에서 자신의 생각을 과학적 경영의 4대 원칙이라 칭하며 다음과 같이 정리하였다.

① 모든 작업을 필수적인 동작들로만 과학적으로 구성하여 표준화하되, 작업조건 또한 작업에 적절하게 개선한다.
② 선발된 작업자를 훈련시켜 작업에 투입하되, 작업 성과와 연관된 적절한 인센티브 임금제도를 실시한다.
③ 각 작업에 요구되는 수준의 능력을 가진 작업자를 선별하여 선발한다.
④ 경영자는 작업자가 최대의 능력을 발휘할 수 있도록 작업방법 또는 작업환경의 개선에 항상 관심을 두어야 한다.

2) 관리적 경영론

H. Fayol의 관리론은 Taylor의 과학적 관리법과는 대조적인 것이다. 과학적 경영이 종업원들의 개별 직무의 개선을 통한 능률 향상에 주로 관심을 둔 반면에, 관리적 경영은 기업 전체의 효율적 운영을 위한 '관리적 원칙'을 강조한다.

그는 조직과 조직구성원의 체계적 관리를 위해 경영자의 입장에서 기업활동을 관찰하여 이것을 여섯 가지 활동으로 파악하였다. 즉, ① 기술활동(생산 · 제조 · 판매) ② 상업활동(구입 · 판매 · 교환), ③ 재무활동(자본의 조달과 관리), ④ 보전활동(재산 및 인력의 보호), ⑤ 회계활동(재산목록 · 대차대조표 · 원가 그리고 통계 등), ⑥ 관리활동(예측 · 조직 · 명령 · 조정 및 통제)으로 정리하였는데, 이는 〈표 6-1〉에서와 같이 '**관리 5요소**'라고 불리며 지금의 계획수립(planning), 조직화(organizing), 지휘(leading), 통제(controlling)로 이어지는 경영관리 사이클의 개념적 토대가 된다.

관리활동이란 기업의 전반적인 활동계획을 작성하고 조직과 조정을 행하는 행위이다. 이와 같은 관리활동의 수행, 즉 관리기능은 기업의 경영자에게만 있는 고유의 것이 아니고 어떠한 사회집단에도 존재하는 것이며, 어떤 다른 기능보다도 중요한 것이

표 6-1 Fayol의 관리 5요소

① 예측	미래에 대한 목표와 행동계획을 수립한다.
② 조직	계획실행을 위한 자원을 준비한다.
③ 명령	조직구성원을 선발, 배치하여 행동계획에 따라 지휘한다.
④ 조정	여러 활동들은 목표 달성을 위해 적절히 조절한다.
⑤ 통제	계획대로 진행되는지를 살피고 필요하다면 수정한다.

다. Fayol은 〈표 6-2〉와 같이 관리이론을 수립하기 위해 그 토대가 되는 '관리적 경영의 14원칙'을 제시하였다. 이와 같은 관리원칙들은 오늘날의 경영에도 활용되는 부분이 많이 포함되어 있으며, 기업뿐 아니라 공공기관, 군대 등 일반조직에까지 적용될

표 6-2 Fayol의 관리적 경영의 14원칙

작업의 분할	작업의 전문화 및 효율성을 높일 수 있다.
권한	통제의 원천이며, 지위에서 나온다.
규율	조직구성 및 운영의 기본이 된다.
명령 일원화	조직구성원은 오직 1명의 상사로부터 명령을 받아야 한다.
보상	공정해야 한다.
지휘 일원화	어떤 활동이든 단일계획 하에 1명의 책임자가 담당해야 한다.
질서	조직 내의 자원은 적절히 배치되어야 한다.
경영자의 역할	경영자는 조직 내에서 주도적인 역할을 해야 한다.
공정성	조직관리에 있어서 공정성을 유지해야 한다.
안정성	조직구성원들의 이직률이 높아서는 안 된다.
단결성	조직구성원들의 단결을 통한 팀워크를 중시해야 한다.
조직이익 우선	개별 구성원들의 이익보다 조직의 이익이 우선한다.
집중화	특정 목표의 달성을 위한 집중력을 보여야 한다.
의사소통	명령의 하달경로가 명확해야 한다.

수 있는 개념이다.

3) 관료적 경영론

과학적 관리법 및 일반경영이론과 더불어 경영조직에 관한 고전이론으로서 **관료이론**(bureaucracy theory)을 들 수 있다. 관료이론은 19세기 말경에 독일의 사회학자인 M. Weber에 의하여 발표되었으나, 1940년대에 와서야 미국을 비롯한 다른 나라에 널리 알려지게 되었다.

관료이론은 합리적 관점에서 공식조직, 특히 대규모 조직을 관료제로 보는 Weber의 구조적 입장과 정치권력의 관계를 통해서 보는 H. Laski의 기능적 입장, 그리고 구조적인 면과 기능적인 면을 아울러 보려 하는 F. Riggs의 입장 등으로 크게 나눌 수 있다. 그러나 대부분 대규모 조직에서 관료제성을 찾아보려 하는 것이 공통된 현상이며, 일반적으로 이 개념의 기원을 Weber에서 찾고 있다.

고전이론인 과학적 관리법과 관료이론이 모두 조직의 합리적 모델을 추구한 것이지만, Weber는 개인의 동기나 인간관계를 배제하고 공식적인 조직구조에서 관료제성을 찾으려 했으며, Taylor는 조직구성원을 단순한 경제적 동기에 의해 행동하는 생산도구로 보는 데 차이점이 있다.

관료적 경영에서는 역할이 정해져 있고 일 또한 분담해서 수행하며, 관료제라는 계급조직이 형성되고, 그 조직 안에서 권한 구조가 형성된다. 이 접근방식은 조직 전체에 초점을 맞춘다. Weber는 기본적으로 조직이 제대로 운영되려면 조직관리자의 원칙 없는 독단은 없어져야 하며, 그 대신 합리적인 원칙에 근거한 관리가 확립되어야 한다고 하였다. 이처럼 규범과 명령 그리고 권위를 바탕으로 한 합리적이며 능률적인 조직관리를 관료적 경영이라고 부르며, 고전적 경영이론의 한 부분을 이루고 있다.

〈표 6-3〉에는 Weber가 주장한 이상적 관료조직의 원칙이 나타나 있는데, 그는 관료적 조직경영을 통해 조직의 효율성뿐만 아니라 자원의 경제적 활용, 종업원 및 고객에 대한 공평한 대우 등도 실현할 수 있다고 주장하였다.

이러한 접근방법의 장점은 일관성이 있고 합리적이며 효율적인 반면에 조직이 경직되어 있고 변화에 느리게 적응한다는 단점을 가진다. 특히 오늘날의 경영에 있어서 관료적 조직이란 용어가 주는 의미는 부정적인 경향이 강하다는 것을 알 수 있다. 경

표 6-3 Weber의 관료적 원칙

명확한 분업	직무는 명확하게 정의되고 전문화되어야 한다.
권한계층의 정비	조직 구성원의 권한체계는 명확해야 한다.
공식적 규정과 절차	규정과 절차는 문서화되어야 한다.
공정성	규정과 절차는 누구에게나 공정하게 적용되어야 한다.
경력에 따른 승진	선발 또는 승진의 기준은 경력과 성과에 따라야 한다.

직성, 과도한 서류작업, 고객 서비스의 부재, 느린 일처리 등은 관료적 경영의 부정적 특성이라고 할 수 있다.

3. 인간관계론

인적자원(human resource) 관점의 경영학은 인간으로서의 종업원을 전제하여 조직 내에서 인간의 행동에 영향을 미치는 여러 가지 요인들을 이해하고 이를 생산성 향상으로 연결시키려는 노력을 보이고 있다. 이는 유명한 '호손실험'을 계기로 발전되었으며, 인간관계론(human relations) 형성의 기초가 되었다.

1) 호손실험

1920년대에 있어서 과학적 관리법은 작업능률을 훨씬 증대시켰으나, 한편으로 인간을 너무나도 기계적으로 다루어 비인격화했기 때문에 종업원은 주체성을 잃고 고립되어 갔다. 이에 인간이 관리문제로서 등장했고, 1924~1932년에 걸친 '**호손실험**(Hawthorne experiments)'을 통해 주목받기 시작했다. 이 실험을 주재한 E. Mayo, F. J. Roethlisberger 등 하버드대학교 연구팀은 비공식조직(informal organization)의 존재를 지적하며, 이에 있어서의 노동자의 비논리적인 감정이 생산성과 밀접한 관계를 갖는다고 주장했다.

1924년 미국 웨스턴 일렉트릭의 호손공장에서 이루어진 실험은 작업장 내의 조명상태, 소음, 습도 등 작업환경이 종업원들의 생산성에 어떤 영향을 주는가를 규명하기 위해 특정 종업원 집단에게 좋은 작업환경을 제공하여 이 집단의 생산성 향상 정도를 기존 종업원 집단과 비교하여, 궁극적으로 생산성에 영향을 주는 작업환경 요인을 밝혀내려고 하였다. 하지만 예상 외로 두 집단의 생산성은 비슷한 수준으로 향상되어 작업환경에 아무런 개선조치를 취하지 않은 기존 집단의 생산성 향상에 많은 의문을 갖게 되었다. 이후 임금인상 요인을 포함한 몇 번의 실험을 거친 뒤, 1927년 Mayo 등의 하버드대학교 연구팀이 본격적으로 연구를 시작하여 이 실험에서의 생산성 향상에 대한 두 가지 원인을 다음과 같이 제시하였다.

① **집단 분위기**(group atmosphere) : 생산성 향상은 밝은 조명, 낮은 소음 등 작업환경의 개선이나 단발적인 임금인상에 따른 것이 아니라, 종업원들이 스스로 느끼는 집단 내의 좋은 분위기, 즉 자기들이 하는 작업이 다른 사람들(관리자 혹은 외부인)이 관심 있게 지켜볼 만큼 중요하니 '열심히 해보자'는 분위기에 따른 것이다.

② **참여적 감독**(participative supervision) : 종업원들이 자신의 작업이 중요하다고 생각하고, 실험 중 작업에 대한 의견개진의 기회도 주어짐에 따라 어느 정도의 주인의식을 갖고 작업에 임할 수 있었다.

이 실험으로 인해 종업원을 보는 관점이 단순한 생산수단이 아닌 인간으로 바뀌게 되었다. 즉, 생산성 향상에 영향을 미치는 요인으로 작업환경과 같은 물질적 요인이나 임금인상 등의 경제적 요인과 같은 외부적 조건들보다는 종업원 마음속의 감정, 태도 그리고 집단의 분위기가 더욱 크게 작용한다는 것이다.

호손실험은 인간은 남들로부터 기대받는 만큼 자기 일에 열중할 수 있다는 이른바 '**호손효과**(hawthorne effect)'라는 용어도 만들어냈다. 한편 호손실험의 결과로 1950년 대와 1960년대의 경영자들은 생산성 향상을 위해서는 종업원들의 좋은 인간관계가 필요하다고 인식하게 되었으며, 특히 인간관계론이라고 불리는 인간중심의 경영을 강조하는 학문적 경향이 시작되기도 하였다.

2) Maslow의 욕구단계이론

인간관계론에서 가장 중요한 개념은 인간의 '**욕구**(needs)'라고 볼 수 있다. 욕구란 인간이 충족되기를 원하는 생리적 혹은 심리적 부족감이라고 정의할 수 있는데, 경영자는 종업원의 태도와 행동에 커다란 영향을 주는 이 욕구에 대한 이해를 통해 조직 내의 적절한 인간관계가 형성되도록 해야 한다.

미국의 심리학자 A. Maslow는 인간의 행동은 당시의 충족되지 못한 욕구를 채우기 위한 것으로 설명할 수 있으며, 이 욕구는 〈그림 6-1〉과 같이 다섯 단계로 구성되어 있다고 보았다. 그는 단계적으로 구성된 욕구들은 바로 아래 단계의 욕구가 충족되어야만 나타나게 된다고 보았는데, 예를 들어 굶주림이나 갈증과 같은 생리적 욕구가 충족되고 나면 바로 위 단계인 안전 욕구가 나타나게 된다는 것이다. 가장 높은 단계인 자아실현 욕구는 존경 욕구가 충족되면 발현되는데, 이 자아실현 욕구는 충족되면 될수록 더욱 강해진다고 보았다.

Maslow의 욕구단계이론은 종업원의 만족을 통해 생산성을 향상시키려는 경영자에게는 새로운 방법으로 여겨졌으나, 실제 종업원들의 행위를 설명하기에는 충분치 못하다는 지적을 받기도 하였다. 즉, 인간의 행동은 이보다 더 복잡한 요인들에 의해

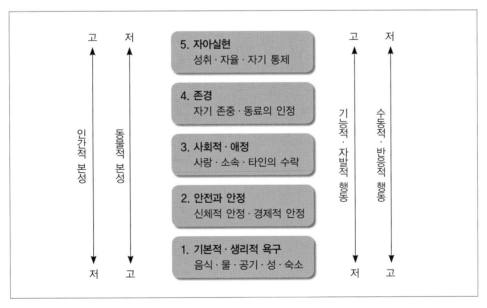

그림 6-1 Maslow의 욕구단계

이루어진다는 것인데, 여기에 대한 자세한 논의는 제13장에서 하기로 한다. Maslow 이론이 적용되는 경우를 우리 주변에서 심심찮게 볼 수 있다. 재활기관 같은 공공기관의 무보수 자원봉사자들은 자아실현 욕구의 만족을 위해 일을 하고 있으며, 만약 자기의 일이 이를 충족시키지 못한다고 판단될 때에는 당연히 다른 일을 찾게 될 것이다.

3) McGregor의 X-Y 이론

D. McGregor(1906~1964)는 디트로이트의 시티대학교와 하버드대학교에서 수학한 후 사회심리학자로서 1948~1954년까지 안티옥대학교의 학장과 MIT대학교의 경영학 교수로 근무했다. 그의 연구 성과는 계속해서 매우 높은 평가를 받았으며 1950년대 Maslow와 Herzberg가 이끄는 인간관계학파의 중심적인 학자로 인정받았다.

그는 호손실험과 Maslow의 영향을 받아, 경영자는 종업원들의 사회적 욕구와 자아실현욕구의 충족에 특히 관심을 두어야 하며, 이를 위해 'X이론'의 종업원관을 'Y이론'의 종업원관으로 바꾸어야 한다고 주장하였다. **X-Y이론**은 McGregor가 인간관을 동기부여의 관점에서 분류한 이론으로, 전통적 인간관을 X이론으로, 새로운 인간관을 Y이론으로 지칭하였다.

그는 인간행동에 대해 두 가지 상반된 가정을 하였는데, 하나는 인간이란 원래 일을 싫어하고, 야망과 책임감이 없으며, 변화를 싫어하고, 남에게 지시받는 데 익숙하다는 것이며, 다른 하나는 이와 반대로 인간은 경제적 보상만이 아니라 자아실현의 욕구로 일을 즐기고, 강제성이 없더라도 책임감 있게 자기관리를 할 수 있으며, 문제해결을 위한 창의력도 있다는 것이다. 그는 전자를 X이론, 후자를 Y이론이라고 불렀으며, Y이론에 입각한 경영방식을 주장하였다. 즉, 조직목표를 달성하기 위해 X이론에 따라 강압적인 명령을 내리거나 처벌을 내세우는 등 통제 위주의 분위기를 조성하기보다는, 종업원들은 주어진 여건만 되면 스스로 조직에 적극적인 공헌을 할 수 있다는 Y이론에 따른 협조적인 분위기의 조성을 권하고 있다.

- **X이론** : 인간은 본래 일하기를 싫어하고 지시받은 일밖에 실행하지 않는다. 경영자는 금전적 보상을 유인으로 사용하고 엄격한 감독, 상세한 명령으로 통제

를 강화해야 한다.

- **Y이론** : 인간에게 노동은 놀이와 마찬가지로 자연스러운 것이며, 인간은 노동을 통해 자기의 능력을 발휘하고 자아를 실현하고자 한다. 경영자는 자율적이고 창의적으로 일할 수 있는 여건을 제공해야 한다.

4. 계량경영론

인적자원관점의 경영학 이론들이 개발되고 있던 시기에 보다 합리적인 의사결정을 위한 방편으로서 **계량적 기법**(quantitative techniques)에 대한 연구가 시도되었다. 이는 일련의 수학적 기법들이 실제 경영 의사결정에 유용하게 쓰일 수 있다고 보고, 소위 수학을 이용한 경영학이라는 새로운 분야를 시작하였다.

1) 경영과학

경영과학(management science)은 경영 문제를 해결하기 위해 수학적 기법을 과학적으로 적용하는 연구 분야를 말하며, 흔히 OR의 한 분야로 다루기도 하지만 거의 동일한 뜻으로 사용된다. OR은 원래 군사상의 작전연구에서 비롯되었다. 즉 제2차 세계대전 중 영국에서는 각국에 걸쳐 전쟁에 필요한 보급활동에 질서와 합리성을 얻기 위하여 여러 전문가로 구성되는 팀을 구성하였는데 가장 잘 알려진 팀은 '블레이크의 서커스'라는 팀이었다. 이 팀은 물리학자인 Blake의 지휘 하에 생리학자 1명, 수리물리학자 2명, 천체물리학자 1명, 군인 1명, 측량기사 1명, 일반물리학자 1명, 그리고 수학자 2명으로 구성되어 자전계획을 세울 때 과학적인 해석법을 사용하여 주어진 여건상 가장 효과적인 결과가 생길 수 있는 해결책을 지휘자에게 제시하기 위하여 조직된 것이다. 요컨대 문제의 성격을 질적으로 파악하려는 것이 아니라, 그것을 계량적으로 파악하여 일정한 해결책을 제시함으로써 활동 당사자의 목표 달성에 이바지하려는 것이므로 산업공학과 마찬가지로 응용과학적 내지 기술론적 성격을 강하게 가진다. 따라서 원래 그 개념은 조직목적을 달성하기 위해 의사결정을 위한 정량적 기준을 유도한다는 명확한 목적을 가지고 복잡한 문제의 연구에 과학적인 지식과 방법을 활용하는 것을 의미한다.

경영과학은 다른 OR에 비해 좀 더 실제적인 문제를 다루며, 학계의 연구보다는 실질적으로 응용이 될 수 있는 분야에 관한 문제를 다룬다.

이 접근법은 대체로 다음의 네 단계로 이루어진다.

① 문제를 정의한다.
② 문제를 체계적으로 분석한다.
③ 적절한 수학적 기법을 이용한 모형(model)을 구성한다.
④ 최적해를 구한다.

주로 사용되는 수학적 모형과 경영에서의 구체적 활용분야는 다음과 같다.

- 수학적 예측모형 : 계획수립 시 활용
- 재고관리모형 : 재고관리 시 주문량의 크기와 주문시점을 결정
- 선형계획법 : 경영자원을 적절히 배분
- 대기행렬이론 : 고객의 대기시간과 비용을 줄이기 위한 서비스 자원의 배분
- 네트워크모형 : 복잡한 문제를 부분화시켜 분석과 통제를 용이케 함
- 시뮬레이션 : 여러 가지 가정 하에서의 상황을 실험

2) 오늘날의 계량분석기법

대부분의 경영학과에서는 경영과학, OR 혹은 계량경영학의 교과목으로 계량분석기법을 배우고 있으며, 특히 생산관리(operations management)나 품질경영(quality management) 과목에서는 실제 제품 또는 서비스의 관리에 계량분석기법들이 많이 적용되고 있다. 일반 기업체의 경우, 이 기법들이 비교적 어려운 수학으로 구성되어 있어 따로 전문가를 두어 도움을 받기도 했으나, 최근에는 계량분석기법에 대한 소프트웨어의 개발과 개인용 컴퓨터의 보급 등으로 그 활용도가 높아지고 있다. 하지만 경영자는 아무리 정교한 계량분석기법을 적용한다 하더라도 경영문제에 대한 관리적 판단과 인간관계적 판단을 가볍게 여겨서는 안 될 것이다.

5. 현대적 경영학

고전적 경영학과 인적자원 관점의 경영학 그리고 계량분석기법 등은 경영이론의 발전에 큰 공헌을 했지만 최근의 경영환경에서 기업경영의 방향을 제시해 주기에는 불충분하다고 볼 수 있다. 이는 예전과는 달리 기업경영의 환경적 요소가 훨씬 역동적으로 변하여 적절한 예측에 의한 대안 제시가 상당히 어렵게 되었고, 또한 종업원과 고객 등 사람 측면에 있어서도 복잡함이 더욱 증대되었기 때문이다. 이러한 이유로 경영에 있어서 새로운 사고의 혁신이 필요해졌으며, 소위 현대적 경영학이라는 시스템이론과 상황이론 등이 나타나게 되었다.

1) 시스템이론

1960년대에 접어들어 **시스템이론**(System theory)의 틀에 따른 관리의 일반이론에 대한 연구가 새로운 연구경향으로 전개되었다. 여기서 시스템이란 특정한 목적을 가지고 이를 성취하기 위해 여러 구성인자들이 서로 유기적으로 연결되어 목적 달성을 위해 상호작용하는 집합체로 정의될 수 있으며, 특히 외부환경과의 상호작용을 갖춘 시스템을 개방시스템이라고 한다. 따라서 시스템적 개념으로서의 기업조직은 이익창출이라는 목적 달성을 위해 각 구성원들이 서로 관계를 갖고 노력하는 집단으로 인식될 수 있으며 소비자 취향의 변화, 원자재 가격의 인상 등 외부환경의 변화에 적절히 대응하는 하나의 개방시스템이라 할 수 있다.

시스템이론은 특성을 가지는 통합적 유기체인 시스템을 연구하는 과학적 사고방법에 관한 이론이다. 따라서 시스템상으로는 먼저 전체성(wholeness)이 강조된다. 이러한 시스템의 특징은 다음과 같다.

① 시너지 효과가 있다.
② 여러 하위시스템(subsystem)으로 구성되는데 이들 하위시스템은 투입(input)과 산출(output)을 통해 상호작용한다.
③ 하나의 하위시스템의 변화는 다른 하위시스템에 영향을 미쳐 전체 시스템에 영향을 준다.

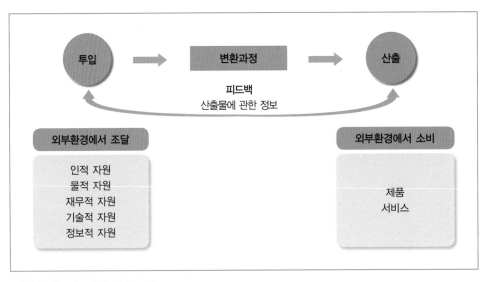

그림 6-2 시스템적 접근 모형

④ 따라서 시스템의 존속을 위해서는 각 하위시스템 사이에 균형이 유지되어야 한다.

⑤ 개방시스템에서는 시스템과 환경과의 상호작용이 특히 문제가 된다.

⑥ 종래의 과학은 모두 한정된 대상에 대해 분석적·해석적 방법을 적용하는 것인데, 이는 대상에 대해 다차원적인 고찰을 하는 것이므로 개별적으로 특수화되고 전문화된 각 분과학의 지식을 종합하여 통합하려는 학제적 접근방법을 따른다.

시스템에서 또 하나의 중요한 개념으로서 피드백(feedback) 기능을 들 수 있는데, 이는 〈그림 6-2〉에서와 같이 투입된 경영 자원이 변환과정을 거쳐 산출되면, 이 산출물이 외부환경에 영향을 주어 다시 시스템의 투입자원으로 되돌아온다는 것이다. 예를 들어 불량품이 판매되어 고객의 불만이 나타나면 그 불량원인을 제거하기 위한 노력들이 원자재 구입하는 단계에서부터 적용될 수 있다. 따라서 시스템이론에 따르면 경영자들은 기업 자체를 상호작용하는 부분들의 집합체로 보고 부분의 문제해결을 전체적인 입장에서 해결하려는 사고를 가져야 한다.

2) 상황적합이론

종래의 고전적 조직론이나 인간관계론 등은 환경을 거의 무시한 것이었다. 그러나 환경의 불확실성과 다양성이 증대함에 따라 경영자는 환경을 중시하지 않을 수 없어서 1960대에는 환경의 개념화를 시도해 조직분석에 도입한 연구들이 영국의 타비스톡 학과뿐만 아니라 여러 곳에서 전개되었다. 미국의 P. R. Lawrence와 J. W. Lorsch는 1967년에 출판한 『Organization and Environment(조직과 환경)』에서 조직의 상황적합이론을 주장하였다.

상황적합이론(contingency theory)이란 종래의 전통적 내지 고전적 관리론이 조직이 처해 있는 환경이나 상황조건은 고려하지 않고 모든 조직체에 공통적으로 적용할 수 있는 조직원칙을 확립하려는 보편주의(universalism) 입장을 취했던 것과는 달리, 어떠한 환경에도 적용할 수 있는 최선의 조직이란 있을 수 없으며, 환경이 다르면 조직도 달라진다고 하는 특수주의(particularism) 입장에서 주장되는 이론이다. 즉, 어떤 경우든지 적용 가능하고 보편타당한 원칙(universal principle)을 제시하기보다는 상황의 특수성을 인정하고 그 상황에 적절한 해결책을 모색해야 한다는 주장이다. 이는 환경변화가 심해진 현대의 경영에서는 모든 상황에 적용가능한 '**유일 최선의 방법**(the one best way)'은 더 이상 존재하지 않는다고 보고 경영자는 주어진 상황에 대한 충분한 이해를 통해 개별적인 최적의 대책을 수립할 것을 권고하고 있다.

Lawrence와 Lorsch는 기업을 구성하는 각 부문은 서로 다른 환경에 처해 있으므로 각 부문의 조직구조나 리더십 및 구성원의 지향성을 서로 다른 환경에 적응시켜 특정화한 다음에 통합화하는 것이 조직의 유효성을 높임을 입증하였다. 다시 말해 연구개발부문은 과학환경에, 영업부문은 시장환경에, 제조부문은 기술환경에 직면하고 있다. 이러한 환경의 차이는 ① 환경의 변화속도, ② 환경정보의 불확실성, ③ 정보피드백의 시간 폭에 의해 추정되며, 조직의 차이는 ① 조직구조, ② 구성원의 대인지향성(명령적 리더십 또는 참가적 리더십), ③ 구성원의 시간지향성(단기적, 중기적, 장기적 여부)에 의해 추정된다.

예컨대 제조부문은 조직을 고도로 구조화하고 명령적 리더십을 취하며, 시간 및 목표지향성은 단기적인 데 반해, 연구개발부문은 조직 구조화의 정도는 낮고 참가적 경영이 이루어지며, 시간 및 목표지향성은 장기적이고, 마지막으로 영업부문은 그 중간적인 것이 유효한 조직이라고 주장하였다.

최근에는 이러한 상황이론적 관점으로부터 여러 조직관리기법들이 많이 개발되고 있는데, 이로써 경영자들은 조직관리에 대한 선택의 폭을 넓힐 수 있게 되었다. 예를 들어 생산부문에서 생산성 향상을 위해 종업원들에게 어떤 조치를 취해야 하는 경우를 상정해 볼 때, 과학적 경영의 원칙에 의하면 작업의 단순화를 위한 제안이 필요할 것이고, 인간관계론적으로 접근하면 심리적 동기부여의 제안이 필요할 것이나, 상황이론으로 본다면 현재 이 작업장의 상황에 대한 이해와 함께 개발된 여러 관리기법들 중 어떤 방법이 가장 효과적인가를 모색할 필요가 있을 것이다.

3) 품질경영론

품질이란 고객의 욕구를 충족시킬 수 있는 능력이라 할 수 있는데, 구체적으로 고객의 입장에서 평가되는 제품 혹은 서비스에 대한 유용성(usefulness) 또는 사용적합성(fitness for use)으로 정의할 수 있다. 품질우선의 경영은 고객만족을 통해 경쟁력 확보를 모색하는 것으로 경영자는 항상 품질을 의식한 경영을 함으로써 시장경쟁력을 갖추어야 한다는 의미이다. 따라서 품질이란 개념을 종래의 제조부문, 특히 제품검사부문에만 국한시킬 것이 아니라, 기업조직의 모든 기능에 있어 고객이 인식하는 '기업품질'의 향상을 위해 조직 전체적인 차원에서 노력을 기울여야 한다. 이를 **전사적 품질관리(TQM)**라고 하는데, '적시에 올바른 업무를 수행'하는 것으로부터 출발하여 최종적으로 고객을 위한 품질향상을 통해 경영성과를 올리는 것을 목표로 한다. TQM의 성공을 위해서는 무엇보다 고객만족을 위한 종업원들의 참여를 유도해야 하는데, 이는 종업원들에게 품질의 중요성을 인식시키고, 스스로의 업무에 대한 지속적 개선을 모색할 수 있는 조직분위기를 유지함으로써 가능하다.

4) 초우량기업론

1982년 Tom Peters와 Robert Waterman은 미국에서 지속적으로 많은 이익을 내고 꾸준한 기술발전과 제품혁신을 보여주는 보잉, 듀퐁, 코닥 등 초우량기업들에 대한 심층분석을 통해 이들 기업의 공통적인 특성 여덟 가지를 제시하고, 다른 기업도 초우

표 6-4 초우량기업의 여덟 가지 특성

실천지향	의사결정이 신속하고 즉각 행동화된다.
고객지향	고객의 욕구파악과 이의 충족에 큰 관심을 둔다.
자율성과 창업가 정신	변화에 익숙하고, 위험을 당연하게 받아들인다.
사람에 의한 생산성	인적관리를 통해 생산성과 품질의 향상을 기대한다.
목표의 명확성	실천적으로 명확히 정의된 목표가 제시된다.
치밀한 조직구성	인적·물적 자원에 기초한 효율적인 조직이 구성된다.
조직 계층의 단순화	보고 및 명령의 구조가 간단하다.
통제의 유연성	통제의 강도가 사안에 따라 적절히 달라진다.

량기업이 되기 위해서는 이러한 특성을 갖출 것을 권고하였다. 〈표 6-4〉에 나타난 이 특성들은 그 후 경영학의 주요 연구 주제로 많이 다루어졌으며, 앞으로의 경영에서도 큰 관심을 모으게 될 것이다.

5) 국제경영론

이제는 보편화된 개념인 국제화, 개방화로 인해 시장의 범위는 전 세계적으로 확산되고 있으며, 한 국가 단위에서의 한정된 경영원리는 의미를 잃고 있는 추세이다. 경영의 세계화란 기업이 국제적으로 시장을 넓힐 때 개별 국가시장에 대해 각기 다른 접근방식을 선택하기보다는 전 세계를 하나의 공통된 시장으로 보고 통합된 방식으로 접근해야 한다는 의미이다. 이는 기업의 국제경쟁력 강화를 위해서는 고유의 우수한 품질과 초우량기업의 특성 확보가 필수적이라는 점을 시사해 주기도 한다.

글로벌 경영이 관심을 끌게 된 계기는 1980년대 일본의 제품이 미국을 비롯한 전세계에서 뛰어난 경쟁력을 갖게 된 배경에 대한 연구가 시작되면서부터이다. 연구결과 미국의 경영학자들은 일본의 독특한 경영방식에 많은 자극을 받았으며, 나아가 미국식 경영방식의 유용성을 증대시키기 위해 일본기업의 방식들을 접목시켜 〈그림 6-3〉과 같이 'Z이론'이라는 새로운 경영개념을 만들어내기도 하였다. 실제로 미국의 많은 기업들이 Z이론을 채택하여 효과를 보았으며, 특히 종업원의 의사결정 과정 참여, 공

그림 6-3 Z이론의 전개

동책임의 부여를 통한 협조분위기 조성 그리고 비공식적 통제개념 등이 유용한 것으로 알려져 있다. 최근 일본기업들의 경영성과가 비록 이전보다는 못하지만, 일본 기업의 성공은 글로벌 경영의 좋은 예를 보여 주었다고 할 수 있다.

6. 한국의 현대경영학

1) 경영학의 도입과 발전

한국에 현대경영학이 도입된 지는 불과 40여 년에 지나지 않지만, 초기의 미개척 및 모방단계를 벗어나 현재는 한국적 경영학으로 자립할 가능성을 보일 만큼 괄목할 만한 성장을 해 왔다. 1950년대에 현대경제학이 한국에 소개되고, 이어서 1950년대 중엽에 현대경제이론이 대학의 커리큘럼에 반영되었다. 또한 1950년대 말에는 한국경제의 장기적 발전책을 정부나 학계에서 다루기 시작했다. 이에 비하여 현대경영이론은 1950년대 말 우리나라에 도입되기 시작하였다. 즉, 1955년 고려대학교에 한국 최초로 경영학과가 창설된 이래, 1959년에 6개 대학이 이 학과를 설치하면서부터 비로소 경영학을 본격적으로 다루게 된 것이다.

특히 1957년의 한미 교수교환 계획으로 미국의 워싱턴대학교와 고려대학교 및 연세대학교 사이에 한국의 경영학 발전을 위한 상호협조계약이 성립됨으로써 한국 경영학 발전에 일대 혁신을 가져오게 되었다. 1958년 이래 각 대학에 기업경영연구소가 창립되어 기업진단 등 경영합리화를 위한 다각적인 연구가 전개되었다. 1960년에 들어서는 각 대학에 경영대학원이 설립되어 기업경영자 및 실무자의 재훈련을 경영대학원에서 맡게 되었다. 이러한 노력의 결과 한국의 경영학 교육은 일신되었으며, 또한 그것이 한국 경영 및 기업의 발전에 기여한 공적도 적지 않다. 특히 해방 이후의 경영자, 경영기술 및 교육의 부족으로 기업계가 겪은 혼란을 감안할 때 그 당시 경영학 교육은 실업계에 실로 큰 공헌을 한 것으로 평가된다. 그러나 이러한 경영학의 도입 및 보급은 당시의 사회·경제의 발달과 무관한 것이 아니다. 즉, 1960년대 이후의 고도경제성장에 따라 석유·시멘트·석탄·전력·비료·철강·자동차를 비롯하여 은행·호텔·일반상사 등 대규모의 현대적 기업이 설립되기 시작하였고, 이에 따라 경영이 대규모화됨으로써 경영학 교육도 일신되었던 것이다.

현재 한국의 경영학은 미국식 경영이론의 도입 및 모방단계를 완전히 벗어나지 못한 상태이며 한국 현실에 맞는 이론과 정책을 제시할 만한 수준에는 아직 이르지 못한 듯해 보인다. 따라서 현재는 한국 경영학의 토착화를 위한 전환점에 있다고 할 수 있다. 구미사회와는 여건을 달리하는 한국의 정치풍토, 경제적 환경에서는 이에 맞는 응용경영이론이 창출되어야 할 것이다.

2) 한국 경영학의 과제

1960년대 말부터 사회문제가 되어 온 부실기업의 무책임한 경영, 땅에 떨어진 기업윤리 등 한국 기업경영이 안고 있는 복잡한 문제도 적지 않아 근년에 기업가의 윤리, 정신적 자세, 행동양식 및 사회적 책임 등의 문제가 논의되기 시작했다. 바꾸어 말해서 한국사회가 구미의 경제이론이나 경영이론을 그대로 적용할 수 없는 변칙적인 여건에 놓여 있음을 생각할 때, 한국의 기업풍토에 알맞은 새로운 유형의 경영기술, 현지조사(field survey)를 중심으로 한 경영의 수량분석, 경영체제의 문제까지 새로운 각도에서 연구되어야 할 것이다. 또한 한국의 사회·문화와 관련된 이른바 행동과학의 측면부터 연구가 시도되어야 할 것이다.

그뿐 아니라 산업계와 학계가 서로 협력하는 이른바 산학협동, 공해문제 및 수출확대와 자유무역에 따른 기업경영의 새로운 방향에 대처하는 기업환경의 문제도 검토되어야 할 것이다. 한국 경영학은 학문적·실천적 측면에서 한국사회의 경제발전에 공헌한 바가 크며, 특히 기업경영의 일선실무자나 경영자에게 남긴 공적은 크다고 할 수 있다. 그러나 현 단계에서는 초기의 도입 및 모방단계를 벗어나, 우리 기업풍토에 맞는 이른바 한국적 토착화의 전환점에 놓여 있어, 새로운 방향을 모색해야 할 어려운 시점에 있는 것이다. 이것이 또한 한국 경영학의 최근 동향이며, 동시에 앞으로의 과제이기도 하다.

읽을거리

포드 시스템

헨리 포드(1853~1947)는 1853년 미시건 교외의 작은 마을에서 농부의 아들로 태어났다. 그는 농부가 되기를 바랐던 부모의 뜻과 달리 기계 견습공으로 사회에 진출했고, 휘발유 엔진에 관심을 갖게 되었다. 서른 살에 전기공장에서 일하며 꿈꾸어 오던 자동차 제작을 실행에 옮겨 1896년에 처음으로 자동차를 완성했고 시행착오 끝에 1903년 포드 자동차 회사를 설립하였다.

그는 포드의 관리시스템으로 부품의 표준화(standardization of parts), 제품의 단순화(simplification of products), 작업의 전문화(specialization of work) 등의 '3S운동'을 전개하고 컨베이어 시스템에 의한 이동조립방법을 채택해 작업의 동시 관리를 통하여 생산능률을 극대화하였다. 이는 테일러 시스템의 단점을 보완한 것으로 진보된 과학적 관리법이라 할 수 있고, 디트로이트 공장에서 완성되었다고 하여 디트로이트 오토메이션(detroit automation)이라고도

포드의 대량생산시스템

1908년 Model T

하며, 대량생산의 계기가 되었다고 하여 대량생산 시스템(mass production system)이라고도 한다.

포드가 생산한 첫 자동차는 'Model T'로 명명되었다. 발표 당시 850달러에 판매되었는데 결코 저렴한 가격은 아니었지만, 가볍고 힘이 좋으며 구조가 단순하면서도 내구성이 강해 소비자들의 주목을 받았다. 특히 험한 길도 잘 달리고 아무 연장으로나 쉽게 수리할 수 있다는 큰 강점을 지니고 있었다. 이후 대량생산 시스템의 도입으로 1925년에는 250달러까지 가격을 낮출 수 있었다. 이로 인해 Model T는 더이상 부의 상징이 아닌 이동의 수단으로서 의미를 갖기 시작했다. 불편한 승차감을 감수해야 했지만 무려 1,500만 대가 판매됨으로써 자동차 역사상 폭스바겐 비틀의 2,100만 대에 이어 두 번째로 많이 판매된 차로 기록되었다.

포드는 제작 비용을 절감하기 위해 1914년부터 1925년까지 '동일 모델 동일 색상'을 고집하였다. 소비자들은 자동차가 널리 보급된 1920년대 중반에 들어서자 천편일률적인 모습의 Model T에게서 더 이상 매력을 느끼지 못했다. GM 등 경쟁자들이 뛰어난 성능과 세련된 디자인을 내세우며 소비자들을 유혹하자 Model T의 판매는 점차 줄어들기 시작했다. GM의 공세를 이기지 못한 포드는 Model T의 생산을 끝내고 새 모델을 개발해 내놓았지만 Model T만큼 성공을 거두지는 못했다. 포드는 GM에게 미국 제1의 메이커 자리를 내어주었고, 다시는 1위의 자리에 오르지 못했다.

포드는 온 세상을 Model T로 뒤덮어 자동차를 대중화하는 데는 성공했지만, 너무 오랫동안 한 자리에 머무르면서 시대 흐름을 따르지 못해 주저앉은 것이다. 그러나 포드의 자동차 대량생산체제는 세계 각국으로 전파되면서 자동차뿐 아니라 제조업 전반의 틀을 바꾸어 놓았고, 자동차의 대중화를 통해 자동차와 관련된 다양한 산업을 활성화시키는 한편 개개인의 이동을 자유롭게 해 인류의 생활을 크게 바꾸어놓은 것은 부인할 수 없는 사실이다.

포드시스템의 비판

- 인간의 기계적 종속화 : 컨베이어 시스템 등 생산기계에 문제가 생기면 생산이 중단되고 인간은 아무 일도 못하게 된다.
- 동시작업 시스템의 문제 : 한 라인에서 작업이 중지되면 전 라인의 작업이 중지되어 생산에 큰 차질을 초래하게 된다.
- 제품의 단순화, 표준화는 효율적이나 다양한 욕구 충족에는 역부족(선택가능한 모델이 크게 제한적)이다.
- 노동 착취의 원인 제공 : 생산라인에서 인간은 쉬지도 못하고 떠날 수도 없으므로 노동의 과부하를 가져올 수 있다.

business
administration **7**

계획화

1. 계획수립의 절차와 유용성

경영관리과정(management process)은 제1장에서 언급했듯이 **계획수립**(planning), **조직화**(organizing), **지휘**(leading), **통제**(controlling)의 과정으로 이루어지는데, 이 중 첫 단계인 계획수립은 조직이 추구할 목표를 설정하고 이를 달성하기 위한 활동들을 결정하는 과정이라 할 수 있다. 첫 단추가 잘 꿰어져야 하듯이 계획수립은 다음 단계의 과정들이 제대로 수행되기 위한 바탕이 되도록 무엇보다 신중히 이루어져야 한다. 특히 경쟁이 심한 경영환경 하에서는 상대방보다 한걸음 앞서 실행 가능한 계획을 수립하는 것이 요구되며, 이는 조직의 경쟁력 확보에 필요한 사항이라 할 수 있다.

시장구조와 소비자행태 등 외부환경의 변화가 실제 일어나기 전에 이를 충분히 감지하고, 사전 대비책으로서 계획을 수립하는 것은 경영자의 중요한 임무이다. 이를 위해 경영자는 평소 소비자의 변화모습을 감지하고 이를 정보화하는 능력을 갖추어야 할 것이다.

1) 계획수립의 절차

계획수립(planning) 과정이란 목표설정과 이를 달성하기 위한 최상의 방법을 결정하는 일련의 프로세스이며, 계획수립 과정의 두 가지 주요 개념은 목표(objective)와 계획(plan)이다. 첫째, **목표**(objective)는 얻고자 하는 특정결과라고 할 수 있다. 즉 관리자들의 의사결정을 이끌고 업무결과를 측정하는 기준을 제시하는 것이라 할 수 있다. 둘째, **계획**(plan)은 목표 달성을 위한 의도적 행위들을 서술한 문서이다. 계획은 자원할당, 예산, 스케줄, 기타 목표를 달성하는 데 필요한 행동들을 포함한다. 따라서 계획을 수립하는 과정은 기본적으로 목표를 설정하고 이를 달성하기 위한 일련의 의사결정 및 문제해결의 과정이라고 볼 수 있으며, 이를 다섯 단계의 절차로 정리하면 다음과 같다.

- 1단계 : 달성하고자 하는 목표를 구체적으로 정의한다.
- 2단계 : 현재 정의된 목표가 달성된 정도를 파악한다.
- 3단계 : 여러 가지 가능한 시나리오 작성하고 미래상황을 예측한다.
- 4단계 : 선택 가능한 대안(alternative)을 창출, 분석, 선택한다.

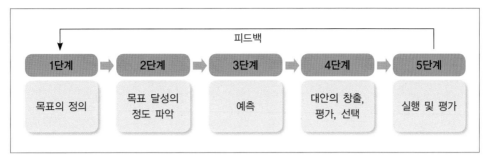

그림 7-1 계획수립과정

● 5단계 : 실행을 하고 그 결과를 평가한다.

실행 후 반드시 목표 달성의 정도를 평가하여 필요하다면 실행방법의 수정 또는 전체계획의 재검토가 이루어져야 한다.

이와 같은 계획수립의 과정은 일상적 과업으로서 지속적으로 수행될 때 그 효과가 나타날 수 있다. 외부 컨설팅 전문회사에 의뢰하여 작성된 계획 또는 현업과는 동떨어진 조용한 사무실에서 계획담당자가 홀로 작성한 계획은 좋은 결과를 기대할 수 없는 반면, 계획수립에 조직구성원의 참여도가 높고 이 과정들이 일상업무화되었을 때 그 결과는 만족스러울 것이다. 이러한 계획수립은 단지 시장점유율, 재고계획 같은 기업의 경영활동에만 국한된 것이 아니라, 개인적인 차원에서의 국토순례 계획이나 내집마련 계획 또는 장기적인 인생의 설계계획에도 활용될 수 있을 것이다. 조직의 의사결정 과정과 같이 체계화된 계획과정은 조직구성원의 노력과 적극적인 참여로 가능하며 결과적으로 높은 계획 실행률을 얻을 수 있다.

2) 계획수립의 유용성

오늘날의 기업은 급격한 대내외적인 상황변화로 인해 커다란 도전에 직면하고 있다. 윤리적 문제와 정부규제가 증가하고, 신기술이 등장하며, 국제경제환경의 불확실성이 증대되고, 인건비 및 자본투입량이 커지는 등 기업 외적변화부터, 생산성 제고 요구, 새로운 작업환경 및 조직 설정, 조직구성원의 다양성 등 기업 내적변화까지 경영진이 제대로 적응을 하지 못할 경우에 그 기업의 미래는 암담할 것이다. 하지만 이러한 상황변화 속에서 체계적으로 계획이 수립되어 있다면 다음과 같은 효과를 얻을 수 있을 것이다.

(1) 뚜렷한 목표의식과 유연성을 가질 수 있다

잘 짜여진 계획은 목표의식과 유연성을 향상시킬 수 있는데, 이 두 가지의 개념은 조직의 목표 달성에 중요하다. **목표의식**(focus)이 뚜렷한 조직은 지금 해야 할 일이 무엇인지, 고객이 무엇을 원하는지 그리고 이에 어떻게 대응해야 할지를 알며, 조직구성원 또한 자기의 경력개발을 위해서 아무리 어려운 상황이더라도 목표 달성을 위해 최대한의 노력을 하게 된다.

　유연성(flexibility)을 지닌 조직은 급변하는 상황에서도 현재 또는 과거에 집착하지 않고 미래를 위한 적응력과 스스로 변화할 수 있는 능력을 보이며, 이러한 조직의 구성원 역시 새로운 문제해결 과정을 새로운 경력을 개발할 기회로 여기게 된다.

(2) 실천지향성을 높일 수 있다

계획을 수립하여 일을 추진함으로써 일상의 성공 또는 실패에 영향을 받지 않고 설정된 목표를 향해 꾸준히 나아갈 수 있다. 이는 앞을 내다보는 안목을 갖출 수 있다는 것인데, 수동적인(reactive) 반응보다는 적극적인(proactive) 실천을 가능하게 한다. **실천지향성**은 조직의 관리자가 단순히 사건의 전개에 따른 계획수립 ─ 자기만족의 함정(complacency trap) ─ 에 빠지지 않게 도와준다. 경영컨설턴트 Stephen. R. Covey는 우선순위의 중요성을 강조했는데 그는 가장 성공적인 경영자란 '조직의 가치를 높여줄 수 있는 일에 집중하는 사람'이라고 말했다. 이는 너무 많은 일을 하는 대신 에 실천할 수 있고 평가 가능한 일들에 집중하는 것을 의미한다. Covey는 잘 짜여진 계획은 조직을 보다 ① 결과지향적(results oriented)으로, ② 일의 중요도에 따른 우선순위(priority oriented) 지향적으로, ③ 자원우위 지향적(advantage oriented)으로, ④ 변화지향적(change oriented)으로 바꿀 수 있다고 한다. 또한 적극적으로 실천하는 조직은 문제발생을 새로운 기회로 기꺼이 받아들이는 경향을 보인다.

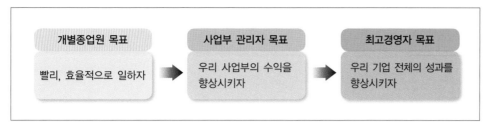

그림 7-2 목표의 계층화

(3) 조정기능을 개선할 수 있다

목표가 설정된 조직은 일반적으로 여러 조직단계로 구성되어 있으며, 목표 또한 각 조직단계에 적절하게 구체화되어 설정된다. 즉, **목표의 계층화**(hierarchy of objectives) 가 이루어지는 것이다. 하지만 각 단계에서의 하위목표들은 전체 목표를 달성하기 위한 테두리 내에서 설정되어야 하며, 이들 하위목표의 달성이 곧 전체 목표의 달성으로 이어져야 한다. 하위조직의 목표가 상위조직 목표 달성의 수단이 된다는 점을 인식할 때, 전체 조직 수준에서 각 부분의 조정이 효과적으로 이루어질 수 있다.

〈그림 7-2〉는 가장 낮은 단계의 조직에서 최고경영자에 이르기까지 목표의 계층화를 보여 주고 있다. 기업 전체 수준에서의 목표를 '기업 전체의 성과를 향상시키는 것'으로 설정했을 때 가장 낮은 단계인 개별 종업원 수준에는 '빨리, 효율적으로 일하는 것'이라는 하위목표가 부과된다는 것을 보여 주고 있다.

(4) 통제기능을 개선할 수 있다

통제기능이란 성과를 측정하여 필요하다면 적절한 개선책을 통해 조치를 취하는 것이다. 계획수립 과정에서 목표를 명확히 그리고 구체적으로 설정함으로써 통제기능을 원활히 수행하는 데 도움을 줄 수 있다. 만약 성과가 당초 목표에 미치지 못했다면 그에 상응하는 조치를 취하거나 목표 자체를 수정할 수 있을 것이다.

경영관리과정에서 계획수립과 통제는 연계 정도가 강하다. 수립된 계획이 없는 통제는 일이 잘 되어가는지를 확인할 수 있는 기준틀이 없는 셈이며, 통제기능 없이 계획을 추진한다면 의도한 대로 일이 진행되는지 확인하기 힘들다. 따라서 계획수립 시 목표설정이 구체적일수록 확실한 통제기능을 기대할 수 있다. 사회적으로 고용평등을 실현하고자 하는 한 기업이 "내년 말까지 우리 기업 모든 부서의 직원을 33% 이상의 여성과 3% 이상의 장애인으로 구성한다."라는 인사관리목표를 설정했다면, 이는 사후통제도 명확히 이루어질 뿐만 아니라 하나의 신선한 충격이 될 수 있을 것이다.

(5) 시간을 효율적으로 사용할 수 있다

계획을 수립함으로써 얻어지는 부수적인 효과로 효율적 시간관리를 들 수 있다. 많은 사람들이 하루하루를 바쁘게 살아가는데도 한 일은 별로 없어 보이는 경험을 해보았을 것이다. 휴렛팩커드의 Lewis Platt 회장은 "하루종일 의사결정을 해야만 한다. 급하다고 하는 결정일수록 손이 먼저 간다. 하지만 나중에 정작 필요하고 중요한 결정을 할 시간은 너무 모자란다."라고 불만을 제기하면서, 주어진 의사결정들에 과감히 우선순위를 매겨 해결하였다. 그는 "자기 계획과 관련이 없는 다른 사람들, 혹은 사소한 일로 인한 시간 낭비를 줄이라."고 충고하고 있다. 우리는 수많은 약속과 기회들 사이에서 균형을 이루며 시간을 유용하게 쓰는 것에 대한 어려움을 경험해 왔다. 앞서 언급했듯이 대부분의 사람들은 다른 사람들이나 중요하지 않은 활동들에 너무 많은 시간을 허비한다. '꼭 해야만 하는 일(to do)'의 리스트를 작성하면 효율적으로 시간을 활용할 수 있다. 일상생활과 조직 경영에 있어서 반드시 해야 할 일(top priority)과 해야 할 일(high priority), 하면 좋은 일(low priority), 할 필요가 없는 일(no priority) 간의 우선순위를 식별하는 것은 중요하다.

2. 계획의 유형

경영자는 조직의 활동과 흐름에서 많은 변화들에 직면하게 되면 다양한 계획들을 사용한다.

경영자가 미래에 대비하여 계획을 세울 때 그 미래는 상당히 안정적인 상황으로서 예측이 비교적 쉬울 수도 있고, 역동적인 변화로 인해 불확실성이 높을 수도 있다. 하지만 어떤 경우든지 경영자는 이에 적절한 계획을 수립해야 하며, 이를 위해 여러 가지 유형의 계획들을 알아둘 필요가 있다.

1) 단기계획과 장기계획

조직 내 계획은 관심을 두는 기간에 따라 **단기계획**(1년 이하), **중기계획**(1~2년), **장기계획**(3년 이상)으로 나눌 수 있다. 일반적으로 최고경영자의 경우 장기계획을 주로 다루고, 하위계층으로 내려갈수록 단기계획을 다룬다. 단기계획일지라도 장기계획의 기본 틀을 벗어나서는 안 되며, 목표의 계층화에 부합되는 역할을 해야 한다. 조직의 모든 사람들이 장기계획을 이해하지 않는 한, 매일 발생하는 모든 사건들을 위한 계획수립의 스트레스로 인하여 중요한 조직과업에 대한 관심도는 낮아진다. 즉, 장기계획에 대한 이해 없이 일한다면 만족할 만한 결과를 얻을 수 없다는 것이다. 자동차 산업의 경영자들은 이러한 사실을 너무도 잘 안다. 오늘날 '먼 미래'와 동떨어진 운영을 하고 있는 그들 조직은 많은 문제에 봉착해 있다. 조직에 대한 장기적 관점의 부재는 그들을 어려움에 이르게 했고, 미래에 대한 예측, 인식 및 변화하는 것들에 대한 조정 능력 등의 부재는 조직의 붕괴를 초래했다.

Elliot Jaques의 연구에 의하면 대부분의 사람들은 3개월 후 정도를 내다보고 행동하며, 1년을 내다보는 사람은 아주 소수이고, 700만 명 중 1명꼴로 20년 후를 내다보며 행동하는 것으로 관찰되었다고 한다. 이에 의하면 최소한 1년 정도의 계획을 세우는 것도 대단한 능력이 요구된다고 볼 수 있는데, 실제로 기업에서의 하위관리자(과장급)의 계획기간은 보통 3개월이며, 부장급이 되어야 1년 정도의 중기계획을 소화할 수 있다고 한다. 물론 최고경영자는 3년 이상의 미래에 대한 통찰력이 있어야 할 것이다. 따라서 승진을 위해서는 보다 긴 안목을 가지고 일을 처리할 수 있는 능력을 배양할 필요가 있다. 오늘날 인터넷 사용이 보편화되면서 조직의 사업 계획은 지속적으로 변화하고 있다. 심지어 최고경영자들도 이제는 장기계획을 수립하기 위해 인터넷을 빈번하게 이용해야 하는 현실에 직면해 있다.

2) 전략계획과 운영계획

계획은 앞서 언급한 것과 같이 그 범위와 목적에 따라 차이가 난다. 전통적 조직 형태인 피라미드형 조직의 최상위 계층의 경영자는 주로 전략계획을 수립하고 중간 경영자는 전술계획, 하위계층 경영자는 운영적 계획을 수립한다. 즉 계획은 영향을 미치는 범위에 따라 **전략계획**, **전술계획**, **운영계획**으로 나눌 수 있다.

전략계획(strategic plan)은 조직 전반에 걸친 장기적 목표설정과 이를 달성하기 위한 인력, 자금, 기술 같은 경영자원의 배분에 관심을 둔다. 재벌이라고 하는 우리나라 대기업들은 처음 시작한 사업을 바탕으로 이와는 관련이 없는 다른 사업으로 그 영역을 확장해 나가면서 성장해 온 경우가 대부분이다. 이는 하나의 다각화 전략계획으로서 성장이라는 목표 하에 사업성이 있다고 판단되는 영역이라면 기존 사업과 관련이 없더라도 경영자원을 투입하여 기업의 규모를 키운 것이다. 최근 들어 경쟁력 있는 몇 개의 사업 외에는 철수하는 모습을 볼 때 다각화 전략이 반드시 성공적이지만은 않다는 사실을 알 수 있다. 예를 들어, 유통산업에 주력했던 롯데그룹이 GS마트를 인수하면서 한국 유통산업을 대표하는 기업 중 하나가 된 후, 다시 구조를 재편한 것은 다각화 전략 계획의 일환으로 볼 수 있다. 전략적 계획 관리에 관해서는 제11장에서 자세하게 설명할 것이다. 전략계획은 기업이 장기적으로 지향하고자 하는 미래상, 즉 비전(vision)과 관련된 것으로 비전을 달성하기 위한 목표수립을 포함한 개념이다. 그러나 장기적 관점의 전략계획이라 할지라도 때로는 역동적(dynamic)이다. 예를 들어 이베이가 소유한 인터넷 전화 서비스 스카이프의 경우 천재적 설립자인 Niklas Zennstrom과 Janus Friis가 함께 시작했고 기업의 형태로 자리 잡게 됨에 따라 장기적 목표도 빨리 성장하고 변화하게 되었다.

전술계획(tactical plan)은 전략적 계획에 근거하여 작성하는 중기적 계획이다. 전략계획이 장기적(long-term)이며 최고경영자가 행하는 의사결정으로 외부환경의 중요성이 강조된다면, 전술계획은 보다 구체적이며 중간경영자가 행하는 의사결정으로 내부환경에 의존적이라 할 수 있다. 스포츠 팀이 게임이나 시합을 할 때 팀은 '전략'을 수립한다. 대부분의 전략들은 시합을 지원하는 코칭스태프들에 의해 수립된다. 이 전략의 목표는 게임이나 시합에서 이기는 것과 관련된 명확하고 장기적 관점의 목표이다. 시합이 전개됨에 따라 발생할 수 있는 다양한 상황에 즉각적으로 대응하고 문제를 해결 및 조정해야 한다. 이것을 전술이라 하며 조직 전반에 걸친 전략을 성공적으로 수행하기 위해 현재 처한 상황의 문제를 해결하는 방법을 찾는 것이다.

운영계획(operational plan)은 상대적으로 제한된 범위에서의 계획으로 특정 부서에서 전략계획 및 목표를 실행하기 위한 하위개념의 성격을 띠며 중·단기적이다. 구체적으로 기업에서의 생산계획, 판매계획, 재무계획, 인력충원계획 등 부서별 또는 기능

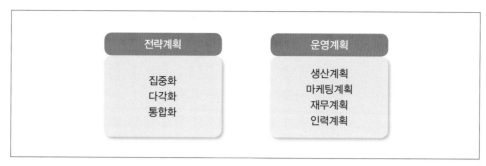

그림 7-3 전략계획과 운영계획

별로 이루어진다. 〈그림 7-3〉은 계획의 종류를 계층적 기준에 따라 구분하여 제시한 것이다.

3) 정책과 절차

기업이 직원을 채용하고, 급여를 주며, 평가하고, 승진시키는 일들은 모두 명문화된 절차에 의해 기업 전체 차원에서 반복적으로 시행된다. 이처럼 반복적인 시행을 위한 기본적 절차 또는 지침을 **일관계획**(standing plan)이라 하며, 그중 광범위한 일관 계획을 **정책**(policy), 세부적인 것을 **규정**(procedure 또는 rule)이라고 정의한다. 즉 정책은 의사결정을 위한 광범위한 조직의 가이드라인과 특정 상황에 있어서 행동지침과 관련된 개념이다. 조직은 수많은 정책들을 운영하고 종업원의 행동에 일련의 지침을 제시한다. 정책은 특정 사안에 대해 조직구성원들의 관심과 주의를 끌 수 있도록 공식적으로 수립되어야 하며, 또한 이를 잘 지켜 나갈 수 있게 해야 한다. 최근 많은 논란이 되고 있는 직장 내 성희롱에 대해서 어떤 회사가 "남자 직원은 누구든지 여자 직원에게 성적 수치심 또는 모욕감을 주는 행위를 해서는 안 된다."라는 정책을 세웠다면 모든 직원이 이 정책에 관심을 갖고 이를 지키도록 유도해야 할 것이다.

그뿐만 아니라 이러한 정책실행을 위해 회사는 성희롱을 방지하기 위한 예방교육을 제공해야 하고, 성희롱을 당했다고 생각되는 여직원을 위해 고발절차도 명확히 해두어야 할 것이다. 이와 같은 예방교육 프로그램의 시행 또는 고발절차들을 규정이라고 볼 수 있다. 규정이나 절차는 특정 상황에 있어서 구체적인 행동지침을 기술하는 것이다. 경영자들은 종업원들에게 종종 'SOPs(Standard Operating Procedures)'라 칭하는 종업원 지침서를 제시한다. 정책이 광범위한 지침의 설정인 반면, 절차는 명확한 행동지침을 뜻하는 것이다.

4) 예산과 프로젝트 계획

반복적으로 시행되는 일관계획과는 달리 특정 기간 동안 단 한 번 사용되는 계획을 **단일사용계획**(single-use plan)이라 할 수 있는데, 예산(budget)과 프로젝트 계획(project schedule)이 포함된다.

(1) 예산

기업에서는 보통 매년 1년 단위로 예산을 세우게 된다. 특정 기간 혹은 특정 활동을 위해 자원(특히 자금)을 배분하는 단일사용계획을 **예산**이라고 하는데, 유능한 경영자는 자기 부서에서 계획된 활동들이 원활히 이루어질 수 있도록 충분한 예산을 확보하기 위해 많은 노력을 기울인다.

고정예산(fixed budget)은 각 활동 혹은 부서별 지출의 한도액을 정해주며, **변동예산**(flexible budget)은 활동의 증가에 따라 지출을 증가시켜 준다. 만약 고객의 수요가 당초 예상을 상회하여 더 많은 제품이 필요한 경우, 변동예산 하에서는 생산부서장이 임시노동력의 확보를 위해 추가로 인건비를 지출할 수 있을 것이다.

그런데 단일사용계획인 예산은 이전 예산을 기초로 작성되는 경향이 있으며, 이로 인해 예산은 계속 증가되는 현상이 생긴다. 특히 신규활동을 지원하기 위한 지출이 예산에 반영되었지만, 신규활동으로 인해 없어진 다른 활동들에 대한 지출이 단지 이전 예산에 책정이 되었다는 사실만으로 예산에 또 다시 반영되는 불합리한 일이 종종 발생하게 된다. 이를 방지하기 위해 이전 예산은 존재하지 않는다는 전제 하에서 각 지출항목에 대해 지출의 타당성과 우선순위 등을 검토한 후 예산을 확정 짓는다. 이를 **영기점**(零基點) **예산**(zero-based budget)이라 하는데, 실제 적용에 있어서의 단점도 지적되고 있다. 즉, 지출이 필요한 활동들의 검토를 위한 서류작성과 정보수집에 많은 시간이 걸리며, 각 부서에서 예산을 확보하기 위해 지출효과를 과장하는 경우가 생길 수 있는 것이다.

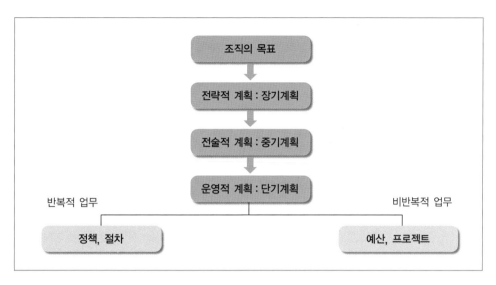

그림 7-4 계획의 구조

(2) 프로젝트 계획

프로젝트란 학생회관 건립, 새로운 컴퓨터 소프트웨어 개발, 댐 건설, 대통령 선거운동 등 대규모지만 한 번으로 끝나는 비반복적 활동으로서 그 존속기간이 정해져 있다. 즉, 프로젝트를 구성하는 각 세부활동을 추진해 일정 기간 내에 전체를 완료해야 하기 때문에 일정에 대한 관리가 무엇보다 중요하다. 프로젝트 계획은 과업의 구체적 목표, 수행해야 할 활동의 내용과 시기, 자원소요 내역 등이 포함된다. 프로젝트에 참여하는 사람들이 각기 무슨 일을 해야 하는지 뿐만 아니라 어떤 순서로 해야 하는지도 나타나 있어서 전체 프로젝트를 제때에 마칠 수 있다. 가장 손쉬운 기법으로 Gantt 차트를 들 수 있다.

3. 계획수립에 필요한 기법

수립된 계획이 유용하게 사용되기 위해서는 계획수립 시 이에 대한 접근방법뿐만 아니라 계획수립의 도구라고 할 수 있는 기법들에 대한 고찰도 필요하다. 계획수립에 유용한 기법들에는 예측(forecasting), 상황적 계획수립(contingency planning), 시나리오

기법(scenarios), 벤치마킹(benchmarking), 참여유도(participation), 계획수립 전담부서(staff planners) 활용 등이 있다.

1) 예측

불과 몇 년 전만 해도 중국이 세계에서 두 번째로 큰 자동차 시장이 될 것이라고 누가 예측했겠는가? 2025년의 중국은 지금의 미국보다 자동차 도로가 더 많아질 것이라고 믿는가? 기업 조직이나 개인들은 계획을 수립할 때 종종 이러한 예측을 한다.

예측(forecasting)은 미래에 일어날 일들에 대한 가정을 만드는 과정이다. 매년 혹은 매월 경제연구소나 언론 등에서는 전반적 경제상황, 이자율, 실업률, 무역수지 등을 정기적으로 예측하여 공표한다. 이 중에는 특정 분야 전문가의 예측을 의견 형식으로 발표하고 있는 것도 있고, 축적된 자료를 수학 및 통계학적 방법으로 처리하여 나온 예측치를 내놓는 경우도 있다. 어떤 경우든지 미래에 대한 가정, 즉 예측은 과거 또는 현재의 자료에 의거, 이를 토대로 이루어진다는 점이 중요하다. 동일한 자료와 동일한 방법으로 처리된 예측결과들은 서로 같아야 하며, 어떠한 방법이 보다 더 정교하게 자료를 분석할 수 있는지 예측기법을 선택하는 기준이 될 수 있다. 또한 특정 분야에 대한 전문가들의 예측이 서로 다를 수도 있는데, 이는 어디까지나 객관적인 자료에 대한 판단의 차이일 뿐이지 아무런 근거 없이 주관적인 의견을 내놓아서가 아니다.

여기서 우리는 소위 예언가 혹은 점쟁이의 예언(prophecy)과 학문적인 의미의 예측을 구분할 수 있어야 하며, 예측은 빗나갈 수도 있다는 것을 고려해야 한다. 왜냐하면 과거 또는 현재의 상황이 아무리 완벽해도 이를 통해 미래를 정확하게 꿰뚫어 볼 수는 없기 때문이다.

실제 경영자들은 계획수립 시 필요한 예측들(소비자 기호, 원자재 가격, 이자율, 정부의 정책 등)을 얻기 위해 외부기관에서 컨설팅을 받기도 하지만, 주로 자체 계획수립 부서(기획실 등)를 통해 이를 얻어 매출계획, 생산계획, 자금계획, 인력계획, 투자계획 등을 수립한다. 이렇게 예측을 활용한 계획수립이 유용한 만큼 그 과정은 매우 신중하게 다뤄져야 한다. 한 음반 대행회사가 엘비스 프레슬리에게 "당신은 다시 돌아가서 트럭을 운전해야만 합니다. 당신을 받아줄 음반회사는 그 어디에도 없기 때문입니다."라고 말한 것은 명백한 실수였으며, 이것은 잘못된 예측의 한 예이다. 즉 예측은 인간의 주관적 판단에 근거한 방법이기 때문에 잘못된 계획수립으로 이어질 수 있다. 따라서 주어진 예측치를 계획수립 단계에서 효과적으로 이용하기 위해 경영자는 예측치에 대한 객관적 가치판단을 해야 할 것이다.

2) 상황적 계획수립

아무리 미래를 잘 예측하여 계획을 수립한다 하더라도 예측에는 한계가 있기 마련이어서 그 계획의 유용성이 떨어질 수 있다. 특히 환경변화가 심한 영역에서의 계획은 그 불확실성이 더욱 증대되는데, 이를 대비하기 위한 방법이 **상황적 계획수립**(contingency planning)이다.

코카콜라와 펩시는 서로를 앞지르기 위해 광고에 수백만 달러를 지출하는 '콜라전쟁(Cola Wars)'을 했는데, 이것은 그들이 서로와 몇몇 할인점들을 제외하면 염려해야 할 것이 없다고 여기는 것처럼 보였다. 그러나 그들 수익의 50% 이상이 해외시장에서 발생되었기 때문에 불안한 사회적 트렌드를 반영하는 다양한 국제적 사건들—이라크 전쟁 발발로 인한 반미집단 형성은 메카콜라(Mecca Cola)나 퀴블라콜라(Qibla Cola) 같은 새로운 경쟁기업들의 출현을 낳았고 이 기업들은 빠른 시간 안에 유럽시장에서 미국 콜라 브랜드를 대체하는 브랜드로 자리 잡았다—에 대응할 수 있는 상황적 계획수립이 필요하게 되었다. 상황적 계획수립은 여러 경우를 가정하여 예측하되, 각각의 경우에 따른 대체안을 미리 계획해 두어 그때그때 적용할 수 있게 하는 것이다. 물론 가장 가능성이 높다고 판단되는 예측에 기초한 계획이 먼저 수립되고 시행되어야 한다.

3) 시나리오 기법

상황적 계획수립의 장기적 관점을 시나리오 기법이라 할 수 있는데, 상황적 계획수립에서 대체안을 보다 미래지향적으로 제시하는 기법을 **시나리오**(scenario) **기법**이라고 한다. 여기서 시나리오란 미래의 특정 상황에 대한 대응계획을 말한다. 물론 급변 하는 환경일수록 준비되는 시나리오가 많을 것이며, 이 시나리오에 따라 계획을 실행하면 조직의 유연성을 확보할 수 있다는 데 의미가 있다. 〈표 7-1〉에 로열더치셸의 Peter Schwartz 회장이 주장한 시나리오 개발과정이 제시되어 있다. 수년 전 로열더

표 7-1 Peter Schwartz의 시나리오 개발 과정

1단계	회사의 미래에 장기적으로 큰 영향을 미칠 수 있는 주제나 중요 의사결정 사항을 정함
2단계	1단계에서 도출된 주제나 의사결정 사항의 성공 여부에 영향을 미칠 핵심요인을 찾음
3단계	2단계에서 밝혀진 핵심요인에 영향을 줄 수 있는 원동력을 거시적 관점에서 규명
4단계	2단계서 도출된 핵심요인과 3단계에서 도출된 원동력 변수에 대하여 등급을 중요도와 불확실성 정도를 기준으로 매김
5단계	2, 3, 4단계의 결과를 이용하여 몇 개의 서로 다른 시나리오 줄거리를 만듦
6단계	시나리오를 구체화
7단계	각 시나리오대로 했을 경우의 결과를 가상으로 테스트
8단계	준비된 여러 개의 시나리오 중에서 현재의 상황과 가장 가까운 시나리오를 찾음

치셀의 최고경영자들은 자신들에게 황당한 질문을 하였다. "석유가 고갈되면 우리는 어떤 사업을 해야 할 것인가?" 비록 시나리오 계획수립이 미래의 모든 가능성을 포함할 수는 없다 할지라도 조직으로 하여금 '미래의 쇼크'를 생각하게 하고 보다 나은 미래를 준비하게 한다는 것이다. 오늘날 기업들은 기후변화, 인권, 환경문제, 생명공학, 지속가능한 개발 등의 도전에 직면해 있으며 이에 따른 시나리오를 수립해야 할 것이다.

4) 벤치마킹

계획수립 시 "다른 기업, 특히 가장 경쟁력이 있는 기업은 어떤 계획을 세울까?"라는 궁금증은 당연히 일어날 것이다. 하지만 경쟁사의 계획서를 입수하기가 불가능할 때가 많으므로 현재 경쟁사의 경영 모습을 자기와 비교하여 우수한 면을 확인, 이를 계획수립을 통해 모방하는 것이 현실적인 방법이다. 물론 특허권을 침해하는 등의 비합법적 방법을 사용해서는 안 되며, 비교대상은 가능하면 업계에서 세계 최고 수준의 경쟁력을 갖춘 기업이어야 한다. 이러한 방법을 **벤치마킹**(benchmarking)이라고 하는데, 최근 경쟁력 확보를 위한 수단으로서 널리 쓰이고 있다. 벤치마킹의 목적은 다른 사람들이나 다른 조직의 뛰어난 점을 알아내는 것으로, 그들의 뛰어난 아이디어를 자신의 기업운영에 활용할 수 있는 계획수립 방법을 찾아내는 것이다. 벤치마킹은 일

종의 최고의 실천방법(best practices)을 찾기 위한 것이며 이것은 사람이나 조직이 높은 성과를 달성할 수 있도록 해 준다. 잘 운영되는 조직은 모든 종업원들을 동기부여하기 위한 조직 내부 학습과 지식의 공유를 통한 벤치마킹을 강조하며 외부 경쟁기업들로부터 학습되는 외부 벤치마킹도 조직 운영에 활용한다. 원래 벤치마킹은 동종업계 최고 수준의 기업을 비교대상으로 했지만, 지금은 다른 업종의 기업이라도 특정 분야의 경쟁력이 탁월하면 그 분야만 벤치마킹하는 경향이 있다. 예를 들어 유통분야의 경쟁력 강화를 위해 월마트를, 품질관리의 강화를 위해 맥도날드를 벤치마킹하는 것이다. 또한 미국의학협회는 의료분야에 100개 이상의 표준성과 측정치를 개발하였다. 닛산의 카를로스 곤 회장은 월마트의 구매, 수송, 물류를 벤치마킹하였다. 그리고 사우스 웨스트에어라인은 회사의 게이트 승무원들이 적하와 재적재를 빠르게 할 수 있는 방법을 찾아내기 위해서 인디애나폴리스 500자동차 경주를 벤치마킹하였다. 이렇듯 벤치마킹의 개념은 이제 '경쟁자'와의 비교가 아니라, 각 분야 '세계 제일'의 기업과 비교를 함으로써 진취적인 경영의 모습을 보여 준다.

5) 참여 유도

계획담당자 혹은 계획수립부서에서만 작성된 계획보다는 그 계획의 실행 주체인 조직구성원들의 참여하에 수립된 계획이 보다 유용한 정보와 창조성을 지닐 수 있다. 이는 참여로 수립된 계획에 대한 조직구성원들의 긍정적인 수용태도와 이해의 정도 그리고 나타나는 성과로 확인할 수 있으며, 따라서 계획의 각 단계에 참여를 유도 할 필요가 있다. 참여를 통한 계획수립은 비록 시간은 많이 걸리겠지만, 조직구성원 들의 의욕적인 실행과 그로 인한 높은 성과를 기대할 수 있기 때문이다.

6) 계획수립부서의 역할

조직이 성장함에 따라 계획을 수립하는 과정도 변화한다. 예를 들어 시스코의 경우 성장의 많은 부분이 해외투자에서 기인한다는 것을 이미 계획수립 전문부서에 의해 알고 있었다. 그리고 중국이 아시아에서 규모가 큰 표적 시장이 된 것은 그리 오래되지 않았다. 시스코의 경영자는 인도와 중국에 대해 분석한 시나리오들을 바탕으로 이런 큰 시장은 곧 작은 시장이 될 것이라고 예측한다. 그들은 인도가 소프트웨어 디자인이 우수하고 그들 제품에 대한 수요의 증가로 인해 중요한 시장이 될 것이라고 판단한다. 또한 그들은 중국 시장에서 중요한 몇몇 문제점들—중앙집중화된 경제, 자국기업에 유리한 정부정책, 지적자산에 대한 보호정책의 부재—을 알게 되었다. 시스코와 같은 많은 조직들이 계획을 조정하고 효과적으로 달성하기 위해 계획수립 전문 인력(staff planners)을 고용하고 있다.

　어느 정도의 규모를 가진 기업에서는 대개 기획실 혹은 기획관리실의 명칭으로 계획수립 전담부서를 두고 있다. 이 부서는 공식적인 계획수립의 모든 과정을 전문적으로 담당하게 되며, 앞에서 언급한 참여의 유도, 벤치마킹, 시나리오 등을 통해 기업의 전체 및 각 부문별 계획을 세우게 되는데, 이의 역할을 정리하면 다음과 같다.

- 계획수립부서는 기본적으로 판매부서 혹은 생산부서 등의 현업관리자(line manager)가 스스로의 일상적 계획을 준비하는 데 지원한다는 생각을 가져야 한다.
- 신규투자 계획 같은 특별한 계획은 직접 수립해야 한다.
- 계획수립에 필요한 예측 및 이에 관련된 정보를 수집, 체계화한다.
- 계획수립 및 실행 시 부서들 간 의사소통의 창구역할을 한다.
- 계획이 실행되는 과정을 점검하고, 필요하면 수정을 가한다.

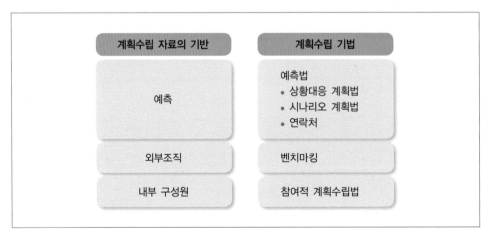

그림 7-5　계획수립 기법의 분류

하지만 현실적으로 계획수립부서와 현업관리자 사이의 의사소통이 잘되지 않아 많은 문제가 발생하는데, 현업관리자는 "우리 일은 우리가 가장 잘 알고 있는데 쓸데없이 책상머리에 앉아서 이래라 저래라 한다."는 불만이 있고, 계획수립부서에서는 "기업 전체적인 차원에서 조정이 필요하다고 해도 자기들 입장만 내세운다."라는 불만이 있다. 이에 최근에는 계획수립부서를 축소시키고 계획수립 시 현업관리자의 참여를 확대시키는 경향이 있다. GE의 잭 웰치 회장은 계획수립부서의 직원수를 대폭 감축시켰으며, 부서의 역할 또한 현업관리자들에게 단지 '조언'을 주는 수준으로 제한시킨 바 있다.

4. 계획의 실행

1) 목표의 수립 및 정립

T. J. Rodgers는 역동적이며 경쟁이 심한 정보기술 산업에서, 성과목표와 성과측정치는 중요한 가치를 가진다고 하였다. 그는 종업원들이 조직에서 작업하는 것과 그들의 작업목표를 명확하게 계량화할 수 있는 계획수립 시스템을 지원해 주면 성과와 관련하여 충돌하는 문제가 발생하기 전에 이러한 시스템이 문제를 찾아내는 것을 도와줄 수 있다고 생각한다. Rodgers는 "경영자는 목표를 조정하고, 문제를 찾아내며, 중요한 프로젝트가 손실을 입거나 통제력을 상실하기 전에 문제를 예상해야 한다."고 말한다.

목표수립(goal setting)에 대한 몰입은 성공적인 경영자들 사이의 전유물이 아니라 사실상 계획실행을 위한 일반적인 과정이다. 한 예로 질레트의 CEO인 짐 킬츠는 자신의 기업이 새로운 작업에 필요하다는 것을 깨달았다. 목표를 수립하고 상황을 분석하는 데 있어 그는 매우 체계적이었다. 그는 몇 가지 핵심적인 문제를 발견했고 이러한 문제를 해결하기 위해 측정 가능한 시장자료들을 추적하였다. 우선 기업의 대표 상표들의 매출액이 경쟁기업에 뒤지고 있었으므로 그들 상표의 시장점유율을 높이기 위한 계획을 수립하였다. 수익 측면에서 기업은 15% 정도 감소추세에 있었다. 킬츠는 그들 제품의 가격과 수익추정치를 일치시키기 위한 계획을 수립하였다. 목표를 수립하는 방법은 종업원들에게 올바른 지침을 제시하는 것과 그들이 열심히 일할 수 있도록 동기부여 시키는 것의 두 가지 상이한 측면이 있을 수 있다. 종업원들에게 **구체적**(specific)이며, **시기적절**(timely)해야 하며, **측정가능**(measurable) 및 **의욕적**(challenging)이어야 하며, **획득가능**(attainable)해야 한다는 목표 설정의 다섯 가지 가이드라인을 제시해 종업원들로 하여금 '목표가 없는 것(no goal)'에서 '높은 목표(great goals)'를 가지도록 변화시킬 수 있다. 또한 조직 목표가 하위 계층에 명확하게 전달될 때 통합된 목표 체계가 형성된다. 즉 하위 계층의 목표들은 상위 계층의 목표에 도달하기 위한 수단이다.

2) 목표에 의한 경영

계획수립 시 부서 간 혹은 상하 간의 원활한 의사소통은 상호이해관계를 조정하는 데 큰 역할을 한다. **목표에 의한 경영**(MBO : Management By Objectives)은 상사와 부하가 합의하여 부하의 목표를 정하고, 실적을 평가하는 구조화된 의사소통 과정으로서, 1954년 Peter F. Drucker에 의해 소개된 이래 여러 종류의 프로그램으로 발전되어 왔다. 여러 연구결과에 따르면 목표에 의한 경영은 종업원의 성과와 조직 생산성을 높이는 것으로 나타났다.

(1) MBO의 구체적 의미

MBO를 실시하기 위해서는 조직 내 상사와 부하 사이에 다음 사항들이 합의되어야 한다.

- 부하의 구체적 목표 설정
- 목표를 달성하기 위한 세부계획 및 기간 설정
- 실적평가의 표준 설정

〈그림 7-6〉에 MBO가 실시되는 과정이 나타나 있는데, 이의 성공 여부는 상사와 부하가 얼마만큼 함께 하느냐에 달려 있다. 즉, 함께 계획을 수립하고, 함께 실행상황을 점검하며, 함께 실적을 평가하는 과정이 지속적으로 이루어져야 한다.
　MBO의 이점은 부하직원 스스로가 자기의 목표를 명확히 할 수 있고, 상사의 입

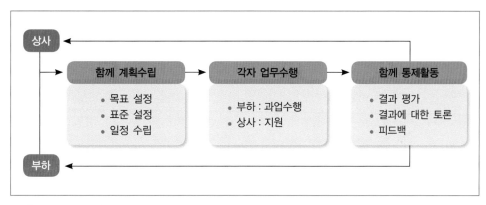

그림 7-6 MBO의 과정

장에서도 부하의 목표 달성을 위해 무엇을 도와야 하는지를 알 수 있다는 것이다. 그리고 서로 대면하는 기회가 잦아져 좋은 인간관계가 형성될 수 있으며, 특히 부하직원으로서는 자신의 목표설정에 참여할 수 있는 기회를 가진 만큼 실제로 보다 높은 의욕과 동기를 가지고 자신의 일을 해나갈 수 있을 것이다. 이는 제6장에서 언급한 Douglas McGregor의 Y이론에 부합하는 것으로, 사람에게는 외부에 의한 통제보다는 스스로의 통제가 더욱 효과적임을 확인할 수 있다.

(2) MBO 시행 시 목표설정

MBO 시행 시 설정되는 목표는 구체적으로 명시되어야 하며, 다음 세 가지 유형으로 분류된다.

① 개선목표 : 특정 분야에 있어 지난번보다 나아질 수 있는 목표로서 '불량률 10% 감소' 같은 것이 될 수 있다.
② 능력개발목표 : 직무에 대한 개인적 능력을 키우기 위한 목표이며, 예를 들어 "엑셀 소프트웨어를 마스터 하겠다." 등이 예가 될 수 있다.
③ 유지목표 : 특정 분야에 있어 지난번 업적 수준을 그대로 유지하는 것이다.

이러한 목표들은 모두 구체적이어야 하고, 기간이 설정되어야 하며, 달성을 위해서는 도전적인 노력이 필요할 정도가 되어야 하고, 수치로 측정이 가능해야 한다. 업무에 따라서는 측정이 어려운 분야가 있을 수 있는데, 이때는 MBO 실행을 포기하기보다는 성과를 증명할 수 있는 자료에 연계시켜 목표를 설정하여 이의 측정을 가능하도록 한다. 예를 들어 "조직 내 의사소통을 원활히 하기 위해 부하직원들과 매주 미팅을 갖는다."라는 목표를 설정한다면 "의사소통을 원활히 한다."에 대한 성과측정은 어렵지만 "매주 미팅을 갖는다."에서 측정 가능한 자료를 얻을 수 있는 것이다.

(3) MBO 성공의 조건

MBO에 대해서는 많은 비판도 있어 왔다. 하지만 시행과정에 다음과 같은 점을 주의한다면 MBO의 유용성은 충분히 확보될 것이다.

- 시행결과에 대한 보상을 기대하지 말라. MBO는 일상적인 계획수립의 한 과정일 뿐이다.
- 수치화되어 측정이 가능한 목표들에만 집착하지 말라.
- MBO를 위한 서류작성에 시간을 너무 낭비하지 말라.
- 목표설정은 합의에 의해 이루어지도록 하되, 상의하달식으로 되어서는 안 된다.

〈표 7-2〉에 성공적인 MBO를 위한 여섯 단계가 나와 있는데, 각 단계는 무엇보다 참여의 개념을 중시하고 있다는 것을 알 수 있다.

표 7-2 성공적인 MBO를 위한 단계

1단계	개인별로 특정기간까지 완료할 수 있는 업무달성 목표계획을 작성한다.
2단계	작성된 업무목표를 상사와 함께 분석하여 합의·조정하도록 한다.
3단계	업무수행 시 수시로 상사와 진척상황을 점검하고, 계획을 수정하는 등 필요한 조치를 취한다.
4단계	계획기간 경과 후 계획대비 업무성과에 대한 자체 보고서를 작성한다.
5단계	자체 보고서에 대한 평가를 상사와 함께 실시한다.
6단계	평가가 반영된 차기계획을 처음의 1단계와 같이 작성한다.

원하는 미래를 만드는 '시나리오 플래닝'

불확실한 미래를 대비하는 확실한 방법으로 시나리오 플래닝이 조명받고 있다. 우리의 모든 지식은 과거에 관한 것이지만 우리의 모든 결정은 미래에 대한 것이다. 시나리오 플래닝은 과거의 지식이나 정보에서 실마리를 찾아내 미래의 발생가능한 다양한 시나리오를 검토해 불확실성에 대비하기 위함이다. 기업들은 불확실한 환경에 대비하고 새로운 성장동력을 발굴해내기 위해 시나리오 플래닝을 활용하고 있다. 시나리오 플래닝을 통해 성공적인 미래를 향한 길을 열어 보자.

단순한 '예측' 넘어 수용가능한 미래 설계

아침에 일어나 오늘 입고 갈 옷을 고르고, 하다못해 우산을 가져갈까 말까를 놓고 고민할 때, 우리는 TV를 보거나 라디오, 스마트폰 등을 본다. 기업도 마찬가지다. 단순히 상황을 예측하는 것이 아닌 원하는 미래를 만드는 방법인 '시나리오 플래닝'에 주목해 보자.

일반적인 기업들이 과거 데이터를 바탕으로 미래를 예측하고 경영 전략과 계획을 세운다. 그러나 대부분의 예측은 빗나가고 새로운 돌출 변수에 의해 좌우된다. 환율, 원자재 가격, 시장변화 등 외부 환경의 변동성이 심화되는 시기에 과거 데이터를 근거로 한 회귀분석적 예측은 매우 위험할 수 있다. 그렇다면 일반적인 예측과 시나리오는 어떠한 차이가 있을까?

실마리는 어디에나 있다

기업들은 매년 연말 연초에 새해 계획을 세운다. 하지만 1분기가 지나갈 때쯤이면 항상 예상치 못한 돌발 변수가 생겨나면서 그 변수에 따라 휘둘리다 한해를 마무리한다. 지난해 말 세웠던 계획은 단지 예측으로만 남는다. 이것은 특수한 기업뿐 아니라 대부분의 기업들, 포춘 100대 기업들조차 마찬가지 상황이다. 10년 전으로 돌이켜 보자.

2002~2003년 연차 보고서에서 포춘 100대 기업의 43%는 예상 이익을 달성하지 못한 이유를 외부환경 탓으로 돌렸다. 이를테면 이라크 전쟁, 외환위기, 테러리즘, 남미의 금융위기 등이다. 그 당시 많은 기업들은 이러한 외부 변수 때문에 회사가 계획한 일들이 이뤄지지 못했음을 당연하게 여겼고, 예측은 예측일 뿐 현실과는 너무나 다르다고 합리화시켰다.

과연 그럴까. 어쩌면 이라크 전쟁, 그에 따른 유가 폭등, 외환위기, 남미나 유럽의 금융위기 등 외부의 요인들은 어떤 조짐이 있었고, 그것이 현실화될 가능성도 높았다. 그럼에도 사업계획 당시 그러한 요인들의 비중을 애써 낮게 평가하고 크게 반영하지 않았던 것이다. 각 외부 요인들을 충분히 파악할 수 있었음에도 결국 일이 터진 후에 '소 잃고 외양간 고치듯' 대응해나갔고, 지금도 이러한 시행착오를 반복해나가고 있다.

하지만 이러한 상황에서도 계속해서 성장하고 혁신적인 가치를 창출해낸 기업들이 분명 있다. 이들은 통제가 불가능한 외부 상황으로 영향을 받는 부분을 일정 부분으로 한정시키고, 좋은 결과든, 나쁜 결과든 스스로의 책임으로 돌린다. 결국 개인뿐 아니라 기업들도 문제의 원인을 외부로 돌린다면 끊임없이 일어나는 외부 변수에 팔랑귀 신세가 될 수밖에 없다. 결국 가치를 창출하고 지속적으로 성장하고 혁신하는 기업은 '외부의 영향'을 받기보다 '우리가 시장을 바꾸고 있다'는 주체적인 생각을 갖는다. 시장은 같을 수 없으며 늘 변화하고 있다. 가끔은 태풍이 몰아치고, 폭설이 오며, 한파가 지속되기도 하고 폭염에 시달리기도 한다. 시장 상황도 마찬가지다. 리스크는 늘, 항상 존재한다. 그 리스크에 휘둘리느냐, 테이킹하느냐가 미래를 결정짓는다. 이처럼 리스크를 테이킹하는 방법으로 시나리오 플래닝을 유용하게 활용할 수 있다.

'변화 동인' 분석으로 시나리오 불확실성 제거

기업 경영에서 가장 어려운 점은 예기치 못한 대내외 환경변화로 인해 경영활동이 난관에 부닥치게 될 때이다. 이러한 돌발적인 환경변화에 대비해 정치, 경제, 사회의 모든 부분에서 환경변화를 일으킬 수 있는 '변화 동인' 요소를 철저하게 분석해 향후 경영 전략을 수립하는 것이 시나리오 플래닝의 핵심이다.

시나리오 플래닝은 1950년대 군사전략에서 사용되던 기법으로 1970년대 후반부터 기업 경영에 접목되기 시작했다.

석유업체인 로열더치셸은 유가가 안정적이던 1965년 중동의 산유국들이 미국의 이스라엘 지원에 반발해 정치적으로 뭉칠 수 있다는 의미 있는 가설을 바탕으로 '에너지 위기 시나리오'를 작성했다. 당시에는 그리 주목받지 못했지만 1973년 중동전쟁으로 에너지 위기가 닥치자 그 효력을 발휘했다.

그 후 기업의 향후 전략을 수립하는 데 있어 시나리오 플래닝이 확대되기 시작해 현재 많은 기업에서 전략 수립에 유용하게 사용하고 있다. 한 편의 영화를 쓰기 위해서는 처음부터 결론에 이르기까지의 흐름을 어떻게 전개할 것이며, 이를 전개하는 데 있어 어떤 배경과 어떤 인과관계를 갖고 시나리오 주제를 풀어갈지 철저한 사전 준비 작업을 거쳐야 한다.

이처럼 시나리오 플래닝을 수립하는 데 있어 가장 먼저 할 일은 시나리오 주제, 즉 현재의 핵심 이슈를 결정하는 일이다.

다각적 측면에서 핵심 이슈 선정

핵심 이슈를 결정하는 단계에서는 회사의 미래에 있어 장기적으로 큰 영향을 미칠 수 있는 중요한 결정 사항이 무엇인지 우선적으로 살펴봐야 한다. 이때 시나리오를 작성할 때 중심적인 주제에서 시작해 시각을 주변 환경으로 점차 넓혀나가는 것이 바람직하다.

핵심 이슈는 명확한 주제를 갖고 있어야 하며, 3년 이상 장기적으로 고려를 하는 것이 바람직하다. 핵심 이슈가 지나치게 광범위하거나 단기적인 사안에 머무는 것은 피해야 한다. 핵심 이슈를 선정할 때는 CEO 인터뷰나 핵심 관계자의 인터뷰를 반드시 병행하도록 한다. 이후 시간적, 정치적, 경제적 사회적, 사업적, 기능적인 범위를 고려한다. 핵심 이슈 선정의 경우 예를 들면 다음과 같다.

- 장기적으로 우리 회사의 신성장동력을 무엇으로 가져갈 것인가?
- 계열사의 합병과 분사는 어떻게 가져갈 것인가?
- 신제품 개발을 위한 투자 금액은 어느 정도가 적정한가?
- 생산능력을 높이기 위해 신규생산라인을 구축해야 하는가?
- 경쟁이 치열한 신규 사업에 진입해도 될 것인가?

이처럼 핵심 이슈가 결정되면, 다음 단계는 좁은 범위의 핵심요인을 결정하는 것이다. 다시 말해 다각적인 분석을 통해 도출한 핵심 이슈의 성공 여부에 영향을 미칠 수 있는 주요 요인들을 찾는 것이다. 예를 들면 고객이나 협력업체, 경쟁사 등에 대해 주의 깊게 조사하는 과정이다. 만약 생산설비를 증설할 것인지를 결정해야 한다면 시장의 규모, 제품의 수명주기, 물가나 환율에 대한 예측, 중국 및 동남아 등에서 동일제품의 생산원가 등 핵심 이슈에 답을 구하기 위한 근거를 알아내는 작업이다.

'변화 동인' 파악을 통한 시나리오 의사결정

의사결정 요소를 도출하기 위해서는 먼저 기초자료를 조사한 후 의사결정 요소를 도출해 확정한다. 이때 의사결정 요소를 너무 많이 도출하기보다는 1차적으로 5~8개의 외부 환경변수만 도출해내는 것이 효과적이다.

그다음 단계는 시나리오의 의사결정에 있어 불확실성을 제거하고, 의사결정의 확실성을 높이기 위해 다각적 측면에서 '변화 동인'을 규명하는 일이다. 변화의 동인은 대체재나 공급자, 경쟁자 등 누가 이 산업을 넘볼 가능성이 있는지 살펴야 한다. 이 과정은 시나리오 플래닝을 수립하는 데 있어 가장 중요한 단계다. 바로 이전 단계에서 도출한 핵심요인에 영향을 줄 수 있는 변화 동인을 정치, 경제, 사회, 문화, 산업 등 모든 관점에서 규명하는 것이다. 영화 시나리오로 말하면, 이 변화 동인은 시나리오를 진행시키며 이야기의 결말을 결정짓는 요인이라고 볼 수 있다. 만약 변화 동인이 없다면 시나리오를 시작할 수가 없다. 다각적인 측면에서 변화 동인을 파헤치다보면 그 속에 숨어 있는 근본적인 이유와 문제, 전략의 추진 방향이 드러나게 된다.

예를 들어 "천연가스 가격에 영향을 주는 것은 무엇인가?"의 요인은 대체재의 개발과 유가의 불안 등이다. 그렇다면 "어떤 힘이 두 가지 변동 요인에 영향을 미칠 수 있을까?"라고 파헤쳐본다면 석유의 주공급원인 중동정세 등이다. 중동의 자유화 바람은 중동정세에 영향을 주는 요인이며, 중동의 자유화 바람의 원인은 최근 페이스북, 트위터 등 스마트 기기와 서비스의 발달 정도일 수 있다.

이처럼 원동력을 검토할 때는 정치, 경제, 사회, 문화, 산업 등 다양한 요인들 속에 자사의 시장에 좀 더 영향을 주는 요소가 무엇인지 분석해야 한다.

시나리오의 논리적 전개 방향 구성

변화 동인을 통해 시나리오 수립에 있어 불확실성에 대한 요소들을 규명했으면, 다음 단계는 도출된 요소들을 중요도와 불확실성에 따라 순위를 결정하는 단계다. 여기서는 일반적으로 두 가지 기준이 적용되는데, 첫 번째 기준은 처음 단계에서 규정한 핵심 주제 또는 의사결정을 성공으로 이끄는 데 있어 특정 요인이 얼마나 더 중요한 역할을 하는지이며, 두 번째는 그러한 요인과 변화의 흐름 속에 내포된 불확실성의 정도다. 중요한 점은 여러 개의 핵심 요인과 변화흐름 속에서 가장 중요하면서도 가장 불확실한 두세 개의 요인을 찾아내는 것이다.

지금까지가 시나리오를 구성하기 위한 요소를 찾는 과정이었다면, 다음 단계는 본격적으로 시나리오를 구성하는 단계다. 여기에서 먼저 할 일은 시나리오를 수립하는 논리를 선택하는 것이다. 잘 짜여진 영화처럼 핵심 결론을 도출하기 위해 관련된 요소들의 논리적인 조합을 통해 시나리오의 큰 틀을 완성하는 것이다.

시나리오 논리를 선택하기 위해서는 인과분석이 먼저 이뤄져야 한다. 논리적으로 모순이 되는 인과관계는 없는지 다양하게 검토를 하도록 한다. 그리고 원인과 결과를 연결시키는 시나리오를 추출한다.

– 출처 : 혁신리더 2012년 04월호 –

business
administration

8

조직화

1. 조직설계의 의의

조직화(organizing)란 기업의 목적을 달성하기 위해 사람과 다른 자원이 서로 잘 작용하도록 구성하는 과정을 의미한다. 조직화는 누가 무엇을 하고, 누가 무엇을 책임지며, 조직 내의 여러 부서가 서로 어떤 방식으로 연관되어 있는가를 명확하게 만들어준다. 관리자들은 조직구조를 개발 혹은 변화시킬 때 **조직설계**(organizational design)를 한다. 조직설계 과정에서 직무를 얼마나 전문화할 것인지, 종업원의 행위에 대한 지침을 어떻게 줄 것인지, 몇 단계의 계층을 거쳐서 의사결정을 할 것인지 등이 결정된다. 즉 조직설계란 조직의 미션이나 목표를 달성하기 위해 조직구조를 선택하고 실행하는 과정이다. 따라서 조직설계 의사결정이 전형적으로 경영자들에 의해 이루어지지만 조직의 구성원들은 어떤 조직구조 형태든 그 속에서 일하고 있고 프로세스의 원인과 방법을 알아야 하므로 조직설계 프로세스를 이해하는 것은 중요하다. 조직설계의 주요 목적은 업무를 가장 효율적으로 수행하는 데 필요한 요소, 즉 인원·방법·자원·자금 등을 합리적으로 배분하고 조정하는 데 있다. 이러한 조직설계의 과정은 〈그림 8-1〉과 같은 단계에 따라 이루어진다.

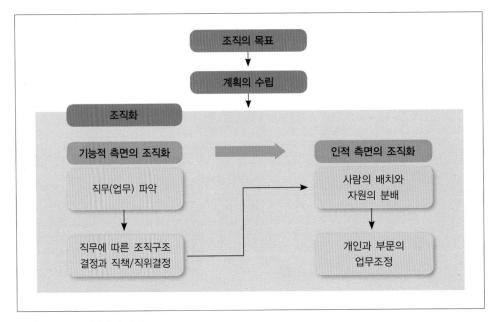

그림 8-1 조직설계의 단계

기계적 설계는 기계가 각 부속품으로 구성되어 정해진 방식대로 움직이듯이 어떤 조직이 전문화된 하부조직으로 구성되어 표준화된 절차 및 방식에 의해 운영되는 것을 말한다. 이러한 기계적 설계는 비교적 안정적인 환경 하에서 정해진 과업을 보다 효율적으로 처리하기 위해 높은 전문화를 이루고 있으며, 각 부분은 자신의 정해진 일을 할 뿐 전체적인 업무의 흐름을 파악하지는 못할 수도 있는데, 이를 광범위한 부문화라고 한다. 결과적으로 하위구성원들은 정보네트워크에서 업무와 관련된 제한된 정보만을 얻을 수 있으며 의사결정에 참여하는 것도 제한된다. 또한 기계적 설계에서는 일사분란하고 빠른 업무처리를 위해 명령체계가 일원화되어 있으며 각 단계의 상급자는 적은 수의 구성원을 통제한다. 이러한 시스템은 안정된 환경에서 유사한 반복업무를 수행하기 때문에 구성원이 바뀌어도 같은 효율을 낼 수 있어야 한다. 따라서 업무에 있어서 매우 높은 공식화와 표준화가 요구되며 조직구성원의 재량권이 최소한으로 제한된다.

유기적 설계는 유기체가 상황변화에 탄력적으로 대응하는 것처럼 외부의 환경변화에 따라 조직의 형태를 유연하게 변화시킬 수 있는 조직을 일컫는다. 이러한 유기적 설계는 급변하는 환경에 대응하기 위해 단순한 조직구조를 가지고 있으며, 전문 분야에 따라 분업은 이루어지지만 업무는 표준화되어 있지 않다. 구성원들은 필요에 따라 업무를 맡으며 부서와 계층을 초월한 팀의 형태로 일하게 된다. 따라서 직무와 관련된 의사결정은 대부분 상급자가 아닌 담당자에 의해 이루어지며 이를 위해 담당자에 대한 상당한 훈련과 권한위양이 이루어지고 재량권도 충분히 부여된다.

유기적 설계에서는 기계적 설계와 달리 담당자 스스로 업무를 통제하고 환경변화에 적응해야 하므로 모든 구성원에게 정보가 공개되고 모든 구성원들은 대부분의 의사결정에 참여하게 된다. 안정적이고 변화가 적은 환경에서는 기계적 설계가 더 효과적이지만, 급변하는 환경 속에서는 유기적 설계가 더 잘 적응하고 우수한 성과를 내기 때문이다. 1967년에 하버드대학교의 Paul Lawrence와 Jay Lorsch는 산업특성에 따른 조직구조와 성과와의 관계를 연구하기 위해 플라스틱, 콘테이너, 소비재의 3개 산업에서 각각 10개의 기업을 대상으로 분석하였다. 당시 최첨단 산업이었던 플라스틱 산업은 미래가 불확실하고 급변하는 산업특징을 가진 반면, 콘테이너 산업은 미래를 거의 확실하게 예측할 수 있고 안정적이었으며, 소비재 산업은 양 산업의 중간에 위치하고 있었다. 연구결과에 의하면 플라스틱 산업에서는 유기적 설계를 가진 회사가, 콘테이너 산업에서는 좀 더 기계적 설계에 가까운 회사가 좋은 성과를 낸 것으로 분석되었다. 요즘에 와서는 유기적 설계가 기계적 설계보다 더 선호되는 경향을 보이는데, 이는 현대의 산업환경이 급변하고 있기 때문에 유연한 적응능력이 우선시되기 때문이다. 이는 기존의 기계적 설계들이 지나치게 성장한 관료조직과 절차에 묶여 효율성을 잃어버리게 되면서 자연스럽게 대두된 현상으로 해석된다. 또한 정보통신기술의 발달에 따라 정보의 공유와 상급자와 부하직원 간의 직접적인 교류가 가능해진 것도 하나의 원인이 될 수 있겠다.

2. 조직설계의 과정

1) 조직설계의 유형

앞서 언급한 것과 같이 조직설계에는 두 가지 유형이 있다. **기계적 설계**(mechanistic design)는 높은 관료제 특성들을 반영한 형태로 집권화되고, 많은 규칙과 절차, 공식화된 의사소통, 공식적 의무, 좁은 통제의 폭, 전문화된 과업 등을 특징으로 하는 유형이다. 반면 **유기적 설계**(organic design)는 분권화되고, 규칙과 절차가 적고, 수평적으로 통합된 형태이며, 비공식적 의사소통과 과업의 공유가 활성화된 느슨하고 유연한 형태이다.

2) 조직설계의 핵심 구성요소

조직의 환경이 급변하고 조직의 환경적응력이 더 중요해지면서 조직관리자와 종업원의 조직설계 프로세스에 대한 이해가 더욱 필요하게 되었다. 본 절에서는 조직설계 과정의 핵심요소인 **직무전문화**(work specialization), **부문화**(departmentalization), **집권화**(centralization)와 **분권화**(decentralization), **공식화**(formalization), **권한**(authority)과 **책임**(responsibility), **통제의 폭**(span of control)에 대해 살펴보겠다.

(1) 직무전문화

조직 내에서 개별 종업원은 생산량을 늘리기 위해 전체적인 활동을 하기보다 부분적인 활동 위주로 '**전문화**'해서 일한다. 즉 직무전문화는 작업활동을 잘게 나눈 것이다. 직무전문화는 작업자가 가지고 있는 다양한 기술을 효율적으로 사용하도록 만든다. 20세기 초 직무전문화 옹호론자들은 직무전문화가 광범위하게 활용되지 않았기 때문에 그 활용도를 높이면 생산성이 향상될 것이라고 확신하였고 실제로도 높은 생산성을 보여줬다. 하지만 시간이 지나면서 인간적인 측면에서 비경제적인 결과를 초래했다. 권태, 피로, 낮은 생산성, 저품질, 결근율 증가, 이직률 증가 등의 문제점이 경제적 이익보다 더 크게 나타났다. 직무전문화의 비경제적인 측면에도 불구하고 현대 조직에서 대부분의 관리자들은 종업원을 보다 효율적으로 관리하기 위해서 꼭 필요한 메커니즘이라고 주장한다. 특히 서비스기업의 경우 양질의 서비스를 고객에게 제공하기 위하여 높은 수준의 전문화를 사용하고 있다. 현대의 직무전문화는 과거와 달리 관리자들이 전문화의 한계를 인식하고 있다는 점에서 차이를 보인다. 예를 들어 포드오스트레일리아, 홀마크, 아메리칸 익스프레스의 기업은 직무전문화를 최소화하고 종업원에게 관리자율성을 부여하여 광범위한 과업을 수행할 수 있도록 조직 관리를 하고 있다.

(2) 부문화

조직에서 수행해야 할 모든 직무를 유사하거나 상호관련이 있는 직무끼리 묶고 그 집단 간의 관계를 설정하는 것을 부문화라고 한다. 즉 조정과 통합의 방식으로 공통성이 있는 직무를 서로 묶는 것을 말한다. 〈표 8-1〉과 같이 부문화에는 다섯 가지 유형이 있다. 종업원들의 업무별로 집단을 묶는 것을 **기능별 부문화**(functional departmentalization)라고 한다. 즉 조직의 관리자들이 종업원을 맡은 업무별로 배치하여 엔지니어링, 회계, 인적자원, 구매, 마케팅 등으로 집단화하는 방법이다. 기능별 부문화의 가장 큰 장점은 공통의 업무와 기술, 전문성을 가진 사람들을 동일한 부서에 배치함으로써 부서의 효율성을 높이고 **규모의 경제**(economic of scale)를 달성할 수 있다는 것이다. **제품별 부문화**(product departmentalization)란 조직이 생산하는 주요 제품에 따라 집단화하는 것을 말한다. 제품별 집단화의 장점은 특정 제품 생산에 관한 모든 활동이 1명의 관리자에 의해 감독되기 때문에 제품 성과에 대한 책임이 명확하다는 것이다. 고객의 유형에 따라 집단화하는 것을 **고객별 부문화**(customer

표 8-1 부문화의 유형

유형	개념
기능별 부문화	동일하거나 유사한 업무를 하는 종업원끼리 집단화한 형태
제품별 부문화	동일하거나 유사한 제품 혹은 서비스를 생산하는 종업원끼리 집단화한 형태
고객별 부문화	동일하거나 유사한 고객(시장)과 요구에 응대하는 종업원들끼리 집단화한 형태
지역별 부문화	동일하거나 유사한 지역의 종업원들을 집단화한 형태
프로세스별 부문화	업무 혹은 고객흐름별로 집단화한 형태

departmentalization)라고 하며, 지역을 기반으로 부문화가 이루어지는 것을 **지역별 부문화**(geographic departmentalization)라고 한다. 통상적으로 이러한 부문화는 소비자가 넓은 지역에 걸쳐 흩어져 있을 경우에 적합한 형태이다. 그 예로 나이키의 조직 구조는 북미지역을 기점으로 전 세계에 지역별 거점 조직을 가지고 있다. **프로세스 부문화**(process departmentalization)는 업무 흐름에 따라 집단화를 하는 형태를 말한다.

전통적으로 부문화는 이상의 다섯 가지 형태로 이루어졌다. 하지만 최근에는 **다기능팀**(cross-functional team) 같은 형태의 집단화가 많이 등장하고 있다. 다기능팀이란 다양한 부서에서 근무하는 사람들을 모아 하나의 팀을 구성하는 형태이다. 예를 들어 병원에서 수술이라는 특정 과제를 위해 성형외과 의사, 이비인후과 의사, 간호사, 마취과 의사, 레지던트 등의 다양한 부서에서 근무하는 의료진들이 다기능팀을 구성해 과제를 수행한다.

(3) 집권화와 분권화

조직의 기능과 관련하여 해결해야 하는 것은 "조직의 어떤 계층에서 의사결정이 이루어지는가?"이다. **집권화**(centralization)란 조직 내 의사결정에서 상위 계층에 의한 의사결정이 얼마를 차지하는가에 의해 결정된다. **분권화**(decentralization)란 조직 내 하위 계층이 의사결정에 참여하는 정도를 말한다. 즉 의사결정권과 관리통제권이 상위 계층에 집중되어 있는 경우는 집권화가 높은 것이며, 상대적으로 하위 계층이 권한을 행사하는 정도가 높은 경우는 분권화로 인한 권한 위임이라 말한다.

표 8-2 분권화가 되기 위한 조건

구분 요소	조건
의사결정의 중요성	중요도가 낮아질수록 반복적 · 정형적 의사결정일수록
업무의 특성	동적이고, 유동성이 클수록
일관성의 필요성	일관성의 필요도가 낮을수록
기업의 성장전망	성장하는 기업일수록
경영자의 관리능력	관리능력이 우수할수록
소유와 경영의 분리 정도	분리된 기업일수록

　　오늘날의 관리자들은 자신의 의사결정이나 조직적 목표 달성에 유용한 방향으로 집권화와 분권화의 정도를 선택한다. 어떤 조직에서는 효과적인 것이 다른 조직에서는 그렇지 않을 수 있다. 따라서 관리자는 조직별, 부서별로 분권화의 정도를 결정해야 한다.

(4) 공식화

공식화는 조직의 직무를 어떻게 표준화할 것인가와 종업원의 행동을 어느 정도 규칙과 절차로 규정할 것인가를 말한다. 고도로 공식화된 조직에는 명확한 직무기술서, 수많은 규칙, 명확하게 정의된 업무 프로세스가 존재한다. 따라서 공식화 정도가 높은 조직은 종업원의 업무에 대한 자유재량권이 거의 없다. 하지만 공식화가 낮은 조직이 종업원들은 자신의 업무를 어떻게 수행할지에 대해 많은 재량권을 가지고 있다. 초기 조직의 관리자들은 일관성과 통제를 위해 공식화에 많은 노력을 기울였으나 오늘날 대부분의 조직들은 엄격한 규정과 표준화에 크게 의존하지 않는다.

(5) 권한과 책임

상사가 명령을 내리면 부하는 상사의 지위로 인해 그 명령을 따르게 된다. 즉, 권한이란 관리자의 지위에 주어진 권리를 말한다. 또한 이러한 권한에 비례하는 관리자의 의무를 **책임**이라 한다. 권한과 자주 혼동이 되는 **권력**(power)의 개념은 의사결정에 영향을 주는 개인의 능력을 말한다. 반면 권한은 권리이자 합법성이며 조직 내 지위에서 비롯된다. 즉 권한은 직무와 관련된 합법적 권리이지만 권력에는 합법적이지 않은 권리의 개념도 포함이 된다.

(6) 통제의 폭

통제의 폭(span of control)이란 상급자 한 사람이 통제하게 되는 부하직원의 수를 의미한다. 즉, 통제범위가 좁다는 것은 상급자가 감독하는 부하직원의 수가 적다는 것이며 통제범위가 넓다는 것은 상급자가 감독하는 부하직원의 수가 많다는 것을 의미한다. 오늘날 많은 조직이 통제의 폭을 증가시키고 있다. GE와 카이저알루미늄 같은 회사에서는 지속적으로 통제의 폭을 확대하였다. 분명한 것은 능력 있고 경험 많은 종업원에게는 상대적으로 감독의 필요성이 줄어든다는 사실이다. 통제의 폭을 결정하는 상황적 요인들로는 종업원 과업의 유사성, 과업의 복잡성, 종업원이 물리적 접근성, 절차의 표준화 정도, 경영정보시스템의 구축 정도, 조직가치체계, 관리자의 관리 스타일 등이 있다.

3. 조직구조의 유형

본 절에서는 조직화 과정의 뼈대라고 할 수 있는 조직구조에 대해 살펴본다.

1) 조직구조의 정의

조직구조란 조직의 다양한 부문이 공식적으로 정비되는 과정을 말하며, 회사의 과업과 보고체계 그리고 다양한 개인과 집단의 직무를 서로 연결시켜 주는 대화통로(communication channels)로 구성된 일종의 시스템이다. 기업이 좋은 조직구조를 가지고 있다는 것은 그 무엇보다 값진 자원이라 할 수 있다. 하지만 좋은 조직구조를 만들어낸다는 것은 말이 쉬울 뿐 실제로는 아주 어려운 작업이다. 우리가 요즘 **리스트럭처링**(restructuring)이라는 말을 자주 접하게 되는 것도 훌륭한 조직구조로 정비해 나가기 위해 많은 기업들이 엄청난 노력을 하고 있기 때문이다. 리스트럭처링이란 기업의 성과를 개선하기 위해 조직의 구조를 변화시키는 일종의 조직화 과정이다. 기업

내외부의 환경은 수시로 변하므로 이에 적합한 기업의 전략을 추구하기 위해 그에 맞는 조직구조로 개편하는 것이 필요하다. 그러나 모든 기업환경의 요구를 만족시키는 유일한, 최고의 조직구조는 없다는 사실도 함께 알아야만 한다.

2) 조직구조의 유형

기업은 기업 목적을 달성하기 위해 필요한 직무가 세부적으로 나누어 확정되고 나면, 그 직무수행을 담당하게 될 부서를 정해야 한다. 앞서 설명한 조직구조설계의 요소들을 바탕으로 구성된 조직구조는 공식적 조직, 기능별 조직, 사업부제 조직, 매트릭스 조직, 팀 조직, 무경계 조직, 네트워크 조직으로 나눌 수 있다.

(1) 공식적 조직과 비공식적 조직

조직구조의 개념은 조직도표(organization chart)를 통해 가장 쉽게 이해될 수 있다. 조직도표는 조직 내부의 직무 위치에 대한 공식적인 배치를 나타낸 도표이다. 전형적인 조직도표는 다양한 직무의 위치와 직무권한 간의 관계를 나타내므로 소속부서, 상급자와의 관계, 의사소통 경로, 주요 하위 조직구조, 관리의 수준 등을 파악할 수 있다. 이러한 조직 형태를 **공식적 조직**이라고 한다. 공식적 조직은 구체적인 과업수행이나 목적 달성을 위해서 의도적으로 형성된 집단을 말한다. 예를 들어 판매 1과, 인사과 등이 바로 공식적 조직을 가리키는 것이다. 공식적 조직의 가장 중요하고 일 차적인 목표는 조직구성원들에게 부과된 직무의 완수를 통해 조직의 목표 달성에 기여하고자 하는 데 있다. 공식적 조직에서 구성원들은 공식화된 규범과 절차에 의해 서 행동하며, 조직은 개인들의 노력을 통합 · 조정하여 조직목표를 달성한다.

반면에 **비공식적 조직**은 말 그대로 구성원들 간의 관계가 비공식적이며, 비사무적으로 이루어진 조직으로 그림자 조직이라고도 한다. 이러한 비공식적 조직은 공식적 조직의 직계에 관계없이 구성되고 운영된다. 이러한 비공식적 조직은 기업의 직무수행에 직접적으로 관여하지는 않지만 기업의 성과 향상에 상당한 기여를 하기도 한다. 급변하는 기업 환경 하에서 공식적 조직은 변화에 대응하지 못하고 도태될 수도 있는데, 비공식적 조직은 새롭고 비정상적인 상황에 대처할 수 있게 해 준다. 또한 조직구성원은 비공식적 조직을 통해 서로 자유롭게 만나면서 많은 것을 학습하게 되는데,

이러한 **비공식적 학습**(informal learning)은 조직개발을 위한 중요한 자원으로 인식되고 있다.

사회 네트워크 분석(SNA : Social Network Analysis)이란 비공식적 조직구조와 그들의 사회적 관계를 파악하기 위한 분석틀이다. 이러한 분석 방법은 전형적으로 관계를 맺고 있는 사람을 파악하고 가장 도움을 많이 주는 사람은 누구이며 얼마나 정기적으로 의사소통하는지, 그리고 네트워크에 긍정적인 영향을 주는지 부정적인 영향을 주는지를 알아내는 것이다. 사회 네트워크는 빈도와 관계 유지의 유형에 따라 사람과 사람 사이의 관계를 선으로 나타낼 수 있다.

비공식적 조직은 잠재된 문제점을 안고 있다. 비공식적 조직은 공식적 직계를 벗어나 있기 때문에 비공식적 조직의 활동이 전체적인 조직의 직무수행과 충돌할 수도 있다. 그리고 비공식적 조직은 기업 내에 근거 없이 떠돌아다니는 소문이나 부정확한 정보에 너무 민감하기 때문에 쓸데없는 일에 그들의 시간과 능력을 낭비할 수도 있다. 무엇보다 경영자 입장에서 비공식적 조직이 부담스럽게 느껴지는 이유는 비공식적 조직의 목표와 전체 조직의 목표가 상이할 수도 있다는 데 있다. 특히 비공식적 조직의 규모가 전체 조직에 비해 너무 비대해질 경우에는 경영자가 비공식적 조직을 통제할 수 없게 되어 앞서 언급한 문제들이 아주 심각해질 수도 있다.

(2) 전통적 조직구조

기업은 기업목적을 달성하기 위해 필요한 직무를 세부적으로 나눈 후 확정된 직무수행을 담당할 부서를 정해야 한다. 이처럼 사람과 직무를 하나의 단위로 결합시키는 과정을 부문화라고 하는데 이러한 부문화의 정도에 따라 조직 구조가 결정되는 조직의 형태를 **전통적 조직구조**(traditional structure)라 한다. 전통적 조직구조의 유형에는 기능별, 사업부제, 매트릭스 조직이 있다.

① 기능별 조직

기능별 조직(functional structure)은 기능적으로 서로 관련이 있거나 동일한 직무 또는 업무를 담당하는 사람들을 한 부서에서 일하게 하는 것으로서 가장 일반적인 형태의 조직이다. 사람들이 흔히 생각하는 전형적인 기업의 조직이 바로 이러한 기능별 조직이다. 예를 들어 생산부, 마케팅부, 재무부, 인사부 등의 구분은 바로 기능별 조직에 따라 나타나게 된 것이다. 〈그림 8-2〉는 기능별 조직의 한 형태를 보여 주고 있다.

기능별 조직은 생산하는 품목이나 서비스의 규모가 작은 기업에 적합한 조직형태이다. 그리고 일반적으로 기업의 환경이 안정적이고 예측 가능하며, 특별히 개혁적인 요구가 필요하지 않은 경우에 적합한 조직구조이다. 따라서 이러한 기능별 조직은 기업의 성장과정상 초기 단계에서 나타나는 형태라고 할 수 있다.

기능별 조직의 주요 장점은 다음과 같다.

첫째, **규모의 경제**(economies of scale)를 이룰 수 있다. 규모의 경제라는 용어는 경제학에서 나오는 용어인데, 규모의 증가에 따른 평균생산성의 향상, 즉 생산량이 증가할수록 종업원의 숙련도가 증가하여 평균 생산비용이 줄고 생산단가가 감소하게 된다는 의미이다. 기능별 조직 하에서는 한 가지 직무만을 집중적으로 하게 되기 때문에 자신이 맡은 기능에 대해서는 생산량이 증가할수록 숙련도가 높아져 생산성이 향상된다.

둘째, 수행하게 되는 기능에 따라 부서가 구분되어 있기 때문에 전문적 지식과 훈련받은 내용에 따라 업무를 적절히 배정할 수 있다.

셋째, 각 기능 내에서는 심도 있는 훈련을 할 수 있다.

넷째, 높은 품질은 기술적 문제를 해결할 수 있다. 다섯째, 각 기능 내에서 경력개발 경로가 명확하다.

하지만 기능별 조직의 경우에 여러 가지 단점을 가진다. 무엇보다 각 부서들 간의 의사소통과 조정 그리고 문제해결에서 어려움이 발생한다. 부서들 간의 교류가 적기

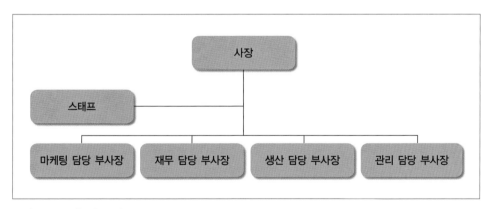

그림 8-2 기능별 조직

때문에 협력을 해야 한다거나 혹은 서로가 공동의 목표를 위해 일한다는 사실을 망각할 수 있으므로 자연히 각 부서들은 자기중심적으로 바뀌고 기업 전체적인 관점을 잊어버리게 된다. 부서 간의 문제가 발생한 경우에도 조정을 통한 해결이 어렵게 된다. 특히 조직이 지리적인 확장 내지는 제품 생산공정 확장에 의하여 규모가 커지게 되면 많은 어려움을 겪게 된다. 또한 책임소재가 불명확하게 될 우려도 높다. 이 때문에 실제로 기능별 조직을 가진 많은 기업들은 기능별 부서 간의 이해관계를 조정하고 기업의 이익을 극대화하기 위해 스태프 부서를 두고 있다.

② 사업부제 조직

사업부제 조직(divisional structure)은 동일하거나 유사한 성격의 제품을 생산·판매하는 종업원이나 동일한 지역 내에서 활동하거나 동일한 고객을 상대로 하는 종업원들을 따로 모아 집단화시킨 조직형태이다. 이러한 조직은 다양한 제품을 생산하거나 다양한 영업환경 하에서 활동하는 복합기업의 경우에 적합하다. 사업부제 조직은 제품별로, 지역별로, 고객별로, 작업별로 나뉘고 각각 나름의 사업부를 형성하고 있다. 예를 들어 〈그림 8-3〉에서 보는 바와 같이 제품에 따라 사업부를 나눌 경우에는 금속 제품, 에너지 제품, 소비재 사업부로 나누어질 수 있고, 다국적 기업의 경우에는 유럽, 미주, 아시아 등 지역 사업부를 따로 둘 수 있다.

　사업부제 조직은 기능별 조직의 단점을 보완하기 위해 시도되었다. 실제로 미국의

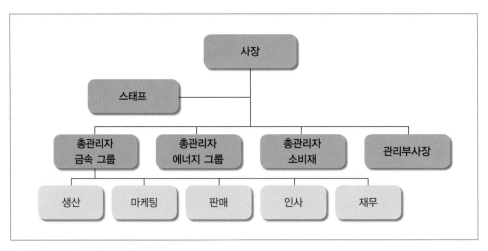

그림 8-3 사업부제 조직

다각화된 기업들이 점차적으로 기능별 조직구조에서 사업부제 조직으로 바뀌고 있다는 실증 분석 결과가 발표되기도 하였다. 기업의 규모가 확장됨에 따라 사업부제 조직으로 바뀌어야 하는 이유를 **거래비용**(transaction cost)으로 설명하기도 한다. 여러 지역을 관리해야 하는 기업이 기능별 조직을 가지게 되면 하나의 기능이 너무 많은 지역을 관리해야 하기 때문에 조직 내부적으로 많은 거래비용이 발생하게 되어 결과적으로 효율성이 떨어지게 된다. 반면 사업부제 조직을 가진 기업의 최고경영자 는 모든 부서의 기능을 관리하지 않더라도 각 부서의 경영자만 관리하는 것으로 충분하기 때문에 훨씬 적은 거래비용만 발생하게 되어 효율성이 증진될 수 있다. 사업부제 조직구조가 가진 장점을 요약하면 다음과 같다.

첫째, 기업환경의 변화에 보다 유연하게 대응할 수 있다.

둘째, 조직의 규모가 거대해질수록 기능별 조직구조보다 부서들 간의 이해조정을 보다 신속하고 효과적으로 할 수 있다.

셋째, 경영성과나 책임소재를 보다 분명히 할 수 있다.

넷째, 특정 고객, 특정 제품, 특정 지역에 집중화된 전문성이 있다.

다섯째, 조직의 규모를 늘리거나 줄일 때 보다 쉽게 조정할 수 있다.

사업부제 조직에도 잠재된 단점은 있다. 규모의 경제의 감소, 사업부 간의 자원과 노력의 중복으로 인한 비용의 증가, 사업부 성과평가 기준의 모호성 등이 대표적인 문제점으로 지적될 수 있다. 또한 사업부 자체의 목표만을 강조하다 보면 조직 전체의 목적을 침해하게 되는 결과를 가져올 수 있다. 이러한 사업부 간의 갈등을 조정하기 위해서 그룹차원의 스태프 부서를 두기도 하는데, 보통 대기업의 기획조정실이 이에 해당된다.

③ 매트릭스 조직

매트릭스 조직(matrix structure)은 전술한 기능별 조직과 사업부제 조직을 결합한 형태로 각각의 장점은 살리되 단점은 극복하기 위해 고안된 조직이다. 매트릭스 조직 내에서 종업원은 동시에 둘 이상의 조직에 속하므로 둘 이상의 상사에게 보고를 해야 된다. 이러한 조직은 특히 다국적 기업(multinational company)에서 많이 보게 된다. 다국적 기업은 제품 자체로서 소비자의 욕구를 충족시켜 주어야 할 뿐 아니라 각 지역적 차이를 함께 고려해야 하므로 이러한 매트릭스 조직은 이들에게 유연성을 제공해 준다.

매트릭스 조직은 역동적이며 복합적 기업환경 하에서 성장전략을 추구하는 조직에 공통적으로 나타나는 조직이다. 기존의 기능별 조직에 다양한 고객의 요구에 반응하기 위해 제품 사업부별로 수평적 명령체계를 이루고 있는 것이 매트릭스 조직이다.

〈그림 8-4〉와 같이 프로젝트 A를 추진하기 위한 매트릭스 조직은 여러 부서에 속한 종업원들로 구성된다. 따라서 매트릭스 조직의 종업원은 프로젝트 A의 수장과 자신이 속한 부서의 수장을 동시에 상급자로 두기 때문에 두 명의 상급자로부터 명령을 받을 뿐만 아니라 보고도 해야 한다.

조직 전체의 성과에 이러한 매트릭스 조직이 제대로 기여를 할 수 있는가는 다기능 팀의 활용에 달려 있다. 팀 구성원들은 문제를 해결하기 위하여 적절한 시기에 전문적 지식과 정보를 공유하면서 함께 일을 하게 된다.

이러한 매트릭스 조직은 조직의 운영과 문제를 해결하는 데 있어 상호협력이 증대되어 변화하는 수요에 기업이 즉각 대응할 수 있는 유연성을 제공한다. 그리고 제품이나 서비스 담당자가 있으므로 고객에게 보다 나은 서비스를 제공할 수 있고, 신뢰감을 심어줄 수 있다. 또한 팀 수준에서 발생한 문제를 해결하는 데 더 나은 의사결정을 신속하고 정확하게 할 수 있어 종업원의 전문성은 증대되고 경영자는 전략적인

그림 8-4 매트릭스 조직

문제에 좀 더 집중할 수 있다는 장점을 지닌다. 또한 프로그램, 제품, 프로젝트 관리자들을 통하여 보다 나은 성과의 측정이 가능해진다.

물론 매트릭스 조직이라고 해서 단점이 없는 것은 아니다. 두 명의 상급자에게 보고를 해야 하기 때문에 서로 다른 상급자 간의 갈등이 발생할 수 있다. 부하직원의 입장에서도 둘 이상의 상급자에게서 명령을 받아야 하기 때문에 업무혼란이 초래될 수도 있다. 또한 팀끼리 지나치게 단결하다보면 조직 전체의 목적에 초점을 두지 않을 수 있으며, 매트릭스 조직을 편성하고 운영하는 데 필요 이상의 많은 자원과 비용을 낭비할 수도 있다.

(3) 수평적 조직구조

앞서 말한 매트릭스 조직구조는 다기능적(cross-functional) 통합을 위한 조직이다. 그러나 이러한 조직구조는 조직 내 의사소통을 향상시키고 계층을 줄임으로써 유연성을 확보하고, **임파워먼트**(empowerment)를 증가시키며, 보다 높은 종업원 능력 활용을 위해 **수평적 조직구조**(Horizontal Organization structure)의 광범위한 변화과정의 한 부분일 뿐이다. 수평적으로 통합된 유연조직의 형태로는 팀 조직, 네트워크 조직, 무경계 조직이 있다.

① **팀 조직**

기업의 경쟁이 치열해짐에 따라 조직 자체에 대한 압력이 가중되어 왔다. 경영자들은 급변하는 환경의 다양한 수요를 충족시키기 위해 계속해서 새로운 형태의 조직구조를 모색해 왔다. **팀 조직**(team structure)은 앞서 살펴본 세 가지 형태의 조직구조에 비해 치열한 경쟁환경에 보다 적합하도록 개발·발전된 형태의 조직이다. 팀이란 상호보완적인 기술 혹은 지식을 가진 둘 이상의 조직구성원들이 서로 신뢰하고, 협조하며, 헌신함으로써 공동의 목적을 달성하기 위해 노력하도록 자율권이 부여된 조직단위라 할 수 있다. 팀 조직구조는 조직을 팀제로 운영함으로써 과업의 성과와 문제해결을 개선하고 보다 효과적인 상호관계를 창출해냄으로써 기능 간의 장벽을 허무는 것을 목적으로 하고 있다.

전통적으로 조직 내에서 팀의 구분은 팀의 성격에 따라 할 수도 있으며 조직구조

내에서의 팀의 위치에 따라 할 수도 있다. 팀의 성격에 따라 구분할 때는 팀은 크게 공식적 팀과 비공식적 팀으로 구분된다. 공식적 팀은 조직의 목적을 달성하기 위한 구체적인 업무를 시행하는 데 책임을 지기 위해 경영자에 의해 의도적으로 만들어 지는데, 가장 일반적인 형태는 **통제팀**(command team)이다. 통제팀은 한 사람의 경영자와 이 경영자에게 보고해야 하는 모든 종업원을 포함한다. 또 다른 공식적 팀의 하나는 **위원회**(committee)인데, 이것은 반복적으로 일어나는 문제나 의사결정을 다루기 위해 만들어진 팀으로 보통 오래 지속된다. 어떤 공식적 팀은 일시적으로 조직되기도 하는데, 이러한 팀을 **프로젝트팀**(project team)이라 부른다. 프로젝트팀은 어떤 구체적인 문제를 다루기 위해 만들어지며 이러한 문제가 일단 해결되거나 임무가 완수되면 해체되어 버린다. 이는 어떤 특수한 업무를 단기간 내에 수행해야 하는 경우, 그때마다 기능별 조직에서 파견을 받아 형성된다. 따라서 프로젝트형 팀 조직은 일시적인 특별업무를 수행하기 위해 조직 전체를 대대적으로 재개편하지 않아도 된다.

팀 조직은 기능별 조직과 사업부제 조직의 공통된 단점을 극복하기 위해 고안된 조직으로서 많은 장점을 가지고 있다. 먼저 앞서 설명한 부서들 간의 의사소통 장애를 극복할 수 있다. 서로 다른 부서에서 온 사람들끼리 하나의 팀에서 작업을 하게 되면서 서로를 더 많이 알게 되고 이해하게 되는 기회를 제공하게 된다. 각 팀은 특별한 문제에 대한 지식을 함께 공유하기 때문에 여러 상황에서 의사결정을 신속하고 정확하게 할 수 있다. 팀의 구성원들은 공식적·비공식적 안내를 받으면서 서로 협력하고, 자신이 맡은 일에 헌신하며 의견의 일치에 도달하는 과정을 통해 그들 각자가 따로 업무를 수행할 때보다 훨씬 훌륭한 성과를 거두게 된다. 팀 조직은 매트릭스 조직의 이중적인 명령·보고 체계를 탈피할 수 있으며, 구성원들의 의사가 최고경영자에게 그대로 전달될 수 있기 때문에 성과에 대한 평가가 보다 정확하고 동기유발도 잘 된다는 장점이 있다.

팀 조직이 가진 단점은 기존에 자신에게 부여된 업무와 새롭게 부여된 팀의 업무 사이에서 종업원들이 혼란을 일으킬 수 있다는 것이다. 또한 새로 부여된 프로젝트를 수행하기 위해 전문적인 교육훈련도 필요하며, 팀으로 운영되다보면 회의를 자주 하게 되어 시간을 낭비할 수도 있다.

② 네트워크 조직

네트워크 조직(networkstructure)은 조직 외부의 공급자와 계약자 간의 네트워크를 통해 기업의 핵심영역을 형성하고 있는 조직이다. 정보통신기술의 엄청난 발전으로 인해 이러한 네트워크 조직은 더욱 광범위하게 이용되고 있다. 네트워크 조직은 실제의 물리적인 공간이 존재하지 않는다는 점이나 핵심영역과 필요기능을 외부와 네트워크로 연결하고 있다는 점을 강조하여 **가상기업**(virtual corporation)이라고도 한다. 가상기업은 다른 기업에 비해 월등하게 우위를 점하고 있는 핵심능력과 기술만 을 보유하고, 판매나 제품의 생산이나 자금의 조달과 같은 경영능력들은 필요에 따라 외부의 다른 기업이나 개인들과 계약을 맺고 협력을 통해 운영하는 조직이다.

이러한 네트워크 조직은 자원의 중복투자를 감소시키고 시장상황의 변화에 신속하게 대응할 수 있다는 장점이 있다. 네트워크 조직은 아주 적은 자원이나 인원만으로 기업을 운영하면서 컴퓨터와 통신기술을 활용하여 원활한 커뮤니케이션이 이루어지므로 시간과 공간의 제약을 극복할 수 있다. 또한 거미줄처럼 연결된 네트워크를 통해 정보를 축적하고 신속하게 처리하도록 조직의 학습능력을 제고할 수 있다. 반면 네트워크 조직은 경영자가 생산과정에 대해 직접적인 통제력을 행사할 수 없기 때문에 생산과정에서 왜곡이 발생할 수 있다는 단점이 있다. 따라서 강력한 위계적 통합방식 대신 구성원들의 강한 목표의식과 규범을 정립하고, 이를 뒷받침하는 제도들이 종합적으로 활용되어야 한다. 보잉은 신형 787 Dreamliner를 개발하는 과정에서 네트워크 조직을 활용하였다. 787 Dreamliner를 개발하는 과정에 참여한 기업은 각

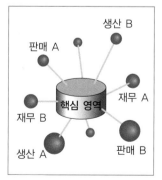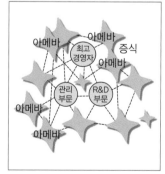

그림 8-5 네트워크 조직의 다양한 형태

자 부품, 작업프로세스, 서비스를 제공하는 국제적인 팀으로 구성되었다.

③ 무경계 조직

무경계 조직(boundaryless structure)은 조직 내부 하위시스템 간의 수많은 경계와 조직 외부환경과의 경계를 제거한 형태로 최근에 인기 있는 조직이다. 무경계 조직은 네트워크 조직과 팀 조직을 혼합한 임시 조직의 형태이다.

　무경계 조직은 수평적, 수직적 또는 외적인 경계로 제한되거나 정의되지 않는 구조를 말한다. 이 구조는 사전에 정해진 조직구조로 인한 경계가 없다. 전 GE 회장이었던 잭 웰치가 이 용어를 만들었는데 그는 조직 내 수직적 경계와 수평적 경계를 제거하기를 원했고 이러한 구조야말로 유연함과 비구조화를 통해 조직을 가장 효과적으로 운영할 수 있다고 말했다. 무경계의 개념은 크게 두 가지 의미를 내포하고 있다. 첫째, 내적인 의미로 직무전문화와 부문화에 의해 부과되는 수평적인 경계와 종업원이 조직의 상하 계층과 분리되는 수직적인 경계이다. 둘째, 외적인 의미로 조직이 고객, 공급업체, 기타 이해관계자와 분리되는 경계이다. 이들과의 경계를 제거하거나 최소화하기 위하여 관리자는 네트워크 조직을 활용하기도 한다. 지금까지 살펴본 조직구조의 유형은 〈표 8-3〉과 같이 분류할 수 있다.

3) 조직화의 추세

지금까지 다양한 조직의 유형을 살펴보며 각각의 장단점을 알아보았다. 그렇다면 현대 기업환경에 적합한 조직구조는 무엇일까? 이는 단정적으로 말하기 어렵다. 조직구조란 그 자체가 변화이며 기업의 전략이나 환경에 따라 수시로 달라지기 때문이다. 그런 만큼 최근의 기업환경하에서 조직화가 어떤 방향으로 이루어지고 있는지 아는 것이 중요하다. 조직화의 추세를 논의함에 있어 공통된 주제는 비용의 효율성을 달성하기 위해 기업의 각종 직무활동을 어떻게 조정해 나가며, 종업원들의 참여를 어

표 8-3 조직구조의 유형

전통적 조직	기능별 조직, 사업부제 조직, 매트릭스 조직
수평적 조직	팀 조직, 네트워크 조직, 무경계 조직

떻게 이끌어낼 것인가 하는 문제임을 염두에 둘 필요가 있다.

(1) 명령의 고리가 짧아지고 있다

전형적인 조직구조 하에서는 명령의 고리가 뚜렷하게 나타난다. **명령의 고리**(chains of command)란 고리가 서로 연결되듯이 조직의 상부에서 하부에 이르기까지 수직적으로 연결되어 있는 명령체계를 의미한다. 전통적인 조직구조 하에서는 이러한 명령의 고리가 **스칼라 원칙**(scalar principle)에 의해 운영되어야 한다고 보았다. 스칼라 원칙이란 기업의 최고경영자로부터 현장의 작업근로자까지 모든 계층이 하나의 명령체계에 의해 분명하고도 끊김 없는 명령의 고리로 연결되어 있어야 한다는 것이다. 그러나 조직의 규모가 점점 커짐에 따라 중간 경영층들이 명령의 고리에 추가되어 명령의 고리는 길어지게 되었다. 이렇게 명령의 고리가 비대해지자 의사결정의 속도가 느려지고 고객에 대한 거리감도 생기게 되었다. 따라서 효율성이 떨어지고 생산성도 저하되었다. 조직화의 추세라는 것은 바로 이러한 문제를 해결하는 데 노력을 기울이고 있다.

현대의 조직구조는 불필요한 경영계층은 과감히 제거하여 조직의 활동이 물 흐르듯 운영되도록 하고 조직구조를 수평적으로 변모시키고 있다. 이러한 **수평조직**(flat organization)은 현장의 목소리가 왜곡 없이 경영층에 전달되도록 결재단계를 축소하여 신속한 의사결정을 가능하도록 함으로써 직무수행의 효율성을 증진시키고 종업원들의 동기를 유발시킨다. 또한 직무수행 방안을 현장에서 일하는 실무자들이 직접 토론하여 찾아내도록 조직 상하 간의 경계를 보다 완화시킴으로써 조직이 원활하게 운영되도록 한다.

(2) 명령의 일원화가 약화되고 있다

명령일원화의 원칙(unity of command principle)은 어떤 조직 내의 구성원들이 오직 한 명의 상급자에게만 보고를 하고 지시를 받도록 해야 한다는 것이다. 만약 둘 이상의 상급자로부터 지시를 받을 경우, 혼란이 초래될 수 있기 때문에 전통적인 조직구조에서는 이 원칙이 중요하게 인식되었다. 그러나 앞서 살펴본 매트릭스 조직에서는 둘 이상의 상급자를 동시에 가지게 되므로 명령일원화 원칙에는 명백히 위배된 것이지만 구성원 상호 간의 관계를 개선시켜 특정 프로젝트를 수행할 때 효과적인 팀워크를 발휘할 수 있도록 해 준다. 따라서 명령일원화의 원칙은 팀 조직구조에서 점점 그 입지가 약화되어 가고 있다. 최근의 조직화 추세는 명령일원화 원칙을 철저히 지키기보다는 매트릭스 조직을 이용하거나 다기능 팀 조직을 이용하는 현상이 두드러지고 있다. 요즘의 조직은 보다 수평적이고 소비자의 선호에 민감하게 반응해야 되기 때문에 종업원들은 사실상 다수의 상급자들 밑에서 일을 하고 있는 셈이다.

(3) 통제의 범위가 넓어지고 있다

기업의 조직구조에서 통제범위가 지나치게 넓어지게 되면 한 사람이 통솔해야 하는 부하직원의 수가 늘어나 통제와 조정이 어려워지게 된다. 따라서 적절한 수준의 통제범위를 결정하는 것은 매우 중요하다. 과거에 여러 학자들이 적절한 통제의 범위가 어느 정도인지에 대한 연구를 시도한 적이 있었으나 구체적이고 명확한 해답을 얻을 수는 없었다. 그러나 이러한 연구를 통해 **통제의 범위에 관한 원칙**(span-of-control principle)이 개발되고 발전되어 왔다. 권한계층에 있어서 통제의 범위와 조직의 계층구조 사이의 관계를 나타내고 있다. 통제의 범위가 넓은 조직은 중간 경영자가 적은 수평적 조직구조를 유지해야 한다. 반면에 좁은 통제의 범위를 가진 조직은 충분한 정도의 중간 경영자가 있어야 한다.

최근의 추세에 따르면 통제의 범위는 점점 넓어지고 있다. 즉, 중간 경영자가 줄어든다는 것이다. 이는 곧 기업의 입장에서 비용의 감소를 가져오며, 종업원들의 입장에서는 직접적인 통제를 받지 않게 되어 더 많은 독립성을 유지하게 된다. 이로 인해 명령의 고리가 짧아지는 현상이 두드러지게 나타나고, 무엇보다 이러한 넓어진 통제범위 내에서는 임파워먼트가 훌륭하게 그 빛을 발하게 되는 것이다. 물론 하급자는 직접적인 통제를 받지 않게 되지만, 상급자는 보다 많은 부하직원에 대해 책임을 져야 하는 부담감이 생긴다.

(4) 권한위임이 많아지고 있다

모든 기업의 경영자는 어떤 일을 자신이 직접 하고, 어떤 일을 다른 사람에게 맡겨야 하는가를 고민한다. 경영자 혼자서 기업의 모든 일을 다 할 수는 없기 때문이다. 이와 같이 다른 부하직원에게 과업을 할당하고 위임하는 과정을 **권한위임**(delegation)이라고 한다.

실제 경영에 있어서 경영자는 자신이 아닌 다른 사람에게 일을 믿고 맡기는 데 주저할 수 있다. 그러나 위임해야 할 일마저 경영자 본인이 직접하게 되면 경영자는 업무과다로 일을 제대로 수행할 수 없다. 권한의 위임이 순조롭게 이루어질 때 부하직원들도 자신의 재능을 마음껏 발휘할 수 있는 기회를 가지게 되며, 자신이 기업에 많은 기여를 하고 있다는 사실에 자부심을 느끼게 된다. 따라서 권한의 위임이 잘 이루어질 때, 권한의 위임은 임파워먼트를 가져올 수 있다. 자기 스스로가 임파워먼트를 느끼는 종업원은 아이디어를 자유롭게 제안하고 최상의 방법으로 자신들의 일을 수행하게 된다. 이렇게 되면 종업원들의 직무만족도는 더욱 증가하게 되어 결과적으로 과업의 성과가 개선된다. 최근의 조직화 추세는 되도록 많은 업무를 부하직원들에게 위임하여 어떤 계층의 직원이든지 스스로 임파워먼트가 될 수 있도록 하고 있다.

(5) 집권화를 유지하되 분권화를 확대해 나가고 있다

의사결정의 모든 권한을 회사의 최고경영자에게만 두어야 할지, 아니면 권한의 위임을 통해 조직의 각 계층에 분산시켜야 할 것인지는 여전히 풀기 어려운 문제이다. 최고경영자가 조직의 모든 의사결정에 대한 권한을 가지고 있는 것을 **집권화**라고 하며, 반대로 조직의 많은 의사결정을 각 관련 계층에서 해결하고 수행하는 것을 **분권화**라고 한다.

앞서 권한을 위임함으로써 과업을 개선시킬 수 있다고 했으나, 무조건 분권화한다고 해서 기업의 효율성이 증대되는 것은 아니다. 분권화가 지나칠 경우 그 조직은 통제불능 상태에 빠져 오히려 비효율성을 초래하여 조직 본래의 목적을 달성할 수 없다. 요즘의 조직구조는 과거에 비해 그 규모가 훨씬 커졌기 때문에 이전보다 더 많이 분권화되어 있다. 분권화함으로써 불필요한 관리비용을 절감할 수 있을 뿐만 아니라 종업원들을 임파워먼트 할 수 있기 때문에 적절히 분권화시켜 나가는 추세이다. 그러나 집권화의 장점도 같이 고려해 봐야 한다. 조직의 분권화를 통해 조직구성원 개인의 역할과 가치를 존중해 주더라도 조직의 통일성과 일관성을 유지하기 위한 집권화를 유지해야 조직 전체의 목적도 혼란 없이 달성할 수 있다. 특히 거대해진 기업 조직이라 하더라도 정보통신기술의 발달로 인해 이러한 집권화는 이전에 상상했던 것보다 훨씬 용이하게 달성될 수 있다.

(6) 스태프의 이용이 감소하고 있다

조직 내에서 **라인**(line)이란 조직목표에 직접적인 책임을 지면서 하위부분의 직무수행에 무한의 권한을 수행하는 부문이며, **스태프**(staff)는 라인부문을 조언하면서 자기가 맡은 전문영역 내에서 제한된 권한을 행사하는 부문을 말한다. 스태프는 다시 **전문스태프**(specialized staff)와 **개인스태프**(personal staff)로 나누어진다. 전문스태프는 기술적 서비스를 수행하거나 문제 해결의 방법을 제공하는 역할을 담당한다. 이러한 스태프는 한 명의 개인일 수도 있고 여러 전문가로 구성된 단체일 수도 있다. 개인스태프는 보다 고위층 경영자의 업무를 지원하기 위하여 임명된 스태프를 말한다. 이들은 자신에게 할당된 업무를 수행하면서 경영실무를 익힘과 동시에 스스로의 경력을 관리할 수도 있다.

라인-스태프는 복잡한 조직환경하에서 전문적 기능이 필요한 경우에 적절히 대처해 나갈 수 있다는 장점이 있기는 하지만, 그 가치에 비하여 지나치게 관리비용을 많이 유발한다는 비판을 받고 있는 것도 사실이다. **다운사이징**(downsizing)에서 공통적으로 거론되는 것도 이러한 스태프의 감소이다. 라인과 스태프의 역할과 책임을 구분한다는 것은 생각만큼 쉽지도 않을 뿐더러 스태프의 기능을 어느 정도까지 한정시켜야 하는지 정하는 것도 어려운 문제이다. 최근의 조직화 추세는 스태프의 고용을 감소시킴으로써 조직의 효율성을 증대시키는 방안을 강구하고 있다.

삼성전자의 뒤처진 혁신, 난맥상의 실체

애플 아이폰 평균 판매가 78만 5,000원(670달러), 삼성폰은 22만 원(180달러). 전 세계 스마트폰 출하량 2위(점유율 14.5%) 애플은 전 세계 프리미엄폰 수익의 94% 차지, 8,100만 대를 출하, 판매량 1위(점유율 24.5%)를 기록한 삼성전자는 프리미엄폰 수익의 11%를 차지한다. 글로벌 판매량, 시장점유율에서 애플의 두 배 가까운 실적을 내고도, 프리미엄폰 수익의 94%를 애플이 싹쓸이했다는 사실은 삼성전자가 애플에 완벽하게 'KO 완패'를 당했다는 뜻이며, 세계 스마트폰 시장은 이제 애플의 천하 시대임을 의미한다.

왜 이런 일이 벌어졌을까? 이유는 아이폰은 뛰어나고, 삼성폰은 품질이 떨어지기 때문이다. 애플이 비용절감 대신 성능과 유저인터페이스 혁신에 집중하는 것은 무려 삼성폰의 4배에 가까운 78만 5,000원 고가(高價)에도 불구하고 고객은 아이폰을 찾을 거란 확신이 있기 때문이다.

즉 애플은 원가관리를 통한 가격경쟁에는 관심이 없다. 경쟁 제품에 비할 수 없는 럭셔리한 프리미엄급 만족감을 준다면 가격은 문제가 안 된다는 게 애플의 프리미엄 전략인 것이다. 결국 아이폰은 스마트폰 명품인 셈이다. 실제 글로벌 소비자들은 이미 삼성폰과 아이폰 사이에 존재하는 이런 본질을 간파하고 있다. 그렇다면 삼성전자 스마트폰은 왜 아이폰과 같은 소비자의 높은 로열티와 강력한 프리미엄급 브랜드파워를 만들어내지 못하는 것일까? 삼성전자는 왜 판매가 차이가 4배가 날 만큼 중저가 폰급 브랜드로 추락, 아이폰에는 이제 범접할 수 없을 만큼 뒤처진 평범한 플레이어가 됐을까? 답은 명확하다. 본질은 결국 제품이 아이폰에 비해 스마트하지 않기 때문이다. 글로벌 소비자들은 이미 삼성폰을 아이폰과 동일선상의 제품으로 평가하지 않는다. 삼성전자 진단 시리즈 2회는 갤럭시가 왜 품질과 혁신에서 아이폰에 비해 뒤떨어지는지를 알아본다.

삼성 대 애플 경쟁력 차이, 혁신의 격차가 점점 벌어질 수밖에 없는 현실

아이폰 신제품 출시 때마다 마니아들이 환호성을 지르며 밤새 애플스토어에 줄을 서는 진풍경을 펼치는 것은 아이폰의 끝없는 혁신적 기능 때문이다. 애플의 신작 아이폰 콘셉트는 철저히 소프트웨어와 UI 중심이다. 스티브 잡스가 첫 작품 아이폰에 터치 기능을 탑재, 순식간에 세계 휴대폰 시장을 석권했던 것도 개발의 포커스를 UI의 혁신에 맞춘 데 따른 필연적 결과였다.

애플의 이런 경쟁력이 더욱 우리를 두렵게 하는 것은 세계 스마트폰시장이 서서히 포화상태에 이르면서 예전처럼 폭발적인 성장세를 유지하기 힘든 정체기에 접어들었다는 사실이다. 즉 PC처럼 이젠 스마트폰 하드웨어 성능 업그레이드는 더 이상 구매력에 결정적 영향을 미치지 못할 만큼 시장 자체가 정점을 찍었다는 사실이다. 시장이 포화단계에 접어들면 UI와 사용자 경험이 구매 의사결정에 미치는 영향은 점점 더 커진다. 아이폰에 열광하는 것은 삼성전자폰과 비교할 수 없는 편의성 때문이다. 아이폰은 우선 소프트웨어적인 최적화에 관한 한 독보적이다. 아이폰의 최대 강점은 매우 직관적이라는 사실이다. 즉 아이폰은 50대, 60대 노인조차 매뉴얼을 보지 않고도 쉽게 조작할 수 있을 만큼 뛰어난 직관력을 자랑한다. 이는 물론 OS 철학의 차이이기도 하다. 똑같은 기능인데도 이용자 관점에서 최적의 상태로 개발돼 있다. 아이폰이 쓸데없는 것을 다 빼고 단순화시킨 반면, 안드로이드는 너무 많은 다양한 기능들로, 직관력이 다소 떨어진다. 이를테면 삼성전자폰을 사용하던 40~60대 이용자는 곧바로 아이폰을 사용할 수 있지만, 반대로 아이폰을 사용하던 40~60대 이용자는 삼성전자폰으로 교체하면 십중팔구 심각한 어려움을 겪는다. 아이폰 UI가 그만큼 직관적이다. 이런 직관적인 UI가 바로 애플의 쟁쟁력이다. 반면 삼성전자의 스마트폰 신제품 개발 접근방식은 늘 하드웨어적 콘셉트가 우선이다. AP는 물론 카메라 칩, 동영상 등 모든 구성부품의 성능 업그레이드가 핵심이다. 그리고 코스트관리를 통한 수익 극대화가 늘 백업처럼 돌아간다. 애플은 아이폰의 혁신을 내부에서 모두 만들어낸다. 아이폰의 혁신은 애플이 스마트폰 운용체계(OS)인 iOS는 물론 3D 포스터치 칩 등 아이폰에 들어가는 모든 기능과 솔루션을 자체 개발한 후, 이를 외부 칩 제조회사에 생산 의뢰하는 '탑다운' 방식을 고수하고 있기 때문에 가능하다. 심지어 이런 수많은 혁신기능을 구현하는 칩은 물론 새로운 UI인터페이스인 3D포스터치 기술까지도 내부에서 기획, 개발한다. 그리곤 칩 제조사인 TI, 브로드컴, 단말기업체인 폭스콘 등에 "이렇게 생산해달라."고 100% 아웃소싱을 주고 있다. 애플은 스스로 새로운 기능과 UI를 먼저 기획하고 검증한 후, 그런 성능을 칩 생산업체에 의뢰, "이렇게 만들어와."라는 방식을 고수하고 있는 것이다. 아이폰이 작동이 부드럽고 UI, UX가 뛰어나다는 평가를 받는 것은 자체 개발한 수많은 칩과 미들웨어, 소프트웨어를 최적화하는 데 독보적인 내부 역량을 갖추고 있기 때문이다.

멈춰버린 삼성전자의 혁신, 3류 조직문화의 실체

삼성전자는 어떨까? 불행하게도 삼성전자는 애플과 정반대다. 삼성전자 프리미엄폰의 새로운 기능과 혁신적 솔루션은 철저히 부품을 납품하는 벤더들의 제안에 의해 시작된다. "이런 걸 개발했다."고 제안해오면 그때서야 채택 여부를 검토하기 시작하는 것이다. 실제 삼성전자는 OS는 구글 안드로이드에 의존해야 하고, AP 칩과 디스플레이 등 핵심부품 몇몇을 제외하곤 대부분 외부 납품 벤더가 개발해온 최신기술을 제공받아 제품을 생산하는 '바텀업(Bottom up)' 방식의 생태계에 의존하고 있다. 삼성전자는 "이런 기능의 칩을 제작하라."는 애플과 달리, "이런 신기술을 개발했다."는 벤더 부품업체의 제안이 있어야만 새로운 기능, 혁신적 서비스 탑재가 가능한 것이다. 실제 삼성전자는 AP와 메모리 등 자체 생산하는 핵심 부품을 제외하곤 무선통신, 각종 센서 등 수많은 부품을 세계적 벤더들로부터 공급받고 있다. 그리곤 그것조차도 3류급 조직문화의 의사결정시스템을 거치는 동안 철저히 '비용(cost)'절감과 수익 극대화에 맞게 조정된다. 그사이 원가절감과 이익 극대화라는 가치가 혁신보다 우선적으로 지배하고 있는 것이다. 상대적으로 반도체와 디스플레이, 배터리 등 핵심 부품사업을 그룹계열사를 통해 수직계열화에 성공한 삼성전자가 왜 이런 핵심부품에 대한 자체 개발, 조달능력이 애플에 비해 뛰어남에도 반대로 '바텀업' 방식에 의존할까? 바로 혁신을 갉아먹는 코스트관리, 수익극대화를 최우선하는 내부 의사결정 구조 때문이다. 어느 순간 삼성전자 의사결정은 오너가 아닌 생존을 위한 임원들의 실적 내기 중심의 의사결정이 지배하기 시작했고, 핵심파트 임원들은 살아남기 위해 철저히 이익극대화에 목숨을

걸고 있다. 삼성전자 내 SW개발인력이 4만 명에 이르지만, 이들이 애플 수준의 혁신을 이끌어내지 못하는 것 역시 이런 조직문화와 무관치 않다는 게 전문가들의 한결같은 지적이다. 삼성전자 위기의 진원지는 여기서 출발한다.

결국 삼성전자가 세계 최고 수준의 프리미엄폰을 지속적으로 시장에 내놓기 위해서는 세계 최고수준 부품개발사들이 가장 먼저 삼성전자에 신기술을 제안하고, 삼성전자 스스로 시장의 수요를 일깨울 혁신적 서비스를 빨리 채택하는 현명한 구매프로세스 작동 등 두 가지 전제가 절대적으로 필요한 것이다.

초일류기업 삼성전자가 서서히 침몰하고 있는 것은 바로 이 두 가지 시스템에 치명적인 결함이 속속 생겨나고 있기 때문이다. 삼성전자에 불어닥친 위기는 삼성전자 임원급 내부 의사결정 구조가 혁신보다는 원가절감에 맞춰지는 치명적 실수를 반복하고, 그 작은 원가절감을 위해 납품업체 기술을 우회적으로 축적해 자체 생산하는 전략을 구사하면서 세계적 부품업체로부터의 신뢰를 점점 잃어가고 있다는 점이다. 혁신 대신 원가절감만 외치는 삼성전자의 기업문화는 혁신의 선순환 구조를 퇴행시키는 치명적 실수를 수년째 반복하며 세계적 벤더들을 하나 둘 떠나보내는 충격적인 결과를 만들어내고 있다. 세계 최고수준의 부품벤더들을 계속 삼성전자 편으로 만들고 경쟁을 유도해야 할 핵심가치를 그룹 내 계열사를 통해 자체 생산, 스스로 걷어차고, 들어온 혁신적 기술제안에 대해서도 전형적인 소탐대실인 원가절감에 포커싱하고 있는 게 2016년 벽두, 삼성전자의 실체다.

코스트관리에 목멜 수밖에 없는 삼성전자의 고민

애플과 삼성전자의 경쟁력에서 빼놓을 수 없는 것이 바로 제조원가다. 애플 아이폰6플러스, 삼성전자 갤럭시S6엣지 두 모델을 비교한 두 회사의 비용분석데이터는 삼성전자 고민의 실체를 엿볼 수 있다. 총 부품비용은 아이폰6플러스는 240.05달러, 갤럭시S6엣지는 290.45달러이다. 하지만 리테일 가격은 아이폰 849.99달러, 갤럭시는 799.99달러다. 부품구매비용은 갤럭시가 50달러가 더 많지만, 판매가는 아이폰이 50달러가 더 비싸게 팔리고 있는 것이다. 이것만 해도 순이익에서 100달러 차이가 난다. 결국 삼성전자는 부품벤더의 이탈조짐, 원가절감, 이익극대화 우선인 3류 조직문화, 고비용구조 등 3중고에 시달리며 서서히 침몰하고 있는 것으로 분석된다. 세계적 반도체 부품벤더들이 삼성전자를 이탈할 조짐을 보이면서 그 반사이익이 고스란히 중국기업으로 넘어가고 있어 심각한 후폭풍을 예고하고 있다. 삼성전자는 "신기술을 삼성폰에 적용하고 싶다."는 수많은 혁신기술 제안을 받고, 또 이런 부품업체 간 경쟁을 유도, 혁신의 선순환 고리를 더욱 단단하게 움켜잡아야 한다. 세계적 부품업체들이 발길을 돌리기 시작하며 '혁신이 중단'될 절체절명의 상황으로 치닫고 있지만, 삼성전자 내부엔 어떤 비상벨도 작동하지 않고 있다. OS는 물론 AP칩까지 모든 것을 자체 개발하고, 생산마저 철저히 아웃소싱하는 애플의 혁신과 삼성전자의 혁신은 이렇듯 본질부터 다른 것이다. 삼성전자의 위기는 최근 불거진 돌발변수가 아니고, 암적 존재 같은 내부의 비효율적 조직문화가 만들어낸 경영실패에서 비롯된 것이다. 3류 조직문화가 바로 초일류 기업 삼성전자 위기의 진원지다.

– 출처 : 피치원미디어, 2016년 1월 –

산은 조직개편… IB 축소하고 구조조정 업무 강화
10부문 · 6본부 · 54부 · 81개 지점으로 조직 슬림화, 정책기능 위주

KDB산업은행이 구조조정 업무를 강화하고 IB(투자은행) 업무를 축소하는 등 대대적인 조직개편을 단행했다. 산은은 지난 11월 금융위원회가 발표한 '정책금융 역할강화 방안'을 반영해 조직개편을 실시했다고 31일 밝혔다. 이번 개편안은 기존 11부문 · 7본부 · 55부(실) · 82개 지점을 10부문 · 6본부 · 54부(실) · 81개 지점으로 축소하고 여신심사 및 기업구조조정업무 강화, 정책기능 위주로 IB업무를 재편하는 등 쇄신방안을 담았다.

우선 경기민감 및 한계기업에 대한 선제적인 관리와 신속한 구조조정 실시를 위해 구조조정본부를 '구조조정부문'으로 격상하고, 산하에 투자관리실을 신설했다. 반면 지역개발실은 폐지하고, 사모펀드1, 2실을 통합해 상업적인 IB 업무를 축소하는 한편 사업재편, 산업구조조정 촉진 등 정책적 IB기능에 집중하도록 자본시장부문을 재편했다. 또 창의 · 혁신기업의 성장단계별 직간접 투 · 융자 확대를 위해 창조기술금융부문과 간접금융부문을 '창조금융부문'으로, 미래성장동력산업 지원 강화를 위해 성장금융1, 2부문을 '미래성장금융부문'으로 통합했다. 아울러 해외전담 PF3실을 신설해 국내 기업의 해외진출 지원기능을 확대했다. 산업분석부는 분석업종을 확대하고, 신용평가부 신설 및 기술평가부 편입 등으로 심사평가부문을 확대 개편해 산업분석, 신용평가, 기술평가를 여신심사와 체계적으로 연계토록 했다. 이밖에 내년 8월 시행 예정인 '금융회사의 지배구조에 관한 법률'을 선제적으로 반영해 법무지원부 및 소비자보호부를 준법감시인에 편입, 준법감시 조직을 확대했다. 전영삼 산은 기획조정부장은 "이번 조직개편으로 성장단계별 및 미래성장동력 지원체제를 구축하게 됐다."며 "미성숙 분야의 금융시장을 선도하고 시장실패를 보완하는 등 정책금융기관으로서의 역할을 수행해 나갈 것이다."라고 말했다.

– 출처 : 머니투데이, 2015년 12월 31일 –

지휘와 조정

1. 지휘의 개념

조직이 목표를 세우고 이를 달성하기 위하여 계획(planning)을 수립하고, 조직(organizing)한 후 조직의 리더는 조직 구성원들을 지휘(leading)하는 관리활동을 해야 한다. 즉 경영관리의 순환과정에서 보았던 것처럼 조직화 다음에 이어지는 활동이 지휘이다. **지휘**란 조직의 목표를 달성하기 위하여 조직구성원들에게 적절한 활동방향을 제시하는 과정이라고 할 수 있다. 리더가 수행하게 될 관리활동으로서의 지휘는 크게 동기유발, 리더십, 팀 또는 집단관리 및 의사소통으로 나눌 수 있다.

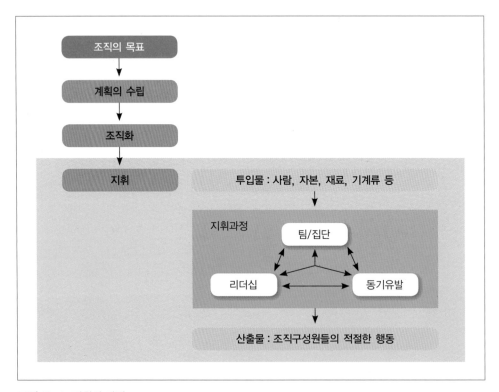

그림 9-1 지휘의 과정

2. 동기유발

1) 동기유발의 개념

조직의 목표를 달성하기 위해서는 구성원들의 자발적 행동, 즉 동기유발이 필요하다. 그렇다면 종업원의 동기유발은 무엇에서 기인하며 조직성과에 어떠한 영향을 미치는 지 살펴보아야 할 것이다. 능력이 뛰어난 사람은 그렇지 못한 사람에 비하여 일을 더 잘할 수 있고 높은 성과를 올릴 수 있다. 그러나 아무리 능력이 있는 사람이라 할지 라도 주어진 일에 흥미를 느끼지 못하거나, 의미를 찾지 못해서 하고자 하는 의욕이 없다면 좋은 성과를 기대하기란 어렵다. 성과달성에 있어서 능력 못지않게 중요한 것 이 조직구성원들에게 하고자 하는 의욕을 북돋워 주는 동기유발이다.

일반적으로 인간 활동의 **동기**(motives)는 의식적 또는 무의식적으로 느끼는 어떤 **욕구**(needs)에서 출발한다. 이러한 개개인의 욕구는 조직목표, 개인의 목표, 자신의 특 성과 능력, 작업환경, 기대감 등 다양한 요인들과 상호작용하면서 업무성과를 이루어 내고, 그 결과에 대한 평가와 보상체계가 피드백으로 작용하여 순환하게 된다.

동기유발(motivation)이란 조직구성원들이 조직의 목표 달성을 위하여 자발적으로 협동하도록 그들이 원하는 동기를 만족시킴으로써 적극적으로 일할 의욕을 일으키 는 것이다. '움직인다'라는 뜻을 가진 라틴어 '모베레(movere)'에서 나온 말로 사람의 마음을 움직여 보람 있게 일할 수 있도록 해야 한다는 의미를 담고 있다. 그래서 동 기유발은 정적인 상태의 개념이 아니라 동적인 의미를 담고 있는 개념이다. 조직에서 의 성과실현은 구성원들이 얼마만큼 의욕을 가지고 노력하느냐에 달려 있으므로 동 기유발은 경영자에게 매우 중요한 임무가 된다. 또한 동기유발은 경영자가 종업원이 능력을 충분히 발휘하여 조직목적의 실현에 기여하도록 영향을 주는 지휘활동에 도 움을 준다.

2) 동기유발이론

동기유발에 관한 이론은 〈표 9-1〉과 같이 크게 내용이론과 과정이론으로 나누어진 다. **내용이론**(content theory)은 인간에게 동기를 유발하는 것을 욕구로 파악하고 어떤 욕구들이 동기를 부여하는 데 크게 작용하는가에 주목하여, 이러한 욕구충족의 관

표 9-1 동기유발이론

동기유발이론	내용이론	과정이론
의문	어떤 것(what) 때문에 동기부여되는가?	어떤(how) 과정을 통해서 동기부여되는가?
접근방법	사람에게 초점을 두고, 사람들이 왜 특정행동을 하는지를 분석	

점에서 동기부여를 설명하려는 것이다. 내용이론으로는 욕구단계이론, 이요인이론, ERG(existence relatedness growth) 이론, 성취동기이론 등이 있다. 반면 **과정이론**(process theory)은 인간의 욕구가 어떤 과정을 통하여 행동을 유발하는가를 고찰하는 것으로 동기부여와 관련된 변수 간의 상호관계를 연구하는 데 초점을 맞추고 있다. 과정이론에서는 기대이론, 공정성이론, 강화이론이 주요하게 다루어진다.

(1) 내용이론

'실체이론(substantive theory)' 또는 '욕구이론(need theory)'이라고도 하는 **내용이론** (content theory)은 학자에 따라 다양한 이론들이 제시되었으나, 이 책에서는 Maslow의 욕구단계이론, Herzberg의 이요인이론, Alderfer의 ERG이론, McClelland의 성취동기이론을 중심으로 살펴보고자 한다.

① Maslow의 욕구단계이론

Maslow는 인간은 결핍된 존재이고, 충족된 욕구는 더 이상 행동을 일으키는 동인이 되지 못하며, 인간의 욕구는 일련의 중요도에 따라 단계를 이룬다는 전제 하에 욕구단계이론을 전개하고 있다. 그의 욕구단계이론은 다음과 같은 기본적인 두 가지 특성을 지닌다.

첫째, 욕구의 내용은 다섯 가지로 구분된다.

둘째, 저차원의 욕구에서 점차적으로 고차원의 욕구로 발전한다.

이들 다섯 가지 욕구의 구체적인 내용은 다음과 같다.

- **생리적 욕구**(physiological needs) : 의식주와 같은 인간의 생명을 유지하기 위한 가장 기본적인 욕구들로서 본능적 욕구가 된다.

- **안전 욕구**(safety needs) : 육체적 위험으로부터의 보호, 경제적 안정, 질서 있고 예측할 수 있는 환경의 선호 등으로 나타난다.
- **사회적 욕구**(social needs) : 타인으로부터의 인정, 동료 간의 우정, 이성 간의 사랑 등이 주된 것들이다.
- **존경 욕구**(esteem needs) : 자기 존재가치의 느낌, 자기 존경의 욕구가 포함된다.
- **자아실현 욕구**(self-actualization needs) : 욕구체계의 최정상인 이 욕구는 인간이 바라는 종국적 욕망으로서 자기가 지니고 있는 잠재적인 능력을 최대한 발휘하여 성취감을 충족하고자 하는 욕구이다.

그는 이상의 욕구단계는 여러 가지 욕구의 상대적인 잠재력을 나타내는 것이며 모든 사람에게 일정·불변하게 적용되는 것은 아니라고 하며 개인적인 차이를 인정한다. 또한 각 욕구는 상관성이 있고 각 개인을 지배하는 우세성을 지니는 욕구가 계층으로 배열되어 있음을 강조한다.

② Herzberg의 이요인이론

Maslow의 욕구단계이론과 관련되는 또 다른 이론이 F. Herzberg의 **이요인이론**(two factor theory)이다. 그가 일관되게 추구한 연구과제는 "인간은 왜 일하는가?", 다시 말하면 "일에서 무엇을 찾는가?"라는 것이었는데, 그는 이와 같은 과제의 해답을 구약성경에서 찾았다. 인간이 일을 통한 잠재력의 발휘에서 만족을 얻는 것은 아브라함(Abraham)으로 상징되는 인간 존재적 측면이고 일을 둘러싼 환경조건에서 오는 고통의 불만을 느끼는 것은 아담(Adam)으로 상징되는 동물적 측면이라 보고, 사람이 일을 할 때 이들 두 측면 모두 관여하기 때문에 관리자의 입장에서는 이들 두 가지 이질적 측면에 대해 각각 다른 관리적 배려를 해야 한다는 것이다.

Herzberg는 이 같은 사고에서 출발하여 구체적인 동기유발 요소를 찾기 위해 인간에게는 불쾌감을 회피하려는 욕구와 정신적으로 성장하여 자기를 실현하려는 욕구가 있으며, 이들 양자의 욕구는 전혀 별개의 요소에 의해 충족된다는 가설을 세우고 실증적으로 연구하였다.

그는 먼저 성취, 인정, 일 자체, 책임, 승진, 회사정책, 감독기술, 급여, 대인관계,

작업조건 등 열 개의 요인을 놓고 "어떤 경우에 기분이 매우 좋았는가?"와 "어떤 경우에 기분이 가장 나빴는가?"라는 질문을 던졌다. 이들 요인을 성향별로 분류한 결과 그들이 좋아하는 성향이 강한 것은 성취, 인정, 일 자체, 책임, 승진이고, 싫어하는 성향이 강한 것은 회사정책, 감독기술, 급여, 대인관계, 작업조건으로 나타났다. 이를 바탕으로 종업원을 직무상 만족시키는 요인과 불만족시키는 요인이 따로 있으며, 그 강도도 매우 다르다는 사실을 발견했다.

전자를 만족 요인(satisfiers), 후자를 불만족 요인(unsatisfiers)이라 명명했고, 이를 다시 동기유발 여부의 측면에서 전자를 동기유발요인(motivation factors), 후자를 위생요인(hygiene factors) 또는 유지요인(maintenance factors)이라고 했다. 우리가 그의 이론을 '이요인이론' 또는 '동기-위생이론'이라고 부르는 이유도 여기에 있다.

그는 환경에 관련된 일련의 위생요인이 충족되면 종업원은 80%까지 능력을 발휘하나 충족되지 못하면 60%밖에 발휘하지 못하며, 일련의 동기유발요인이 주어지면 100% 이상의 능력을 발휘할 수 있게 된다고 하여 동기유발요인을 중시하고 있다.

③ Alderfer의 ERG이론

C. P. Alderfer에 의해서 주장된 ERG이론은 하나의 욕구이론, 즉 내용이론으로서 무엇보다도 Maslow의 욕구단계이론이 직면한 문제점을 극복하고자 실증적 연구에 기반하여 제시한 수정이론이라고 할 수 있다.

그는 Maslow나 Herzberg와 마찬가지로 욕구를 범주별로 구분하여 생존 욕구, 대인관계 욕구, 성장 욕구라 하였다.

- 생존(existence) 욕구 : 배고픔, 목마름, 주거지 등과 같은 모든 형태의 생리적·물질적 욕구들이다. 조직에서는 임금이나 쾌적한 물리적 작업조건에 대한 욕구가 이 범주에 속한다. 이 범주는 Maslow 이론의 생리적 욕구나 물리적 측면의 안전 욕구에 비할 수 있다.
- 대인관계(relatedness) 욕구 : 작업장에서 타인과의 대인관계와 관련된 모든 것을 포괄한다. 이 욕구의 범주는 Maslow의 안전 욕구, 소속 및 애정 욕구와 같은 사회적 욕구와 유사하다.

● **성장**(growth) **욕구** : 창조적 · 개인적 성장을 위한 한 개인의 노력과 관련된 모든 것을 포괄한다. 성장 욕구는 한 개인이 자기 능력을 최대한 이용하거나 새로운 능력개발을 필요로 하는 일에 종사함으로써 충족될 수 있다. Maslow의 자아실현 욕구나 일부 존경 욕구가 이 범주와 비교될 수 있다.

이상의 욕구 사이의 관련성은 첫째, 각 단계의 욕구가 충족되지 않을수록 그에 대한 바람이 커지고(물론 성장욕구는 충족될수록 그에 대한 바람이 크지만), 둘째, 상위욕구가 충족이 되면 더 상위의 욕구에 대한 바람이 커지며 셋째, 하위욕구가 충족 되지 않을수록 그보다 낮은 하위욕구에 대한 바람이 커진다는 것 등으로 요약된다.

이 같은 가설에 근거한 ERG이론은 앞에서 논의한 Maslow의 욕구단계이론과 Herzberg의 이요인이론과는 다음의 두 가지 측면에서 크게 다르다.

첫째, Maslow의 욕구단계이론은 **만족-진행 접근방법**(satisfaction-progression approach)에 의해 하나의 하위의 욕구가 만족되면 보다 고차원의 욕구로 진행해간다는 이론에 근거를 두고 있는 데 반해, ERG이론은 이 같은 접근방법에 더하여 좌절-퇴행(frustration-regression) 요소가 가미되고 있다는 점이다. '좌절-퇴행'이란 고차원의 욕구가 충족되지 않거나 좌절될 때 그보다 낮은 차원의 욕구가 중요해지는, 다시 말해서 그에 대한 바람이 그만큼 커지는 상황을 말한다. 〈그림 9-2〉에서와 같이 대인관계 욕구가 충족되지 않을수록 생존욕구에 대한 바람이 커지는 것이다.

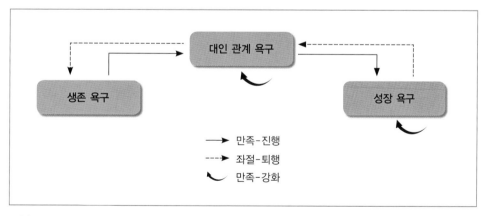

그림 9-2 ERG이론

둘째, ERG이론은 Maslow의 이론과 달리 한 가지 이상의 욕구가 동시에 작용할 수 있다는 점에서 큰 차이를 보인다.

④ McClelland의 성취동기이론

D.C. McClelland는 인간의 동기에 관한 연구를 하는 동안 개인 및 조직(또는 국가)의 발전과 심리적 특성 간의 관계를 규명하고자 하였다. 그는 여러 학자들이 주장한바 있는 발전의 결정적인 요인인 심리적 요인들을 검토·분석하여 이들을 포괄하는 성취동기라는 개념을 내놓게 되었다. 특히 Weber의 개신교 논리와 자본주의적 경제발전과의 관계에 관한 논의와 Schumpeter의 기업가정신에 관한 주장이 McClelland 자신이 주장하는 성취동기와 일맥상통함을 발견한 그는 성취동기 기준이 경제발전에 중요한 원동력임을 실증하는 연구들을 통하여 성취동기의 중요성을 강조하였다.

그가 행한 일련의 연구결과들에 의하면, 성취동기가 높은 사람들(high achievers)로 구성된 조직이나 사회가 경제발전이나 사회발전이 빨랐으며, 경제성장률이 높은 나라의 경영자는 높은 성취동기를 가지고 있었다. 그뿐만이 아니라 성취동기가 높은 사람들은 보다 많이 기업에서 훌륭한 경영자로서 성공하였다.

ⓐ **성취동기의 개념** : 성취동기는 Murray가 제시한 바 있는 성취욕구(needs for achievement) 개념을 McClelland와 그의 동료학자들이 10여 년 동안 연구하여 더욱 발전시킨 개념이다.

성취동기란 조금 어려우면서도 도전적인 일을 성취하려는 욕구, 물질과 인간 그리고 사상을 지배하고 조종하며 관리하려는 욕구, 이와 같은 욕구를 혼자서 신속하게 실행하려는 욕구, 모든 장애요인을 스스로 극복하고 높은 성과수준을 유지하려는 욕구, 그리고 자신의 능력을 스스로 계발하고 발휘함으로써 자존심을 높이려는 욕구를 말한다.

McClelland의 성취동기이론은 Herzberg나 Maslow와 같이 선천적 요인에 기초한 동기이론이 아니라, 개인이 사회·문화 환경과 상호작용하는 과정에서 취득되고, 따라서 학습을 통하여 개인의 동기가 개발될 수 있다는 전제 하에 연구된 학습된 욕구이론(learned motive theory)이다. 즉, McClelland는 개인의 성취동기를 규정짓는 요인으로 개인의 사회 계급적 배경(social-class background)을 고려하고 있다. 곧 성취동기가 높은 사람들은 선천적으로 타고나는 것이 아니라 가정에서의 특별한 교육·훈련에 의한 것이라는 점이다.

ⓑ **성취동기의 행동특성** : 성취동기가 높은 사람은 성취동기가 낮은 사람에 비하여 다음과 같은 행동특성을 보인다.

- **과업지향성**(task-oriented) : 일에 흥미를 느끼고 일의 결과로 얻어질 수 있는 보상이나 지위보다 일 자체의 성취과정에 더욱 만족하는 성향을 지닌다.

- **적절한 모험성**(adventure some) : 성인은 아무런 모험이나 어려움이 없는 일에는 흥미를 갖지 않는다. 그렇게 쉬운 일을 해냄으로써 자기의 능력을 과시하거나 평가할 수 없기 때문이다. 따라서 성취동기가 높은 사람은 적당한 (moderate) 성취목표를 설정하고 계산된 모험(calculated risks)을 추구하는 경향이 있다.

- **성취가능성에 대한 자신감**(self-confidence) : 성취동기가 높은 사람은 대체로 자신이 하는 활동의 성취가능성을 긍정적으로 믿는다. 이런 사람들은 자신의 과업 성취가능성 한도 내에서 자기의 능력을 검토한다.

- **정력적·혁신적 활동성**(energetic, revolution activity) : 성인은 무작정 아무 일에나 열중하지 않는다. 새로운 일, 도전할 가치가 있는 일, 적절하게 어려운 일, 자기 능력을 가늠해 볼 수 있는 일에 열중하며, 누구나 할 수 있는 쉬운 일, 일상적으로 되풀이되는 무의미한 일에는 별로 흥미를 갖지 않고 열중하지도 않는다. 적극적으로 새로운 문제나 도전할 가치가 있는 문제를 찾고 해결방안을 모색하기에 바쁜 사람이며, 이러한 의미 있는 일을 위해 활동하기를 좋아하고 만족하는 사람이다.

- **자기책임감**(responsibility) : 성취하려는 과업이 결과적으로 어떻게 되었건 자기가 계획하고 수행하는 일에 대해서 일체의 책임을 지려고 하는 것이 또 다른 성취인의 행동특성이다. 과업이 실패했을 때에도 성공했을 때와 같이 자기 책임으로 여기며, 결과를 남이나 환경, 여건 탓으로 돌리지 않는다. 성취동기가 강한 사람은 자신의 일을 남에게 의뢰하거나 책임을 회피하지 않는다.

- **결과에 대한 관심도**(knowledge of result) : 성취동기가 강한 사람은 그가 수행하는 일의 종류를 불문하고 그 일이 어떻게 진행되고 있으며, 예상되는 결과

는 어떠한 것인가에 관하여 구체적이고 객관적인 정보를 계속 추구하며 정확한 판단을 하려 한다. 예상되는 결과가 성공이건 실패이건 결과를 보다 정확히 알고 있을 때 성취인의 성취활동은 더욱 강화된다. 다시 말하면 결과에 대한 정확한 지식을 통하여 성취활동은 더욱 강화된다. 예상되는 결과는 경우에 따라 돈일 수도 있고 혹은 지위, 안정, 보상, 우승일 수도 있다. 그러나 성취인은 이러한 결과를 목표로 여기지 않고 성취활동을 평가하는 수단으로 생각한다.

- 미래지향성(future-orientation) : 성취인은 새로운 일을 이룩하기 위하여 언제나 장기적인 계획을 세우고, 미래에 얻게 될 성취만족을 기대하면서 현재의 작업에 열중한다. 미래의 성취만족을 기대하면서 오늘의 희생을 감수하며, 현재의 고통과 갈등에 끈기 있게 싸워 나간다.

(2) 과정이론

앞서 논의한 내용이론이 "인간을 동기유발 시키는 것은 무엇(what)인가?"에 관한 연구인 데 반해, "인간은 어떻게(how) 동기유발되는가?"를 연구하는 것이 과정이론이다. 다양한 이론적 접근들이 있지만 기대이론, 공정성이론, 강화이론을 중심으로 살펴보고자 한다.

① Vroom의 기대이론

인지이론인 **기대이론**(expectancy theory)은 인간이 어떻게(how) 느끼고 행동하는가에 관해서만이 아니라 왜(why) 그렇게 반응하는가에 관해서도 다루는 이론이다.

기대이론에 의하면 개인에게 어떤 행위를 하도록 하는 동기유발의 정도는 그 행위가 가져다주는 매력 정도(유인도)와 행위를 통해 결과를 얻어낼 수 있는가의 가능성(기대값)이라는 두 가지 요인에 의해 결정된다는 것이다. 종업원들의 작업 동기는 업무를 수행하기 전에 자신들에게 사후에 보상이 얼마나 주어질 것인가에 대한 기대와 그 보상을 얻기 위해서는 무엇을 해야 할 것인가에 대한 기대에 의해 영향을 받는다고 보는 것이다.

그러므로 동기유발을 하기 위해서는 노력을 통해 얻을 수 있는 결과의 개인적 가치

(유인도 : 보수, 보너스, 승진 등)를 높이는 것과 결과가 현실적으로 발생하는 확률(기댓값)을 높이는 것이 큰 영향을 미치게 된다. 따라서 동기유발은 다음과 같은 함수관계로 설명될 수 있다.

$$동기유발 = f(유인도 \times 기대값)$$

② 공정성이론

J. S. Adams의 **공정성이론**(equity theory)은 비교적 이해하기 쉬운 이론이다. 공정성 이론은 특정 작업을 통한 경영방식에서 가장 잘 알려진 동기유발이론이다. 행동과학자인 Festinger에 의하면 내적인 동기유발의 주된 원인은 실제 세계에 대한 자신의 지각(perception)과 모순되는 피드백 사이의 불일치의 감정(feeling of inconsistency)이며 인지의 불일치 상태에 있는 사람은 다음과 같은 방법 중 어느 하나 또는 몇 개의 방법으로 그 불일치를 줄이려고 동기유발된다는 것이다.

- 새로 발견한 사실들(facts)을 합리화함으로써 실제세계(reality)에 대한 자신의 지각과 일치시킨다.
- 더 이상의 불일치가 존재하지 않는 새로운 환경(조직)을 탐색한다.
- 실제세계에 대한 자신의 지각을 새로운 사실들과 일치하도록 정신적인 태도와 행동을 바꾼다.

사람들은 타인이 얻는 것(what he get)에 의해서뿐만 아니라 타인들이 믿는 것(what he sees, or believes)에 의해서도 동기유발이 되는데, 개인이 불일치를 인지하면 이를 해소하기위해 동기유발되며, 이 동기유발의 강도는 불일치의 크기(gap)가 클수록 높다는 두 가지 가정을 전제로 한다.

공정성이론은 직무성과와 만족에 이르는 주된 요인이 작업상황에 대해 종업원이 인지하는 공정성의 정도(비율), 즉 **불공정성**(inequity)과 **공정성**(equity)의 비율이라고 주장한다. 이 이론은 사회적 비교의 논리를 근간으로 하며 〈그림 9-3〉과 같이 사람은 자신이 일한 것에 대해 받는 대가의 비율과 타인이 받는 대가의 비율을 상대적으로

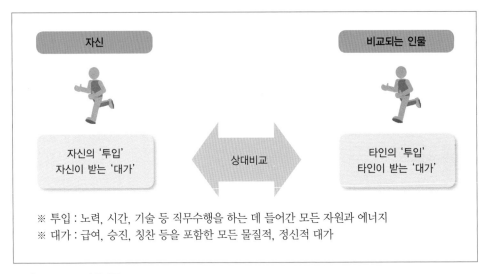

그림 9-3 공정성이론

비교하여 그 결과에 따라 반응한다는 것이다. 이때의 행동 양식은 〈표 9-2〉와 같이 정리할 수 있다.

③ 강화이론

조작적 조건화이론(operant conditioning theory), **강화이론**(reinforcement theory) 또는 **행동수정이론**이라 부르는 이 이론은 최근에 와서 주목받고 있는 이론이다. 보상 또는 처벌을 통해 행동의 변화 또는 수정을 유발하는 행동수정이론은 다음과 같은 두 원칙에 근거하고 있다.

■ 긍정적인 결과(보상)에 이를 것 같은 행동은 반복하고, 부정적 결과(처벌)에 이

표 9-2 공정성이론의 행동 양식

자신이 받는 대가의 비율＞타인이 받는 대가의 비율	자신이 받는 대가의 비율＜타인이 받는 대가의 비율
• 자신의 투입을 늘린다. • 타인의 대가를 늘리도록 한다. • 기준인물을 바꾼다. 또는 내가 상대적으로 더 받는 것은 당연하다고 자신의 생각을 바꾼다.	• 자신의 투입을 줄인다. • 타인의 대가를 줄이게 하거나 투입을 늘리도록 한다. • 기준인물을 바꾼다. 또는 내가 상대적으로 적게 받는 것은 당연하다고 자신의 생각을 바꾼다.

를 것 같은 행동은 반복하지 않으려는 경향이 있다.

- 따라서 알맞게 계획된 보상을 제공함으로써 사람의 동기유발과 행동을 바꿀 수 있다.

이 같은 원칙에 입각하여 전개되는 행동수정이론의 특색은 학습에 의한 '**강화**'의 개념에 초점을 두어 연구되고 있다는 것이다. 달리 말하면 행동수정모형은 학습이론에서 발전되었다. 종래의 인지이론(cognitive theories)은 내적인 욕구가 행동을 일으킨다고 주장하는 데 반해, 이 이론은 외적인 결과(external consequences)가 행동을 결정한다는 관점을 가진다. 이 이론은 '행동은 그 결과에 의존한다'는 가설에 근거하고 있으므로 강화이론의 여러 원칙들을 직접적으로 적용하고 있다. 다시 말하면 행동수정이론은 행동과 그에 따른 결과 간의 관계를 설명하려는 강화이론에 초점을 맞추어 전개되고 있다. 조작적 조건화에서 사용되고 있는 네 가지 강화전략은 다음과 같다.

- **긍정적 강화 또는 적극적 강화**(positive reinforcement) : 바람직한 행동결과에 대해 칭찬, 인센티브 등의 보상을 하여 자신의 행동이 긍정적 결과를 야기했다고 느끼게 함으로써 그러한 행동을 증대시키는 방법이다.
- **부정적 강화 또는 소극적 강화**(negative reinforcement) : 자신이 하는 행동으로 인해 바람직하지 않은 결과가 야기되는 것을 회피하게 함으로써 리더가 원하는 행동을 증대시키려는 방법이다. 예를 들어 업무를 열심히 하는 사람에게는 잔소리를 하지 않으므로 잔소리를 듣기 싫다면 계속 열심히 일을 할 것이다.
- **처벌**(punishment) : 조직에 바람직하지 않은 행동을 했을 때 그로 인해 자신에게 불쾌한 결과(면직, 감봉 등)가 야기됨을 보여 줌으로써 바람직하지 않은 행동을 줄이는 방법이다.
- **소멸**(extinction) : 바람직한 행동에 기대되는 즐거운 결과(칭찬, 보상 등)를 바람직하지 않은 결과가 나타났을 때 주지 않음으로써 좋지 않은 행동을 줄이는 방법이다.

이상의 네 가지 강화전략을 비교하면, 긍정적 강화와 부정적 강화는 바람직한 행동을 증가시키는 것이 주목적이고, 처벌과 소멸은 바람직하지 않은 행동을 감소시키는 것이 주목적이다.

3) 새로운 동기유발이론의 모색

많은 학자들은 동기유발에 관한 연구를 "무엇이(what) 종업원으로 하여금 동기유발 되도록 하는가?" 하는 내용이론과 "어떻게(how) 동기유발 되도록 할 것인가?" 하는 과정이론으로 구분하여 이론을 전개해 왔다.

그러나 우리는 각각의 이론(접근방법)을 비판하는 자리를 거쳐서 그들 각각 공헌하는 바가 있음에도 불구하고 이론적 측면과 실제적 측면에서 다소의 한계가 있는 불완전한 것임을 알게 되었다. 따라서 각각으로서는 불완전함을 면할 길 없는 두 이론을 중심으로 한 새로운 이론(모형)이 개발되지 않으면 안 된다는 논리적 귀결에 이르게 되었다.

여기서 말하는 새로운 이론이란 내용이론과 과정이론의 통합론을 의미하는데 이는 현재 널리 보급되거나 인정받고 있는 것이라기보다는 시도의 단계에 있다. 그러나 조만간 이와 같은 시도는 널리 활용될 것으로 예상된다. 내용이론과 과정이론으로 구분하는 논자들을 포함한 여러 학자들이 이들 두 이론은 상호배타적이 아니라 상호의존적이며 상호보완적인 관계에 있다고 보기 때문이다. 최근에는 이 같은 통합론적인 시도가 일어나고 있다.

4) 임파워먼트

임파워먼트(empowerment)란 변화하는 경영환경에 능동적으로 대처하고 고객만족을 신속히 추구하고자 상대적으로 조직의 하위계층 조직구성원에게 의사결정 권한을 위양, 위임하는 것이라고 정의된다. 즉, 조직의 상층부에서 권한을 가지고 통제 중심의 관점에서 조직을 운영하는 것이 아니라 권한에 자율성을 부여해 조직구성원의 자율적이고 적극적 행동을 유도하는 동기유발의 새로운 형태이다.

임파워먼트의 개념은 1980년대 이후 경기침체를 극복하기 위한 일종의 조직 활성화전략으로서 조직구성원의 몰입과 역량개발 노력을 촉진함으로써 조직차원의 변화와 성과를 추구하기 위한 경영혁신의 주요 수단으로 부각되었다. 구성원 간의 지나친

표 9-3 임파워먼트의 개념

- 조직 내의 의사결정권한을 최대한 아래로 내려 보내는 것
- 문제에 가장 가까이 있는 사람에게 문제해결 권한을 부여하는 것
- 조직구성원에게 일을 부여한 후 그 일을 할 수 있게끔 그 앞길을 비켜주는 것
- 조직구성원에게 일과 조직에 대한 주인의식을 부여하는 것
- 팀의 자율관리가 가능하게 하는 것
- 조직구성원이 올바른 일을 하도록 신뢰하는 것

경쟁, 결과만능주의, 고용안정성 저하 등으로 개인의 탈진(burn out)현상이 발생하고, 일과 조직에 몰입과 책임감이 하락하는 등의 폐해를 최소화할 필요성이 부상되었으며, 구성원의 동기부여를 위해 새로운 차원의 접근과 변화의 필요성이 부각됨에 따라 제기되었다. 특히 오늘날과 같이 지식정보화 사회에서 기업의 경쟁력을 높이고 급변하는 경영환경에 능동적으로 대응하기 위해서는 조직을 유연하게 운영해야 하는데, 이를 위해서는 구성원들이 도전정신과 창의력을 발휘할 수 있는 여건이 필요하다. 그러므로 임파워먼트란 조직구성원 개개인에게 권한위임과 동기부여를 통해 성과제고와 능력개발을 촉진하여 조직의 역량을 강화하는 도구로서 '자율적으로 일할 수 있도록 업무수행에 필요한 책임·권한 등을 개인에게 최대한 부여하고 개인의 잠재능력을 극대화할 수 있도록 코칭하며 배려하는 과정'이라 할 수 있다. 기업들 사이에서 임파워먼트를 단순히 조직 내 권한이양을 지칭하는 용어로 이해하는 것은 문제가 있으며, 본래의 임파워먼트가 가지고 있는 조직구성원의 자발적 참여, 자율성 제고 및 신뢰감형성, 역량개발 등이 포함되어야 한다.

3. 리더십

1) 리더십의 의의

성공적인 조직, 성과가 높은 조직은 효과적이고도 역동적인 리더십을 갖추고 있는 데 반해, 성공적이지 못한 조직은 그렇지 못하다. 즉, 리더십의 발휘가 조직의 성패를 좌우하는 것이다.

이제부터 학자들이 제시한 리더십의 개념적 정의를 살펴보도록 하자. Stogdill의 지적대로, 리더십의 정의는 그 개념을 연구하는 학자들의 수만큼이나 많다.

- H. Koontz/C. O'Donnell : 사람들이 공동목표를 달성할 수 있도록 영향력을 행사하는 것
- R. M. Stogdill : 목표설정과 목표 달성을 지향하도록 집단행동에 영향력을 행사하는 과정
- E. A. Fleishman : 어떤 목표나 목표 달성을 지향하도록 의사소통 과정을 통해서 개인 간에 영향력을 행사하려는 시도
- J. P. Kotter : 바람직한 목표를 성취하기 위하여 다른 사람의 동기를 유발하고 지휘하며 영향력을 행사하는 능력
- A. D. Szilagyi/M. J. Wallace : 목표 달성을 위하여 어떤 사람이 다른 사람에게 영향을 미치려고 하는 두 사람 이상인 관계에 관련된 과정
- A. G. Bedeian/W. F. Glueck : 조직목적을 달성하기 위한 방향으로 개인 또는 집단의 활동에 영향을 미치는 기법
- C. R. Anderson : 높은 업적을 달성하도록 타인의 생각과 행동에 영향을 미치는 권력(power)의 사용
- A. J. DuBrin : 사람들이 자발적으로 행동하도록 영향을 받는다는 조건 하에서, 바라는 바나 목표를 달성하기 위해 그들에게 영향을 미치는 과정
- K. Davis/J. W. Newstorm : 다른 사람들이 목표를 향하여 열심히 일하도록 용기를 주고 도와주는 과정
- B. Bass : 조직목표를 달성하는 방향으로 타인 또는 집단의 행동에 영향을 미치는 과정
- J. R. Schermerhorn et als : 대인적인 영향력을 얻기 위해 권력을 사용하는 과정
- S. P. Robbins : 목표 달성을 위해 집단에 영향을 미치는 능력
- R. M. Hodgetts : 어떤 특정한 목적을 달성하기 위해 사람들의 노력을 이끌어내려고 그들에게 영향을 미치는 과정
- P. Selznick : 외부환경과 내부환경을 중심으로 가장 효율적인 조직목적과 사회

적 역할을 발견하고, 설정된 조직체의 사명과 목적을 구현하며, 조직체가 지향하는 가치와 특징을 추구하고, 조직구성원들과 집단들 사이의 갈등을 조정하여 조직의 안정을 기하고 자발적인 상호협조를 극대화시키는 것

- R. Tannenbaum/I. R. Weschler/F. Massarik : 특정 목표의 달성을 위해서 행사되고 의사소통 과정을 통해서 지시되는 대인적 영향력

리더십에 대한 정의가 학자마다 다양하게 내려지고 있지만 거의 공통적으로 포함하고 있는 요소는 **리더**(leader), **추종자**(follower), **상황**(situation)이며, 이들을 무대로 하여 전개되는 권력에 근거한 **영향력**(influence) 등으로 정리할 수 있다.

2) 리더십의 중요성

어떤 집단이나 조직이든지 달성해야 할 목표가 있기 마련이고 그러한 목표가 효과적으로 달성될 때 집단과 조직이 영속적으로 성장·발전해 나갈 수 있다. 그러므로 조직구성원들이 목표 달성에 일사불란하게 헌신하고 기여할 수 있도록 하는 과정이 매우 중요하다.

끊임없이 성장·발전하는 조직에는 항상 유능한 리더가 있음을 발견하게 된다. 조직의 목표 달성을 위해서는 조직이 확보하고 있는 인적·물적 자원 등을 효과적으로 배분·할당하고 재조직하면서, 시너지 효과를 발휘하게 하는 핵심 주체가 필요하다. 즉, 목표를 효율적으로 달성하려면 조직구성원들로 하여금 주어진 직무에 몰입하여 역할수행과 임무완수에 최선을 다하도록 진두지휘하며 이끌어 나가는 훌륭한 리더십을 가진 관리자의 확보·양성은 현대조직에 있어 매우 중요하다.

3) 리더십의 기능

(1) 집단통일·유지의 기능

리더십은 지도적 지위를 유지하기 위해 노력하면서, 조직을 구성하는 단위(개인 및 하위집단)의 이해를 조정하여 조직 내부에 있을 수 있는 여러 가지 갈등과 분쟁을 사전에 방지하고, 필요에 따라 상과 벌을 주어 구성원으로서 일체감을 조성해, 최종적으

로 집단과 조직을 통일·유지 및 강화하는 기능을 한다.

(2) 집단목표 달성의 기능

리더십은 조직의 목표를 결정하고 그것을 달성하기 위한 구체적 계획을 수립하며, 생산적 활동에 적극적으로 참여하게 하기 위해 구성원을 조직화하고 구성원의 사기를 진작시키는 기능을 한다.

4) 리더십이론의 접근방법

리더십이론은 크게 〈그림 9-4〉와 같이 전개된다.

(1) 특성이론

리더에게는 리더가 아닌 사람과 구별할 수 있는 남다른 특성이 있다고 보고, 이러한 개인적 특성을 추출하고자 하는 이론이다. 초기 리더십 특성연구에서 가장 빈번하게 연구되었던 특성들은 신체적 특성, 사회적 배경, 지능, 성격, 과업수행능력, 사회적 특성 등과 같은 것들이었다. 그러나 이와 같은 리더의 특성에 관한 연구결과들은 이들 특성이 일반적인 리더십 현상과 관련되기는 하지만 모든 리더에게 공통적이며 불

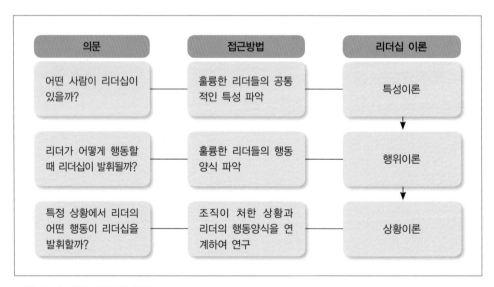

그림 9-4 리더십이론의 전개

가결한 특성이라고 주장할 근거가 없었다. 나아가 이들 특성을 모두 구비하거나 구비할 수 있는 리더란 없을 뿐더러, 이들 특성 가운데 특정한 조직의 특정한 리더가 갖추어야 할 우선적인 가치가 있는가에 관해서는 아직 일치된 주장이나 이론적 배경이 없다.

(2) 행동이론

앞에서 논의한 특성이론의 문제점과 한계점 때문에 등장한 접근방법이 1950년대의 행동이론이다.

특성론적 접근방법이 리더 개인을 등장시켜 "리더는 어떤 속성을 지닌 사람인가(what is a leader)?"에 관해 논의함으로써 리더의 성격과 특성에 관심을 둔 데 반해, 행동론적 접근방법은 "리더는 무엇을 하는가(what does a leader do)?"라는 물음을 던짐으로써 리더의 행동과 리더의 효과에 초점을 두고 있다. 따라서 리더십이 리더의 행동 및 그것과 추종자 집단 간의 상호영향작용에 관한 연구에, 다시 말하면 리더의 행동과 추종자의 반응에 주력한다. Shermerhorn 등은 이들 두 접근방법의 차이에 관하여 다음과 같은 두 가지 측면에서 논하고 있다.

첫째로 특성이론이 리더 개인의 특성에 초점을 둔 데 반해, 행동론은 실제적인 리더의 행동에 초점을 둔다. 둘째로는 대부분의 특성론적 연구가 리더와 비리더를 구분하려는 데 초점을 두었으나, 행동론적 연구는 추종자와 리더의 여러 가지 특정한 행동이 추종자들의 업적과 만족에 어떠한 영향을 미치는가에 초점을 두었다.

① 지도방식에 따른 리더십의 유형

리더십 유형은 리더가 어떻게 리더십을 행사하고 있느냐 하는 지도방식에 따라 방임형, 권위형, 민주형 리더십으로 구분할 수 있다.

- **자유방임적 리더**
  - 명목상의 감투만 유지한 채 실질적·적극적으로 지도력을 행사하지 않는다.
  - 구성원들에게 적극적인 영향력을 발휘하려고 나서면 심한 반발과 불신 및 조롱에 부딪혀 좌절감을 맛보기가 쉽다.

- 무사안일주의에 빠지기 쉽다.
- 모든 일이 구성원의 역량과 의사에 의해서 결정될 수 있다는 장점도 있다.

■ **권위주의적 리더**

- 제멋대로 독단적인 권력을 행사하며 일방적인 명령과 지시를 즐기고 일일이 개입하고 간섭한다.
- 자신이 설정한 기준에 따라 구성원의 업적을 평가하고 모든 일의 결정에 있어서도 집단의 구성원과는 진지하게 협의하지 않는다.
- 지식과 권위는 물론 권력과 금력을 비롯한 모든 물질적 수단도 독점하고 있다.

■ **민주주의적 리더**

- 집단의 목표와 전체적인 방향만을 제시할 뿐, 그 결정은 토론을 거친 상호 합의 내지 다수결에 의한다.
- 새로운 목표를 제기할 때도 그 정당성과 필요성에 대해서 구성원들을 설득할 뿐, 강제적인 조처를 취하지 않는다.
- 구성원들의 자발적인 참여를 유도하며, 각자에게 알맞은 역할을 분담해 준다.
- 이 과정에서 구성원들은 상당한 자율권을 행사하며, 각자의 잠재능력을 개발할 수 있다.
- 구성원들이 집단의 목표 내지 그 실현방법에 대해서는 잘 알고 있으나 서로의 감정적인 융화가 곤란한 경우에 민주주의적 리더가 필요하다.

② **오하이오대학교의 행동론**

오늘날의 리더십 이론과 리더십 훈련계획을 묶어주는 많은 사고방식의 근원이 되는 연구는 관리기능을 중심으로 한 오하이오대학교의 연구이다. 이 연구는 리더행위기술설문지(leader behavior description question)를 사용하며, 리더십을 구성하는 요인으로 **배려**(consideration)와 **구조화**(initiating structure)라는 두 가지 차원을 찾아냈다.

> ■ **구조화(구조주도)** : 리더가 특정한 과업의 할당, 절차의 구체화, 작업의 계획 및 아랫사람에 대한 작업 활동상의 기대 등을 통하여 부하에게 행동의 전반을 구조적으로 정형화하는 정도를 기술하는 개념이다. 이는 과업 지향적 리더십 유형과 유사하다.

■ **배려** : 리더가 상호신뢰, 부하의 생각에 대한 존중 및 따뜻한 분위기로 특징지어
지는 직무관계를 갖고자 하는 정도에 관련된 개념이다. 이는 종업원 지향적 리
더십 유형과 유사하다.

이 연구의 특징은 무엇보다도 이들 두 개념(차원)을 하나의 연속선상에서 보지
않고 서로 다른 두 가지 차원으로 보았다는 데 있다.

③ Blake와 Mouton의 관리격자 모형

R. R. Blake와 J. S. Mouton은 오하이오대학교의 연구결과를 바탕으로 가장 효과적
인 리더의 행동을 밝혀내고자 하였다. 이들은 '**사람에 대한 관심**(concern for people)'
과 '**생산에 대한 관심**(concern for production)'을 두 축으로 하여 1에서 9까지 등급을 매
긴 바둑판 형태의 관리격자(managerial grid) 모형을 고안했다. 가로와 세로축이 각각 9
등급으로 나뉘어 있으므로 이론적으로는 81개의 리더십 유형이 제시될 수 있으나, 이
들 가운데 가장 대표적인 유형의 리더십은 그림에서 보는 바와 같이 (1,1), (1,9), (9,1),
(9,9), (5,5)의 다섯 가지이다.

■ **무기력형**(impoverished/(1,1)형) : (1,1)형의 리더는 사람과 생산업적에 대한 관심이

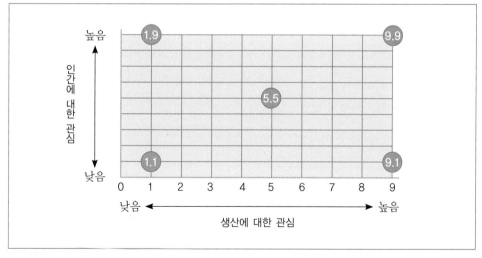

그림 9-5 관리격자 모형

모두 최소인 무기력형이다. 이런 리더는 단순히 윗사람의 지시를 수동적으로 받아들여 소극적인 자세로 직무를 수행하려고 한다.

- 사교형(country club/(1,9)형) : (1,9)형의 리더는 생산실적에 대한 관심은 최소이고 사람에 대한 관심은 최대로, 사람들과의 원만한 인간관계를 중시하는 사교형이다. 이러한 리더는 아랫사람들이나 종업원들에게 안전하고 즐거운 직무 환경을 제공하려고 노력하지만, 업무수행에 있어서는 단지 주어진 지시사항만을 그대로 이행하는 모습을 보인다.
- 과업중시형(authority-obedience/(9,1)형) : (9,1)형의 리더는 생산실적에 관한 관심은 최대이지만 사람에 대한 관심은 최소인 과업중시형이다. 그러므로 이러한 유형의 리더는 목표 달성을 위해 매우 전제적이고 자신의 진두지휘에 복종하기를 원한다.
- 팀 구축형(team/(9,9)형) : (9,9)형의 리더는 생산실적에 관한 관심과 사람에 대한 관심이 모두 높다. 그러므로 이러한 리더는 조직의 목표 달성과 조직구성원 개인의 목표인 욕구충족을 조화롭게 실현시킬 수 있는 가장 이상적인 리더이다.
- 중도형(middle-of-the road/(5,5)형) : (5,5)형의 리더는 사람과 생산실적에 관하여 각각 중간 정도의 관심을 갖는다. 이러한 리더는 조직의 목표와 조직구성원 개인의 목표 사이에 균형을 이루게 하려고 노력하는 편이나 결과는 최소도 최고도 아닌 중간 수준에 그친다.

관리격자 모형은 경영관리자들로 하여금 자신의 리더십이 어느 유형에 해당되는지를 점검하게 해 줄 뿐만 아니라, 가장 이상적인 (9,9)형에 도달하기 위해서 어느 측면을 보강해야 하는지를 파악할 수 있게 해 주므로 리더십 개발 프로그램에 폭넓게 활용되고 있다.

(3) 상황이론

리더의 이상적인 유형을 찾으려고 하는 행동이론이 여러 가지 한계에 직면하자 연구의 초점은 적합적 리더십론으로 옮겨졌다.

상황이론은, 그 이전 단계인 행동이론이 보편적·유일·최선의 리더십 행동을 찾으려는 노력에서 (9,9)형 같은 행동유형을 제시한 것과는 달리, 상황에 따르는 리더십 유형이 더 유용하다는 주장을 바탕으로 한 상황(situation)을 중시하는 리더십 이론이다.

① 경로-목표 이론

R. House가 제시한 **경로-목표 이론**(path-goal theory)은 리더는 종업원이 얻고자 하는 기대를 높여 주고 그 목표를 향한 경로를 열어 주거나 그 경로를 보다 용이하게 해 줄 필요가 있다는 것이다. 그는 리더의 기능을 종업원의 경로-목표 관계를 명백히 해 주는 기능과 경로-목표관계를 촉진시켜 주는 기능으로 나누어 보았다. 그는 이 기능에 따라 리더십을 **지시적 리더십**(directive leadership), **지원적 리더십**(supportive leadership), **성취 지향적 리더십**(achievement-oriented leadership), **참여적 리더십**(participative leadership) 등 네 가지로 나누었다.

House는 리더가 목표를 향한 경로를 열어 줌에 있어서 종업원(부하)의 특성과 과업 환경요소를 중요시하였다. **종업원의 특성**으로는 종업원(부하)의 능력, 경험, 통제의 위치(locus of control)를 들었다. 여기서 통제의 위치란 종업원이 통제범위가 자신에게 있다고 믿는 경우(내재적 성향)에는 참여적 리더십을 선호하며, 통제범위가 외부에 있다고 믿는 경우(외재적 성향)에는 지시적 리더십을 선호한다는 것이다. 또한 **과업환경 요소**에는 종업원의 과업 구조, 조직적 요소인 권위체계, 작업집단의 성격 등이 있다.

② Fiedler의 상황적합적 리더십 모형

Fiedler에 의해 개발된 초기의 상황적합 이론은 세 가지 요인에 따라 여덟 가지 상황을 설정하고 각 상황별로 적합한 리더십 유형을 제시하였다. Fiedler가 제시한 세 가지 요인들을 살펴보면 첫 번째는 **리더와 구성원 간의 관계**(leader-member relation)로 종업원들이 리더를 얼마나 지원하고 있는가를 나타낸다. 두 번째 요인은 종업원들에게 맡겨진 일이 얼마나 **구조화**(task structure)되어 있는가를 나타내는 것으로 업무의 목표나 처리절차 등이 구체적으로 규정되어 있을수록 구조화되어 있다고 보는 것이다. 세 번째 요인은 **리더의 직위에 부여된 권력**(leader position power)으로 리더가 종업원들에게 보상을 주거나 처벌을 할 수 있는 재량권을 나타내는 것이다.

Fiedler는 이러한 세 가지 요인들을 결합하여 여덟 가지 상황으로 구분하고 각각의

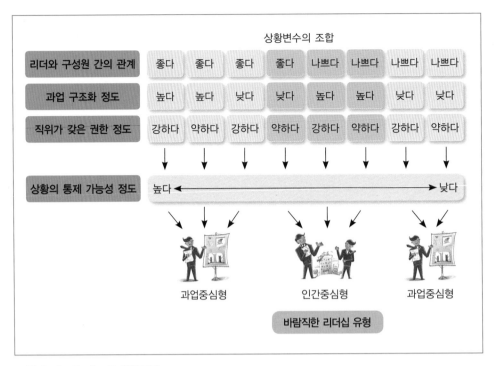

그림 9-6 Fiedler의 상황이론

상황에 따라 과업 지향적 리더십이 유리한지, 인간관계 지향적 리더십이 유리한지를 밝히고자 하였다.

지금까지 리더십의 개념적 의의와 리더십에 관한 이론 및 접근방법을 살펴보았지만 가장 효율적 리더십 유형과 가장 이상적인 리더상을 제시하기란 결코 쉽지 않다. 그래서 리더십에 관한 연구는 끊임없이 지속될 수밖에 없고 보다 효율적이고 더욱 이상적인 리더십 유형에 대한 탐색은 계속될 것이라고 예측할 수 있다.

4. 집단관리와 의사소통

조직에서 수행하는 대부분의 과업은 개인의 능력 범위를 넘어선다. 여러 사람이 함께 일하는 것이 목표 달성에 보다 가깝게 접근할 수 있는 방법이다. 따라서 오늘날 조직은 목표 달성을 위해 경영자가 얼마나 집단 혹은 팀을 잘 만들고 효율적으로 지휘하며, 팀의 활동을 지원하느냐에 성과가 좌우된다. 그러므로 어떻게 하면 개개인 모두에게 최선이 되도록 집단과 팀워크를 활용할 것인가가 리더의 지휘활동에 중요한 부분이 된다. **팀**(team)이란 공동의 목표를 추구하면서 일상적으로 상호작용을 하는 사람들이 집단으로 정의할 수 있다. 또한 **팀워크**(teamwork)란 공동의 목표를 달성하기 위해 사람들이 실제적으로 함께 일하는 과정이다.

팀의 운영과 관련하여 관리자에게 중요한 것은 첫째, 어떤 상황에서 팀을 활용하는 것이 최선인가를 파악하는 것이며 둘째, 어떻게 팀과 함께 일을 하고 관리할 것인가를 파악하는 것이다.

리더는 효과적인 리더십을 발휘하여 부하에게 동기를 부여하고, 조직목표를 달성하도록 하기 위하여 자신의 의사를 구성원에게 전달해야 하며, 자신의 입장을 이해시켜야만 한다. 이러한 의미에서 조직 내 각 구성원들 사이에서 조정 및 연결기능을 하는 의사소통은 지휘기능에서 매우 중요하다고 볼 수 있다. **의사소통**(communication)은 흔히 송신자와 수신자 사이에 정보를 교환하고 관련자들 간에 의미를 해석하게 하는 것을 가리킨다. 즉 의사소통은 의미의 전달과 이해이다. 의사결정, 계획, 지휘 등 관리자가 하는 모든 것은 정보의 전달이기 때문에 의사소통은 매우 중요하다. 의사소통이 어떠한 경로를 통해 이루어지는가를 나타내는 것을 의사소통 과정이라고 한다. 가장 간단한 과정은 송신자-의사소통 경로-수신자의 모형이다. 그러나 조직이나 환경이 복잡해짐에 따라 여러 가지 요소들이 작용하여 의사소통 구조가 복잡하게 된다.

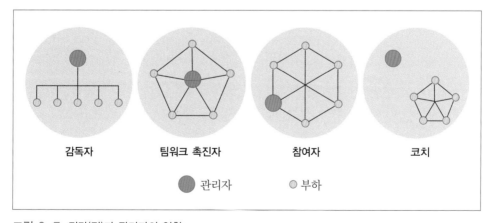

그림 9-7 집단(팀)과 관리자의 역할

의사소통의 유형은 개인 간의 정보 의사전달인 대인적 의사소통과 공식적으로 이루어진 조직구조에서 나타나는 조직 의사소통이 있다. 나아가 조직 의사소통에는 의사소통 대상과 연결되는 흐름과 공식화 정도에 따라 수직적 의사소통, 수평적 의사소통, 비공식적 의사소통 등이 있다.

1) 의사소통의 유형

(1) 수직적 의사소통

① 하향식 의사소통

하향식(top-down) **의사소통**은 상위 계층에서 하위 계층으로 향하며 형성되는 유형으로 명령, 지시 등의 형태를 가진다. 하향식 의사소통에서 이용되는 매체는 대면(face-to-face) 미팅, 이메일, 전화 및 서신 등이 있으며, 기타 매체로는 안내문, 신문, 게시판 등이 있다.

② 상향식 의사소통

상향식(bottom-up) **의사소통**은 조직의 지위를 중심으로 볼 때 하위 계층에서 상위 계층을 향하며 형성되는 유형으로 아이디어의 제안 및 건의의 성격을 갖고 있는 커뮤니케이션 유형이다. 상향식 의사소통의 매체로는 회의, 서면보고, 전화, 고충처리, 설문지 조사, 제안 프로그램, 미팅 등이 있다.

(2) 수평적 의사소통

수평적 의사소통은 수평적인 흐름에 따라 이루어지는 의사소통 유형으로 집단과 부서의 능률을 증대시키기 위해서 고안된 커뮤니케이션의 확인 및 동의의 과정이다. 수평적 의사소통 매체로는 회의, 전화, 메모, 요청 등이 있다.

(3) 비공식적 의사소통

비공식적 의사소통은 공식적 구조와 동시에 발생하지 않고 공식적으로 규정된 경로 밖에서 형성되는 의사소통의 유형이다. 이는 사적인 정보망과 같은 관계를 형성하기도 하는데 전화, 이메일, 대인 간의 상호작용 등에 의해 이루어진다. 이러한 비공식적 의사소통은 조직의 과업을 달성하고 문제를 해결하여 목표 달성이 효과적으로 이루어지도록 촉진적 역할을 수행하기도 한다.

정보기술은 유무선 기술을 통해 조직 내 의사소통을 효과적으로 도와준다. 유선기술로는 이메일, 문자 메시지, 음성메일, 팩스, 전자문서 교환, 인트라넷, 엑스트라넷, 인터넷 대화 등이 있으며, 무선기술로는 극초단파 신호, 위성, 전파, 라디오안테나 혹은 적외선 같은 것을 사용해 물리적인 접속 없이 공간으로 전송되는 신호를 포괄하는 개념이다.

2) 집단적 의사소통과 사회적 자본

조직 구성원 혹은 집단 간 의사소통이 원활히 이루어지기 위해서는 사회적 자본이 필요하다. **사회적 자본**(social capital)이란 '개인·공동체·네트워크 등의 사회적 관계에 내재된 조직의 자산'을 의미한다. 즉 사회적 관계에서 일정한 지위를 확보함으로써 얻을 수 있는 이점을 말한다. 결국 사회적 자본은 조직이 보유한 의사소통의 능력이며, 구성원 간 혹은 집단 간 의사소통의 가치를 증가시키는 기업의 자산이라고 볼 수 있다.

리더는 효과적인 집단관리 및 의사소통을 제공하기 위해서 개성, 목표지향성, 적시성, 공감, 피드백을 받는 사람이 통제할 수 있는 행동에 초점을 맞추어야 한다.

이순신에게 배우는 위기극복의 리더십

지난해 영화 '명량'의 돌풍이 있었다. 1,800만 가까운 국민들이 영화를 보러 극장을 찾았단다. 역사적 사실 관점에서 보면 영화 '명량'은 그리 잘 만든 영화가 아니다. 실제 해전에서는 영화에서처럼 대규모의 백병전도 없었고, 판옥선이 충돌하여 적선을 격파하는 이른바 충파전술도 없었다. 1시간 이상 지속된 해전 장면이 대부분 허구였던 것이다. 그런데 왜 국민들은 마치 무엇에 홀린 듯 극장을 찾았을까? 그것은 우리 국민들이 탁월한 위기극복 역량을 지닌 이순신, 언제나 자신의 이익보다는 나라와 백성을 먼저 생각하는 이순신 같은 리더를 그리워했기 때문은 아니었을까? 우리가 이순신에게 배울 수 있는 위기극복의 비결은 크게 두 가지로 압축된다.

첫째는 7년여 전쟁 기간 동안 40여 회 해전을 모두 승리함으로써 임진왜란 극복이라는 괄목할 만한 성과를 창출한 이순신의 실력이다. 이순신은 결코 열세한 해전을 벌이지 않았다. 그는 언제나 우세한 상황, 유리한 상황을 만들어 놓고 싸웠다. 전체 함선의 척 수 측면에서는 일본 수군이 조선 수군보다 평균 10배 이상 많았지만 개별 해전의 국면에서는 오히려 조선 수군의 함선 척 수가 훨씬 많았다. 이순신의 조선 함대는 언제나 가용한 함선 세력이 모두 통합되어 운용된 반면, 일본 함대는 제각각 분산된 상태에서 해전이 벌어졌기 때문이다. 이순신은 무작정 일당백으로 죽기를 각오하고 싸우게 한 무모한 리더가 결단코 아니었던 것이다.

둘째는 자기 자신의 이익보다는 언제나 백성과 나라를 앞세운 이순신의 고결한 인격이다. 이순신 주변에는 함선 제작 전문가, 총통과 화약 제조 전문가 등 기라성 같은 전문성과 역량을 지닌 장병들로 넘쳐났다. 심지어는 의병, 승병, 백성들까지 구름처럼 모여들었다. 자기 자신의 안위나 이익보다는 부하 장병과 백성과 나라를 앞세우는 이순신의 고결한 인격에 감화되었기 때문이다. 똑같은 조선 수군을 지휘했음에도 불구하고 원균의 경우 칠천량에서 전멸에 가까운 패배를 당했다. 이순신과 함께 했을 때 죽기를 각오하고 싸웠던 조선 수군 장병들이 왜 원균과 함께 했을 때는 도망가기에 바쁜 오합지졸로 변해 있었을까? 두 리더의 성공과 실패의 사례는 리더의 인격이야말로 조직 구성원의 역량을 통합시키기도 하고 분열시키기도 하는 위기극복의 중요한 요소임을 보여 준다.

대한민국 위기의 본질은 무엇일까? 아마도 그것은 그동안 우리 대한민국 사회가 약육강식, 무한 경쟁을 외치고 실력 제일, 출세 지향, 물질 만능주의를 당연시 하며 질주해 온 결과가 아닌가 생각된다. 현재 대한민국의 위기는 실력, 전문성, 경쟁력 제고의 문제라기보다는 오히려 '나'를 넘어 조직, 기업, 국민, 나라, 인류 이른바 '우리'를 생각하는 고결한 인격과 가치의식을 지닌 리더의 부재 때문은 아닐까. 이순신에게서 지금 우리에게 진정으로 필요한 리더십을 생각해본다.

– 출처 : 월간 혁신리더 2015년 3월호 –

business
administration
10

통제활동

1. 경영통제의 의의

1) 경영통제의 개념

통제(control)는 경영관리과정인 계획, 조직, 지휘, 조정, 통제의 과정 중 맨 마지막으로 계획과 성과 사이의 편차를 수정하는 일련의 활동을 의미한다. 통제에 대한 사전적 정의는 조직의 목표를 달성하기 위해 계획대로 실행되도록 하는 행위를 말하며, **경영통제**(business control)란 경영계획에 의해 실행된 업무의 성취수준이 계획에 근거한 기준 또는 표준에 도달하도록 하기 위해 계획과 실행결과의 편차를 측정하고 그 원인을 밝히며, 이를 시정하는 관리활동이다. 따라서 통제활동은 계획화와 불가분의 관계에 있다. 즉 계획수립이 없는 통제활동은 존재할 수 없으며, 통제활동 없는 새로운 계획은 존재할 수 없다.

또한 Koontz는 순환적인 관리기능으로서 계획과 통제는 상호의존관계에 있으며, 이러한 관계로 인해 합리적인 경영이 가능하다고 하였다. 통제는 기업의 목적을 달성하기 위한 계획이 그대로 실행될 수 있도록 부하의 업적을 측정하고 수정하는 것으로 규정되고 있다.

2) 경영통제의 중요성

통제는 기업의 목표를 달성하기 위해 필요한 것이다. 일반적으로 통제의 중요성이 기업의 어떤 요인으로부터 부각되는지와 기업의 적절한 통제량은 무엇인지를 살펴보자. 현대의 기업이 통제를 필요로 하는 이유는 다음과 같이 분류될 수 있다.

첫째, 오늘날 기업의 규모가 점차 비대해지고 다양해짐에 따라 기업의 구조는 더욱더 복잡하게 되었다. 이러한 구조 내에서 발생하는 다양한 행동을 조정하여 통합하기 위해서는 적절한 통제가 필요하다.

둘째, 효과적인 통제시스템을 통하여 경영자는 어떤 업무에 대한 권한을 위양하고 의사결정을 분권화할 수 있다. 이 경우 경영자는 업무에 대해서 권한을 위양하고 분권화하더라도 최종적인 책임을 져야 하므로 효과적인 통제시스템을 통해 종업원들을 감독하는 것이 보다 중요하게 된다. 한편 통제라는 말은 흔히 개인의 자유와 자율을 제한하는 것처럼 보이기 때문에 부정적인 인식을 갖게 한다. 그럼에도 불구하고 통제는 조직에 있어서 반드시 필요한 것이며, 앞에서 언급했듯이 그 중요성은 점차 증대하고 있다. 그러므로 종업원의 자율성과 경영자의 통제 필요성 증대 사이의 잠재적 갈등을 조정하는 문제가 발생하게 된다.

셋째, 급변하는 현대사회에서 환경의 변화는 불가피하며, 이로 인한 불확실성의 증대는 피할 수 없는 현실이다. 이러한 환경변화에 보다 적극적으로 대응하기 위해서는 통제활동이 필요하다. 경영자는 통제기능을 통해서 기업에 영향을 미치는 변화 요인을 탐지하고 환경변화에 의해서 발생하는 위협이나 기회에 보다 쉽게 대응할 수 있다.

2. 통제의 과정과 유형

1) 통제의 과정

(1) 1단계 : 표준 설정

통제는 일반적으로 〈그림 10-1〉과 같은 과정으로 이루어진다. 우선적으로 계획수립 시 설정되는 성과목표의 달성 여부 측정을 위한 기준으로서 표준(standard)을 명확히 정의해야 한다. 이는 산출표준과 투입표준으로 나눌 수 있는데, **산출표준**(output standard)은 산출량, 품질, 비용, 시간 등 업무성과에 관련된 척도로서 일정기간 동안의 생산수량, 불량률, 예산차이, 서비스 고객 수 등 구체화된 목표치로 나타낼 수 있다. **투입표준**(input standard)은 특정 과업의 수행에 필요한 노동시간과 원자재 등 투입량에 대한 척도로서 산출표준의 설정이 곤란한 분야에 적용될 수 있으며, 사내규정의 준수율, 원자재의 효율적 이용, 결근율 등도 투입표준으로 사용될 수 있다.

일반적으로 관리자가 당면하게 되는 통제상의 문제점은 표준이 없어서가 아니라 표준의 어느 부분이 부서나 조직의 성공에 결정적으로 영향을 미치게 되는가를 결정하는 데 있다. 관리자들은 자신이 맡은 부서나 조직이 모든 활동에서 표준을 능가하는 성과를 올리기를 원하지만, 그것은 거의 불가능한 일이다. 따라서 관리자에 의해 설정된 표준에는 목표 달성에 있어 가장 중요하게 작용하는 분야, 즉 성공 여부에 결

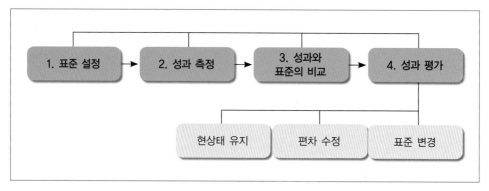

그림 10-1 통제의 과정

정적 역할을 하는 분야가 반영되어야 한다.

(2) 2단계 : 성과의 측정

표준이 설정되고 나면 특정 기간 동안 경영활동을 통해 산출된 성과를 수치적으로 정확하게 측정하여 설정된 표준치와 비교해 본다. 즉 활동의 투입, 변환과정, 산출 등에 관한 정보를 수집하고 이를 표준과 비교하기 위해 명확하게 측정해야 한다. 물론 성과에 대한 수치적 측정이 어려운 경우에는 투입표준을 적용해 측정하도록 한다.

(3) 3단계 : 성과와 표준의 비교

측정된 성과가 원하는 수준(표준)에 도달하였는가를 확인하는 단계로서, 다음 식에 따라 시정조치의 필요성을 결정하게 된다.

$$(시정조치의 \ 필요성) = (표준) - (실제 \ 성과)$$

표준은 목표가 달성되는 수준에서 설정되어야 하는데, 실제로는 조직 전체적인 입장에서 제시된 수익률, 시장점유율 등의 목표를 달성하기 위해 각 업무별로 직접 연결되는 표준을 설정하기란 어려운 일이다. 따라서 이러한 경우의 표준은 업무개선의 차원에서 설정되는 경우가 많은데, 구체적으로 다음 세 가지 방법을 제시할 수 있다. 첫 번째로 과거자료를 기초로 하되, 어느 정도 향상된 수준으로 설정할 수 있으며(역사적 비교), 두 번째로 경쟁사와의 비교를 통해 설정(상대적 비교)할 수 있고, 세 번째로 시간 및 동작연구 등을 통해 과학적 표준을 설정(공학적 비교)할 수 있다. 특히 상대적 비교를 통한 표준설정에는 최고의 경쟁력을 지닌 초우량기업을 비교대상으로 삼을 수도 있다.

(4) 4단계 : 성과 평가 및 피드백

마지막으로 시정조치의 필요성이 나타나게 되면 수정 또는 개선을 위한 조치를 취하게 된다. 이때 표준과 실제성과와의 차이가 아주 크게 나타난 분야에 우선적으로 관심을 두어 조치를 취해야 하는데, 이를 '**예외에 의한 관리**(management by exception)'라고 한다. 예외에 의한 관리는 시정조치의 필요성이 큰 분야에 시정노력을 집중시킴으로써 시간과 노력 그리고 자원을 절약할 수 있다. '**예외**'는 두 가지 상황으로 나타날 수 있는데, 첫째는 문제 상황으로서 실제성과가 표준에 미달하는 경우이다. 이러한 경우에는 미달된 원인을 찾아내어 분석함으로써 시정조치를 모색하게 된다. 둘째는 기회 상황으로서 문제 상황과는 반대로 실제성과가 표준을 초과하는 경우이다. 이 역시 원인분석을 통해 앞으로 높은 수준의 성과가 지속적으로 유지될 수 있는 기초를 체계화하도록 한다. 마지막 단계에서는 필요에 따라 당초 수립된 계획, 목표 또는 설정된 표준에 대한 변경도 고려할 수 있다.

2) 통제의 유형

경영자는 통제활동을 통해 주어진 목표를 달성한다. 통제의 유형은 〈그림 10-2〉와 같이 과업을 시작하기 전의 예비통제, 과업 진행단계에서의 동시통제 그리고 과업이 종료되었을 때의 사후통제가 있다. 더불어 조직원 자율성을 존중하는 내부통제, 합리적이고 명확하게 설계된 외부통제 등을 적절히 시행해야 한다.

(1) 예비통제

사전통제라고도 하며, 일을 시작하기 전 문제발생의 소지를 미리 없애기 위해 목표를 확인하고, 방향설정을 명확히 하며, 필요한 자원을 미리 준비하도록 한다. 예비통제(preliminary control)는 수동적 또는 방어적이 아니라 적극적이며 예방적인 조치이다.

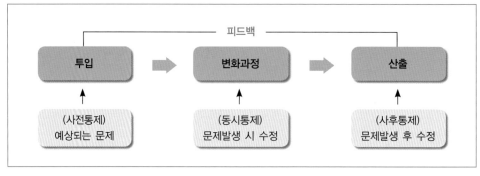

그림 10-2 통제의 유형

특히 자원의 엄격한 준비 여부는 사후통제에서 바로 검증되는 경우가 많다. 맥도날드는 자사의 전략적 목표인 전 세계적으로 균등한 품질 유지를 위해 원재료인 빵과 고기 그리고 감자의 맛은 물론, 색깔까지도 구입단계에서 엄격히 체크한다.

(2) 동시통제

동시통제(concurrent control)는 업무가 진행되는 과정에서 계획대로 잘되어 가는지를 관찰하여 잘못이 있는 경우 일이 완료되기 전에 그 해당 오류에 대한 조치를 내리는 것이다. 동시통제의 가장 큰 목적은 과정상의 잘못에 의한 오류의 감소에 있다. 따라서 작업현장에서 일의 진행과정을 규범적으로 상세하게 기술한 작업편람(manual)과 이에 의한 감독이 필요하며, 무엇인가 잘못 진행된다고 판단되면 최하급자라도 이를 즉각 공개할 수 있는 분위기가 조성되어야 한다.

(3) 사후통제

일이 완료되고 난 후의 통제로서 완성품에 대한 품질검사와 같다. 식당에서 식사 후의 고객평가나 과목이수 후의 성적평가도 사후통제의 예이다. **사후통제**(feedback control)의 목적은 미래의 개선을 위한 정보의 제공이라 볼 수 있는데, 이러한 평가는 보상의 기준으로도 사용된다. 즉, 조직원의 동기부여를 위한 수단으로도 쓰일 수 있는 것이다. 맥도날드의 각 영업점에는 고객을 가장한 전문적 평가단이 수시로 방문하여 좀 더 나은 서비스를 위한 정보를 수집하고, 각 영업점에 대한 평가를 보상에 반영하기도 한다.

(4) 내적통제와 외적통제

내적통제(internal control)는 McGregor가 주장한 Y이론에 근거한 것으로 조직구성원 스스로에 의한 자율적인 통제를 말한다. 내적통제 전략은 종업원에 대한 관리자의 높은 신뢰도를 유지시키며 직무에 대한 헌신성이 높은 경우에 가능하다. 최근 들어 내적통제의 중요성이 강조되고 있으며, 이는 효율적인 조직관리를 위해 조직구성원의 참여가 강조되는 것과 맥락이 같다고 볼 수 있다. 이 경우 경영자는 조직원에 대해 신뢰를 가져야 하며, 그들이 자율적인 노력을 기울일 수 있도록 이에 상응한 직무만족을 얻을 수 있는 기회를 제공해야 할 것이다. 조직원의 입장에서도 조직목표에 대한 명확한 인식과 함께 자기 직무에 대한 높은 수준의 지식을 갖추어야 내적통제가 효과적으로 이루어질 수 있다.

외적통제(external control)는 상급자에 의한 감독 또는 규정과 절차 등의 관리시스템에 의한 타율적 통제를 말한다. 외적통제의 경우는 내적통제를 보완하는 것으로서 조직 내의 공통 목표를 지향하도록 하기 위해 관리자가 직접 종업원을 통제하는 전략이다. 외적통제에 있어 우선 관리자는 종업원들의 작업을 직접 관리·감독하며 그 결과로 나타날 성과를 위한 필요 조치를 취함으로써 통제기능을 수행한다. 실제 경영자의 입장에서는 두 가지 유형의 통제 모두 적절히 구사할 필요가 있다.

3. 조직통제시스템

경영자는 계획(Plan)-실행(Do)-평가(See)의 **PDS사이클** 전반에 걸쳐 통제활동의 유용성을 항상 인식해야 하며, 보상시스템, 벌칙시스템, 재무통제시스템 등 구체적인 조직통제시스템에 대한 기법도 적용할 수 있어야 한다.

1) 경영관리과정의 통제

일상적 경영관리과정에서의 각 단계별 활동들은 조직의 통제활동과 연결되어 이루어져야 한다. 각 통제활동들을 세부적으로 살펴보면 다음과 같다.

(1) 계획화 단계

계획수립 단계에서는 목표 달성에 대한 정확한 방향설정과 이의 이해를 위한 **'전략과 목표에 의한 통제'**와 조직구성원들의 행동지침으로서 **'정책과 규정에 의한 통제'**가 필요하다. 이는 설정된 조직목표에 부합되는 계획이 수립되었는지 그리고 이를 조직 구성원들이 충분히 이해하여 개인적인 차원에서의 방향설정이 적절한지를 체크하게 된다. 이때 과거 시행착오의 경험으로부터 축적된 노하우를 활용할 수 있는데, 이를 학습에 의한 통제라고 한다.

(2) 조직화 단계

특정 직무를 위해 적절한 사람을 뽑고 교육훈련을 시킬 때, 그 사람의 능력이 직무에 요구되는 조건을 충분히 충족시킬수록 내적통제의 가능성은 높아진다. 이를 위해 **'직무설계에 의한 통제'**와 **'선발과 훈련에 의한 통제'**가 필요하며, '업적평가에 의한 통제'를 통해 개인의 평가와 동시에 추가적인 교육훈련 또는 인사이동의 필요성을 판단하게 된다.

(3) 지휘 단계

지휘 단계에서는 경영자가 조직구성원들에게 직무수행의 모습을 하나의 예로 제시하여 따르게 하는 **'업적모델링에 의한 통제'**가 필요하며, 팀 또는 집단 전체가 공유할 수 있는 업적표준을 제시하여 이를 달성하도록 서로를 격려 또는 견제하는 분위기를 만들어가는 **'업적규범에 의한 통제'**를 시행할 수도 있다. 업적규범에 의한 통제는 조직전체의 가치를 공유하게 하는 차원까지 확대될 수 있는데, 이를 '조직문화에 의한 통제'라고 한다.

2) 보상시스템

우수한 업적달성에 대한 보상시스템이 잘되어 있다면 능력 있고 의욕적인 인재들이 많이 모여들 것이며, 자율에 의한 내적통제의 가능성이 높아질 뿐 아니라 궁극적으로 노동임금의 절감을 통해 생산성이 향상될 것이다. 하지만 보상시스템이 제대로 가동되지 않는다면 무사안일의 분위기가 확산되어 의욕적인 인재들의 이직 현상이 나타나고 외부통제의 필요성이 크게 대두될 것이다. 경영자들은 인센티브 보상시스템을 상당히 효과적인 통제수단으로 여기고 있다. 인센티브의 정도는 조직마다 차이가 있겠으나 대체적으로 형편없는 업적에는 아주 낮은 급여를, 평균적 업적에는 비교적 낮은 급여를, 평균 이상의 업적에는 비교적 높은 급여를, 아주 뛰어난 업적에는 상당한 급여를 연봉으로 책정하여 조직 내의 경쟁심을 유도하는 차원에서 시행하고 있다.

한편 보상시스템과 관련하여 조직구성원의 복리후생비나 각종 보험료와 연금 그리고 자녀교육비 등을 지급하는 부가급여(fringe benefit)에 대한 관심도 상당히 높은데, 앞으로 이 부분에 대한 근로자의 지출이 점차 확대될 것이라 예상되는 바, 구성원 개개인의 생활형편에 맞는 부가급여의 제공도 하나의 보상시스템으로서 역할을 할 수 있을 것이다.

3) 벌칙시스템

결석, 지각, 태만과 같은 근무태도 불량에서부터 의도적인 업무규정 위반, 성희롱, 공금유용 등의 중대한 사안에 이르기까지 조직 내에서는 구성원들에게 제재가 필요한 경우가 발생할 수 있다. 이런 상황에서의 제재는 공식적으로 명시된 벌칙시스템에 의해 이루어져야 한다. **벌칙**이란 불이익을 줌으로써 행동에 규제를 가하는 조치라고 볼 수 있는데, 벌칙은 공정하고 일관성 있게 그리고 체계적으로 적용되어야 효과가 있다.

일반적으로 사용되는 벌칙시스템으로 **점진적 벌칙**(progressive discipline)이 있다. 이는 위반행위의 심각성과 반복성에 따라 불이익의 정도가 심화되는 제도로서, 학교의 경우 학생에게 퇴학의 벌칙이 가장 강도가 높다 하겠다. 하지만 점진적 벌칙시스템은 최소한의 벌칙으로 문제의 조직구성원을 조직에 포용시키는 것을 목적으로 삼아야 할 것이다. 따라서 경영자는 결정할 벌칙의 효과와 부작용에 대해 신중히 고려해야 하며, 벌칙을 결정, 부과한 후에도 당사자에게 끊임없이 관심을 보여야 할 것이다.

4. 다양한 통제 기법

1) 재무통제

예산(budget)이란 특정 기간 혹은 특정 활동을 위해 자원(특히 자금)을 배분하는 계획이라고 볼 수 있는데, 이러한 자원의 이용에 대한 정보를 조직의 성과에 관련시켜 재무적으로 분석하는 과정 자체가 중요한 통제수단으로 쓰일 수 있다. 즉, 투입된 자원의 효율적 이용을 위한 통제활동이 바로 재무통제(financial control)인데, 일반적으로 많이 활용되는 기법으로는 재무제표를 이용한 **비율분석**(ratio analysis)이 있다. 비율 분석은 조직의 성과를 재무적 관점에서 측정하여, 이를 당초 계획 또는 그 조직의 과거 자료나 벤치마킹한 기업의 자료와 비교하여 문제를 발견하고 개선방향을 제시하는 것을 그 목적으로 한다.

① **수익성비율**(profitability ratios) : 투하자본에 대한 경영성과를 나타내는 비율로 기업경영에 투하된 자본사용의 효율성을 나타낸다.

② **유동성비율**(liquidity) : 기업이 단기부채를 상환할 수 있는 능력, 즉 기업이 현금을 동원할 수 있는 능력으로 정의된다.

③ **레버리지비율**(leverage ratios) : 기업이 조달한 자본 중에서 타인자본에 의존하고 있는 정도를 나타내는 비율이며, 특히 기업경영의 안정성과 장기부채 사용의 원리금 상환능력에 관한 정보를 제공해 준다.

④ **활동성비율**(activity ratios) : 기업이 소유하고 있는 자산들을 얼마나 효과적으로 이용하고 있는가를 측정하는 비율로, 매출액에 대한 각 중요자산의 회전율로 표시되는 것이 보통이다.

⑤ **생산성비율**(productivity ratios) : 생산량(output)과 생산요소 투입량(input)의 비율을 말하며, 가능한 적은 생산요소를 투입하여 많은 생산량을 올리면 생산성이 높은 것으로 평가된다.

⑥ **성장성비율**(growth ratios) : 일정 기간 중에 기업의 경영규모 및 경영성과가 얼마나 향상되었는가를 나타내는 비율로서, 일반적으로 총자산, 매출액, 순이익의 증가율로 측정하며, 성장잠재력, 미래수익 발생능력, 시장에서의 경쟁력 지위

에 관한 정보를 제공해 준다.

2) PERT

PERT(Project Evaluation and Review Technique)는 계획도구로서 유용하게 활용되고 있을 뿐만 아니라 통제도구로도 널리 활용되고 있다. 대규모 프로젝트의 경우 세부 활동들의 추진을 통해 정해진 기간 내에 완료해야 하기 때문에 일정에 대한 관리가 무엇보다 중요하다. 프로젝트 관리는 세부 활동들의 추진 우선순위의 결정을 통한 일정통제와 더불어 결과물에 대한 높은 품질의 확보를 그 목적으로 하고 있는데, 이때 PERT를 활용할 수 있다.

계획의 평가검토를 위해 프로젝트의 달성에 필요한 전 작업을 작업관련 내용과 순서를 기초로 하여 네트워크상으로 파악한다. 통상 프로젝트를 구성하는 작업 내용은 **이벤트**(event)라 하여 원형으로 표시하며, 각 작업의 실시는 **활동**(activity)이라 하여 소요시간과 함께 화살표로 표시한다. 따라서 계획내용은 이벤트, 활동 및 시간에 의해서 〈그림 10-3〉과 같이 네트워크 모양으로 표시된다.

전 작업이 A에서 시작되어 G에서 완료된다고 볼 때, 이 전체의 작업 소요시간은 최장작업경로(A → B → E → D → G)에 의해 결정된다. 이와 같은 최장시간경로를 **주공정**(critical path)이라 하며, 이 경로를 단축하는 것이 전체 일정을 단축하거나 납기를 엄수하는 데 있어 매우 중요하다. 따라서 주공정을 구성하는 활동들에 대한 집중관리가 요구된다. PERT는 주공정을 찾는 방법과 비용과 시간을 감안한 프로젝트의 일

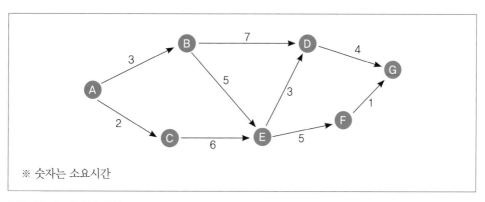

※ 숫자는 소요시간

그림 10-3 PERT 예시

정을 단축하는 방법 등을 제공한다.

3) 구매통제

대부분의 제조업의 경우 투입되는 생산원가에서 자재구입비가 가장 많은 부분을 차지하고 있다. 따라서 효율적인 구매가 원가절감에 기여할 수 있는 가능성도 크다고 볼 수 있는데, 더구나 최근의 원재료 가격의 상승추세에 비추어 볼 때 **구매통제**(purchasing control)의 필요성은 더욱 강조된다고 할 수 있다.

　미국의 통신회사인 벨애틀랜틱에서는 자사용으로 구입할 복사기의 종류를 40종에서 7종으로 줄인 결과 구입가격을 50% 줄일 수 있었으며, 프린터의 관련된 부품에 대한 공급계약을 하나의 업체와 일괄적으로 함으로써 30% 이상의 경비를 절감할 수 있었다. 이런 예에서 볼 수 있듯이 효율적인 구매를 위해서는 공급업체의 수를 가능한 줄여 대량구매를 통한 원가절감과 품질보증 그리고 적시공급 등의 서비스를 모색할 수 있는데, 이는 구매자 교섭력의 강화에 의한 구매통제라고 볼 수 있다. 한편 하나의 공급업체와 상호신뢰를 바탕으로 한 긴밀한 관계를 유지하여 장기적인 공급계약을 맺는 경우도 많다. 이를 공급자-구매자 파트너십이라고 하는데, 구매자의 입장에서는 공급자를 자기 조직의 자재조달부서로서 여길 수 있을 만큼 서로의 정보교환을 통한 원활한 자재공급과 대량구매에 따른 원가절감을 기할 수 있고, 공급자의 입장에서도 안정적인 매출을 얻을 수 있다.

4) 재고통제

재고(inventory)에는 판매되지 않은 완제품뿐만 아니라 원자재, 재공품 등의 형태로 저장된 것들도 포함된다. 재고는 이미 원가가 투입된 상태이기 때문에 가능하면 그 수량을 줄이는 것이 유리하다고 할 수 있다. 하지만 일반적으로 생산은 균일하게 이루어지는 반면, 판매는 계절적 수요의 변동 등에 의해 변화의 폭이 크게 나타난다. 따라서 성수기 수요와 불확실한 수요변화 등에 대비하기 위해, 또는 대량구매를 통해 구입원가를 절감하기 위해 재고를 확보해야 할 필요가 있다. 동시에 재고를 유지하는 데 소요되는 비용들을 최소화하기 위한 노력이 요구된다.

(1) 경제적 주문량

재고비용 중 주문비용(ordering cost)은 주문횟수에 따라 증가하기 때문에 최대한 한 번에 많은 수량을 주문하는 것이 유리하지만, 그럴 경우 많은 재고를 보유하게 되므로 재고유지비용(carrying cost)이 증가한다. 이때 총비용(주문비용＋재고유지비용)이 가장 적게 드는 주문수량을 **경제적 주문량**(EOQ : Economic Order Quantity)이라고 한다.

현실에서는 매우 많은 변수가 있기 때문에 모든 상황에 맞는 유일한 공식을 만들어 내는 것은 불가능하다. 따라서 EOQ는 몇 가지 이상적인 상황을 가정한 후에 공식을 산출한다. 이렇게 산출된 공식이라고 하더라도 현실에 바로 적용하는 것은 무리일 수 있다. 그러나 상황에 따라 EOQ를 응용해서 적절히 사용하면 경제적 재고관리를 하는 데 상당히 도움을 얻을 수 있다. 이러한 이유로 비현실적인 EOQ가 중요한 개념으로 다루어지고 있는 것이다. **EOQ의 기본 가정**은 다음과 같다.

① 수요를 알고 있어야 하고, 그 수요가 기간별로 일정해야 한다.
② Item은 석유정제와 같은 장치산업처럼 계속적으로 생성되는 것이 아니라 Lot이나 Batch 단위로 구매되거나 생산된다.
③ 주문비용과 재고유지비용은 기간별로 변하는 것이 아니라 일정해야 한다.
④ 재고보충은 한 번에 일어난다. 즉, 리드타임(Lead time)은 '0'이다.

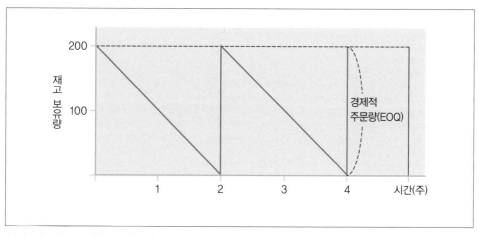

그림 10-4 경제적 주문량과 재고의 변화

위와 같은 가정 하에서 수요가 같은 수치로 일정하게 발생하기 때문에 재고수량은 시간이 경과함에 따라 〈그림 10-4〉와 같은 변화를 보일 것이다. 2주와 4주에서 재고량이 수직으로 상승한 것에 리드타임이 0이라는 사실을 알 수 있다. 또한 주문수량은 Q, 평균 재고 보유량은 Q/2라는 점을 알 수 있다.

완제품을 주문·구매하여 이를 판매하는 상점의 경우를 생각해 보자. 하나의 제품에 대해 향후 1년 동안 판매량이 예측되면 이를 주문하게 된다. 하지만 한꺼번에 모두를 주문하지는 않을 것이다. 왜냐하면 보관도 문제지만, 1년 동안 판매될 제품에 대한 구입가격을 일시에 지불한다는 것이 현명하지 못한 처사이기 때문이다. 이때 발생하는 보관료, 보험료, 구입가격에 대한 이자 등을 재고유지비용이라고 하며, 이는 주문량에 비례하여 증가한다. 따라서 재고유지비용을 줄이기 위해 여러 번으로 나누어 주문을 하게 되는데, 너무 자주 조금씩 주문을 하더라도 주문 시 발생하는 통신, 주문서 작성, 입고검사 등에 소요되는 비용이 증가하게 된다. 이를 주문비용이라고 하며, 주문횟수에 비례하여 증가한다. 이 상황을 〈그림 10-5〉로 나타낼 수 있는데, 한 번에 주문하는 주문수량이 많아짐에 따라 주문비용은 감소하고 재고유지비용은 증가하게 되는데 총비용은 두 선의 교차점에서 가장 적다는 것을 알 수 있다.

따라서 기본 가정 하에서 EOQ는 수량의 증가에 따른 주문비용 감소선과 재고유지비용 증가선이 만나는 지점의 수량이라고 정의할 수 있다.

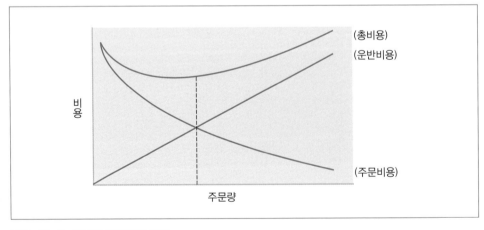

그림 10-5 경제적 주문량의 확인

표 10-1 JIT 실행 조건

고품질의 자재 또는 부품을 공급할 수 있는 공급업체의 확보
지속적인 신뢰관계를 유지할 수 있는 가능한 최소 개수의 공급업체 확보
자재운송 소요시간의 단축을 위한 공급업체와의 근접성 유지
생산계획에 따라 생산현장에 정확히 자재를 조달할 수 있는 운반시스템 구축
강도 높은 현장관리

(2) 적시(JIT : just-in-time) 조달시스템

수요가 발생할 때마다 그 즉시 물건을 조달할 수 있다면 재고는 필요치 않을 것이다. 즉, 제조업체의 경우 판매예측에 따라 작성된 생산계획에 의거, '필요한 부품이 필요한 시기에 필요한 양만큼' 조달된다면 무재고(zero inventory)는 실현될 것이고, 결과적으로 재고관련 비용은 큰 폭으로 하락할 수 있을 것이다. 이 아이디어는 1970년대 토요타에서 시작되어 전 세계적으로 관심을 불러일으켰다. 이른바 토요타 시스템이라고도 불리는 이 **JIT시스템**은 원가절감을 통한 생산성 향상뿐만 아니라, 공간의 효율적 이용, 품질향상, 생산유연성 향상 그리고 종업원의 능력개발 등 그 효과가 다방면으로 나타나고 있다. 하지만 이의 성공적인 실행을 위해서는 세밀한 생산일정 계획과 함께 〈표 10-1〉에 제시된 조건들이 충족되어야 한다.

5) 품질통제

품질통제(QC : Quality Control)란 제품 또는 서비스가 소비자의 요구에 만족스럽게 부응할 수 있는 소위 사용적합성을 구현하기 위해 설계단계, 제조단계, 사용단계에 이르기까지 이의 특성들을 정의하고, 확보하며, 유지시키는 행위라고 볼 수 있다. 이러한 개념은 **전사적 품질관리**(TQM)로 확대될 수 있지만, 여기서는 주로 생산현장에서 통계적 기법을 사용하는 **통계적 품질관리**(SQC : Statistical Quality Control)에 대해 개략적으로 살펴보고자 한다.

자동차 부품의 하나인 크랭크샤프트는 그 축의 직경이 설계단계에서는 정확히 설정되었다 하더라도 제조단계에서 절삭공구의 노후 등으로 인해 설계된 대로 정확하

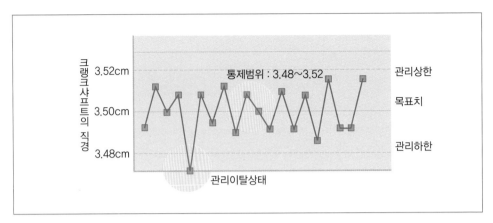

그림 10-6 관리한계선

게 나오지 못하는 경우가 발생한다. 그렇다고 이러한 제품들을 모두 불량으로 볼 수는 없다. 왜냐하면 어느 정도의 미세한 오차는 당초 설계된 크랭크샤프트의 기능에 별 영향을 미치지 않을 수 있기 때문이다. 따라서 정상적인 크랭크샤프트의 직경을 범위로 나타낼 수 있는데, 예를 들어 3.50cm가 설계상 직경이라 할 때, 3.52cm 이내 3.48cm 이상까지는 정상품이라 할 수 있는 것이다. 이때 3.52cm를 **관리상한**(UCL : Upper Control Limit), 3.48cm를 **관리하한**(LCL : Lower Control Limit)이라고 한다. 그런데 생산되는 모든 크랭크샤프트의 직경을 측정하는 것은 현실적으로 불가능하며, 이 경우 통계학의 표본이론을 이용하여 추출된 표본의 측정을 통해 크랭크샤프트의 제조공정(절삭작업)에 대한 평가를 할 수 있다. 즉, 〈그림 10-6〉에서처럼 측정된 표본의 직경이 관리한계선 바깥에 위치한다면 그 제조공정은 문제가 있는 것이며, 따라서 어떤 조치를 취해야만 한다. 하지만 직경의 변동이 관리한계선 내에서만 발생한다면 공정자체는 정상적으로 가동된다고 판단할 수 있다. 최근에는 0.01% 이내의 불량률을 목표로 하는 **100ppm**(parts per million) 운동과 더불어 불량률 0.00034% 이내를 목표로 하는 **6-시그마**(six.sigma) 운동도 많이 거론되고 있다.

6) 손익분기점 분석

손익분기점(BEP : Break Even Point)이란 〈그림 10-7〉에서와 같이 총매출액과 총비용이 일치하여 손실이나 이익이 발생하지 않는 판매량 또는 매출액을 말한다. 손익분기점

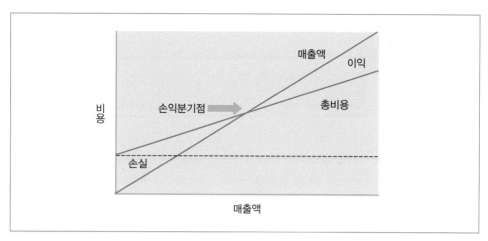

그림 10-7 손익분기점

보다 많이 판매하면 이익이 발생하지만 손익분기점보다 적게 판매하면 손실이 생긴다. 만약에 손익분기점 매출이 1천만 원이라면 점포의 이익은 1천만 원을 초과할 때부터 발생되는 것이며, 매출이 1천만 원 미만이라면 손실이 발생하고 있는 것이다. 손익분기점(P) 계산식은 다음과 같다.

$$P = F/(1-V/S)$$
P : 손익분기점, F : 고정비, V : 변동비, S : 매출액

점포 창업의 경우 고정비는 창업 시에 들어가는 부분과 매월 정기적으로 지출되는 부분으로 구분할 수 있다. 초기 투자비용 중 임대보증금이나 권리금 등은 금융비용으로 처리하고 인테리어비나 설비비 등은 감가상각비로 처리하면 된다. 매월 정기적으로 지출되는 고정비에는 인건비, 관리비, 월 임대료 등이 포함된다. 변동비는 재료비와 소모품비 등이 포함된다.

이와 같이 손익분기점 분석을 통해 얻은 결과는 이익계획 및 이익목표 설정을 위한 기초자료가 될 뿐만 아니라 이익목표 달성을 위한 통제도구로도 사용할 수 있다.

현대모비스 아산 모듈공장, 4중 안전장치로 정확하고 빠르게

쏘나타와 그랜저는 국내를 대표하는 세단이다. 10년이 넘게 해마다 집계하는 베스트셀링카 순위 상위권에 매번 이름을 올린다. 국내에서만 연간 10만 대 수준이 팔리고, 최근에는 해외에서의 인기도 좋다. 그렇게 많은 물량을 생산하다 보면 차질이 생기게 마련이다. 적절한 시기에 적정 수요에 맞게 차를 공급해야 한다. 1년에도 수십만 대 차량을 차질 없이 공급하는 것 자체가 신기할 정도다.

이를 가능하게 하는 것이 '모듈'이다. 완성차를 만드는 데 소요되는 수많은 부품을 개별 단위가 아닌 조립 영역 또는 기능별로 결합해 완성차 생산라인에 공급하는 부품 단위를 말한다. 완성차 제조라인에 나사나 베어링을 공급하지 않고, 나사나 베어링으로 조립된 문·운전석·센터페시아로 모듈화 해서 납품한다. 훨씬 더 효율적인 작업이 가능하다. 부품 수가 줄어들고 완성차를 조립할 때 거쳐야 하는 단계가 줄어들기 때문이다. 품질 향상에도 도움을 준다. 개별 모듈마다 철저한 품질검사를 거친 다음 조립을 한다.

하지만 아무나 모듈을 만들 수 있는 것은 아니다. 생산된 모듈은 곧바로 완성차에 부착된다. 안전이 중요한 자동차에 장착되는 만큼 완성도 높은 품질이 뒷받침돼야 한다. 현대모비스 아산 모듈공장은 국내는 물론이고 세계에서도 인정받는 모듈생산시스템과 기술을 갖추고 있다. 이곳에서는 현대차의 주력 차종인 LF쏘나타와 HG그랜저의 모듈을 생산한다. 자동차의 3대 핵심 부품으로 불리는 섀시·운전석·프론트엔드 모듈을 모두 생산할 수 있는 국내 유일의 공장이다. 연간 30만 대

아산 모듈공장의 운전석 모듈 라인   사진 : 현대모비스 제공

차량에 장착할 수 있는 모듈을 생산하고 있다.

공장 입구에 들어서면 무언가 분주한 움직임이 포착된다. 운전석 모듈이 생산되는 라인이다. 총 40여 개의 부품을 조립해 운전석 모듈을 만든다. 간단해 보이는 작업이지만 의외의 암초가 있다. 생산하는 운전석 모듈의 종류가 한 가지가 아니라는 점이다. 최근 자동차 업계의 트렌드는 세분화다. 동일한 차종에서도 옵션 장착 여부에 따라 여러 가지 트림으로 나뉜다. 운전석 모듈에 기본 장착되는 오디오만 해도 일반형과 고급형으로 나뉜다. 에어컨과 히터도 싱글 · 듀얼방식으로 조합되고, 블루투스 사양이 들어 있는 차도 있고 없는 차도 있다. 작은 부분까지 챙겨서 조합하면 LF쏘나타와 HG그랜저 생산에 필요한 운전석 모듈만 2,000가지가 넘는다. 모든 종류의 모듈을 한 라인에서 생산하는 것은 불가능에 가깝다.

현대모비스는 '직서열 방식(JIS, Just In Sequence)' 시스템을 도입해 이 문제를 해결했다. 차량 생산 주문이 들어오면 현대자동차와 동일한 단계로 차량과 모듈이 생산되는 것을 말한다. 현대자동차가 차체를 만들기 시작하면 그 차량에 부합하는 모듈이 생산되고 시간차가 거의 없이 완성해 다음 단계로 작업해 나가는 시스템이다. 세계도 인정하는 기술이다. 이전까지 가장 효율적이라고 평가받았던 시스템은 토요타의 시스템(JIT, Just In Time)이었다. 시간대별로 필요한 부품을 주문해 최대한 효율적인 생산이 가능하게 만들었다. 하지만 시간차로 인한 약간의 재고는 발생한다. 현대모비스의 JIS는 생산 공정과 동일한 타이밍에 부품을 생산하기 때문에 재고가 전혀 발생하지 않는다. JIT보다 한 수 위의 기술이라고 평가되는 이유다.

아무리 효율적인 시스템이라도 안전성이 보장되지 않으면 의미가 없다. 2,000여 가지의 모듈을 생산하다 부품끼리 엉킬 우려가 있다. 쏘나타에 장착해야 할 운전석 모듈이 그랜저 라인으로 간다거나, 블루투스 옵션이 없는 차량의 모듈이 옵션이 있는 차량에 장착되는 문제다. 또 자동차는 안전이 생명이다. 작은 부품 하나라도 이상이 있으면 운전자의 생명을 위협할 수 있다. 현대모비스는 4단계의 안전장치를 마련해 이런 우려를 불식시켰다. 각 공정 라인마다 이뤄지는 '품질안전보증 시스템'이다.

4중 안전장치 중 첫 단계가 최첨단 바코드시스템이다. 아산공장 네트워크에 현대자동차에서 보낸 차량 정보가 수신되면, 이 정보를 각각의 부품 조립 단계로 다시 발신한다. 스타트라인에서 출발한 부품에 하나씩 새로운 부품이 조립 · 장착될 때마다 차량 정보에 의해 정해진 부품이 제대로 장착되고 있는가를 확인하게 된다. 이 확인 과정을 담당하는 것이 최첨단 바코드시스템이다. 컨베이어 벨트를 따라 이동한 부품에 붙은 바코드를 바코드리더로 읽으면 작업자 앞에 설치된 모니터에 모듈의 고유번호와 장착돼야 할 부품 정보가 나타난다. 작업자는 다시 장착할 부품에 붙어 있는 바코드를 읽는다. 잠시 후 '삐익' 하는 소리가 나며 모니터에 'OK'라는 문자가 뜬다. 정확히 장착된 부품이라는 표시다. 만약 일치하지 않을 경우 'NG'라는 글자와 함께 전체 라인이 중단되며 작업 자체가 불가능하게 된다.

그다음 안전장치인 '에코스시스템'은 한국 IT 기술의 완성판으로 불러도 좋다. 운전석 모듈에서 제일 예민한 부분은 전기로 작동하는 전장부품이다. 운전석 모듈에는 오디오를 비롯해 시트벨트·에어백·주차브레이크·배터리 경고등 등 전기로 작동하는 부분이 60개가 넘는다. 만약 전장부품 중 한 가지라도 제대로 작동하지 않을 경우, 운전자가 큰 불편을 겪는다. 안전에 위협이 될 수도 있다. 문제는 이런 전장부품에 문제가 생기면 전체를 분해해 고장 부위를 찾아야 한다는 것이다. 이런 약점을 보완하기 위해 현대모비스는 국내 IT 업체와 합작해 모든 전장부품이 제대로 작동하는지를 검사하는 에코스시스템을 세계 최초로 개발했다. 운전석 모듈은 계기판과 오디오, 그리고 조수석 쪽으로 연결된 배선을 에코스시스템과 연결해 모든 경고등과 전기장비가 제대로 작동하는지 확인하는 최종 검사를 받는다.

현대모비스는 트롤리컨베이어 시스템을 도입해 효율적이면서도 정확한 작업이 가능하도록 만들었다. 아산 모듈공장에는 조립 라인 주변에 부품을 놓아두는 공간이 없다. 트롤리컨베이어 시스템에 의해 자재 창고에서 작업 순서에 맞게 필요한 부품이 자동으로 작업자에게 전달되기 때문이다. 과거에는 사람이 직접 창고에서 부품을 운반하다 안전사고가 자주 발생했는데 지금은 그럴 우려가 없다. 또 필요한 부품이 적시에 공급되기 때문에 부품을 잘못 결합할 확률도 줄어든다. 만약 작업자가 부품을 결합하는 과정을 빼먹으면 경고등이 울리며 전체 작업이 중단된다. 사실상 오결합 문제를 원천적으로 봉쇄한 셈이다.

미래에 발생할 수 있는 문제까지 대처하는 시스템도 갖추고 있다. 부품의 품질을 높일 수 있는 다양한 시스템을 개발해 적용하고 있다. 현대모비스는 이 모든 과정의 생산이력을 완성차 출고 후 23년 동안 컴퓨터에 보관한다. 나중에 자동차에 결함이 생기거나 문제가 발생하면 그걸 해결할 수 있는 단서가 되기 때문이다. 또 이런 이력을 바탕으로 품질을 높일 수 있는 다양한 아이디어와 시스템도 개발할 수 있다.

아산 모듈공장

- 출처 : 이코노미스트 1304호, 2015년 9월 28일 -

1. 경영전략

기업은 경영활동을 통해 작동하는데, 이러한 경영활동은 〈그림 11-1〉과 같이 크게 ① 경영전략(Strategy), ② 경영관리(Management), ③ 경영운영(Operation)으로 구분된다. 먼저 **전략**(Strategy)은 조직체의 사회적 역할에 따라 목적을 설정하고, 그 목적을 달성하기 위하여 외부환경으로부터 주어지는 기회를 내부의 역량과 매치시켜서 경쟁우위를 창출시키고 유지시키기 위한 전략적인 의사결정 활동을 말한다. 다시 말해서, 전략은 기업의 목표설정 행위와 이를 달성하기 위한 종합적인 활동계획이라고 볼 수 있다. 관리는 결정된 전략을 집행하는 데 투입되는 자원을 최소화(**효율성**)하거나 주어진 자원을 이용하여 추구하는 목표의 달성도를 최대화(**효과성**)하는 활동, 또는 이 두 가지를 동시에 추구(**생산성**) 하는 활동을 말한다. 운영은 관리적 활동을 정해진 방식과 체계에 따라 수행하는 활동을 의미한다.

전략이라는 의미를 지니는 *Strategy*란 단어는 그리스어 *Strategos*에서 나온 것으로 이 말은 군대를 의미하는 *Stratos*와 이끈다(lead)는 의미의 *-ag*가 합쳐진 용어이다. 일반적으로 기업의 경영전략은 장기적인 목표의 결정과 이의 달성을 위한 경쟁력의 확보를 위해 제한된 경영자원을 배분하는 등의 계획을 수립하는 것으로 정의된다. 여기서 장기적인 목표란 그 기업이 장기적으로 추구하고자 하는 **전략적 의도**(strategic

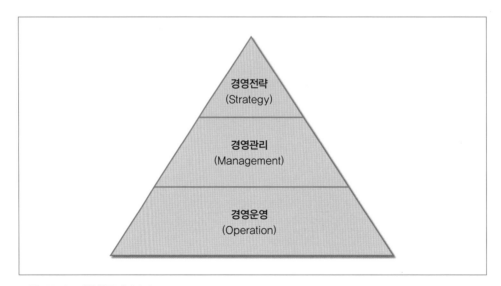

그림 11-1 경영활동의 3요소

intent)를 말한다. 또한 경쟁력의 확보에서 알 수 있듯이 전략은 경쟁상황에서 어떻게 상대방보다 우월한 경쟁력을 자금, 인력, 시간 등 희소한 경영자원을 배분함으로써 확보할 수 있는가를 분석할 수 있어야 한다. 결국 경영전략은 구체적인 목표의 설정, 외부환경에 대한 명확한 이해, 자신과 경쟁자의 경영자원의 강점과 약점에 대한 객관적인 평가, 전략의 효과적인 수행능력을 두루 갖추어야만 성공할 수 있다.

1) 전략과 경쟁

전략은 기업과 그 기업이 처해 있는 경영환경과의 관계 정립으로부터 시작된다. 즉, 최고경영자가 "앞으로의 성공을 위해 지금 상황에서 무엇을 해야 하나?"라는 질문에 답하기 위해서는 제일 먼저 현재 고객들이 원하는 바를 확인해야 할 것이다. 어떻게 보면 간단하지만 경쟁자들도 동일한 생각을 하기 때문에 실제 전략의 선택이란 복잡하고 위험스러운 것이라고 할 수 있다. 하지만 통상적으로 전략은 경쟁으로서 존재하며 경쟁이 없는 상황에서의 전략이란 의미가 없는 것이다.

　우리나라의 KT&G 또는 미국의 마이크로소프트는 해당 사업 분야에서 거의 독점적 시장환경을 누리고 있는데, 이러한 시장 환경은 독점적 기업에게 절대적 경쟁우위를 제공하여 막대한 이익을 보장해 준다. 그리고 한 사업 분야의 대부분을 소수 몇 개의 기업들이 직접적인 경쟁을 회피한 채 분점하고 있는 과점적 시장 환경에서도 별다른 경쟁 없이 상당한 이익 창출을 기대할 수 있다. 하지만 이러한 시장환경하에서의 소비자들은 많은 피해를 입게 된다. 그 이유는 경쟁의 강도가 낮아질수록 품질개선 또는 혁신에 대한 노력이 등안시될 수 있기 때문이다. 즉, 시장 내에서 경쟁의 부재는 전략의 부재이며, 이것은 곧 소비자의 손실로 이어진다.

　오늘날 국내적 · 세계적 시장개방으로 인하여 많은 기업들이 경쟁에 참여하기 때문에 과거보다 경쟁의 강도는 높아지고 있다. 이는 한 사업 분야에서 동일한 고객집단을 두고 여러 기업들이 경쟁을 벌이는 것으로 패스트푸드산업에서 그 전형적인 예를 볼 수 있다. 맥도날드와 버거킹, 그리고 웬디스는 미국뿐 아니라 전 세계적으로 햄버거시장에서 직접적인 경쟁을 벌이고 있는데, 어느 경쟁자가 특정 전략의 성공으로 상당한 이익을 일시적으로 얻었다면 그 이익은 상대방의 모방 또는 다른 대응 전략으로 없어지게 되고, 다시 또 새로운 전략이 모색되는 등 치열한 경쟁이 벌어지고 있다. 이러한 상황에서 소비자는 보다 저렴한 가격과 우수한 서비스를 기대할 수 있을 것이다.

2) 전략경영

전략경영(strategic management)이란 전략의 수립과 실천의 과정으로서, 경쟁우위를 창출하고 유지시키기 위하여 자사의 비전과 목표를 확인하고 자사의 강점과 약점을 환경적 기회와 위협에 적절히 대응시키는 의사결정 과정이다. 전략경영은 기존의 경영관리 과정에서 기업의 생존과 번영의 핵심전제인 경쟁우위 창출과 유지라는 개념이 추가된 것이며 경쟁우위의 창출과 유지를 위해서 전략적 사고가 추가된 것이다.

월마트 회장인 데이비드 글래스는 21세기에 펼쳐질 소매유통 분야의 변화에 대비하여 유럽과 아시아 시장의 본격 진출, 새로운 정보통신 기술의 이용, 고객 및 직원과의 대화를 통한 판매현장에 관한 정보의 수집과 분석을 전략의 기본으로 삼았다. 전략의 수립이 효과적으로 수행되기 위해서는 첫째, 명확하게 정의된 조직의 장기적 목표가 제시되어야 하고 둘째, 경쟁환경에 대한 통찰력 있는 분석과 더불어 현 조직 스스로의 능력에 대한 분석이 이루어져야 하며 셋째, 이러한 상황에 적절한 전략을 개발, 선택해야 한다. 그리고 전략의 실행차원에서는 선택된 전략의 실제 행동화를 위해 조직 및 관리시스템을 정비·가동시키되, 제한된 경영자원을 효율적으로 배분하도록 하여 최소의 자원으로 최대의 성과를 이룰 수 있게 해야 한다.

2. 전략관리과정

우수한 성과를 창출하기 위해서는 〈그림 11-2〉와 같이 다섯 단계로 이어지는 전략의 체계적 관리과정이 요구된다.

1) 전략적 비전과 목표의 설정

기업들은 그들의 장기적 목표를 중심으로 상호 효과적으로 연결된 전략을 수립함으로써 기업성과를 높일 수 있고, 기업의 구성원들은 기업이 어떤 목표를 추구하는지를 분명히 인식함으로써 강한 정서적 공감대 형성과 함께 창의성을 발휘할 수 있다. 이러한 기업의 장기적 목표는 비전의 설정을 통해 수립될 수 있다.

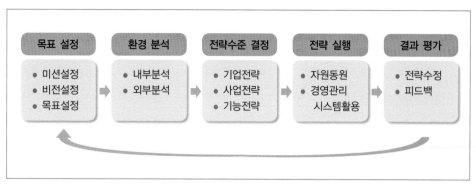

그림 11-2 전략관리과정

(1) 미션의 설정

기업에서의 **미션**, 즉 사명 또는 **경영이념**은 기업의 경영에 있어 기본이 되는 경영자의 신념 또는 추구하는 가치를 말하는 것으로서, 기업문화를 형성하게 된다. 전략경영에 있어 경영이념은 기업조직의 정체성, 즉 다른 기업과 차별화될 수 있는 독특한 기업 문화 또는 경영철학을 확립시키고, 전략적 수립의 바탕이 된다. LG그룹의 '고객을 위한 가치창조'와 '인간존중의 경영', 쓰리엠의 '안 풀리는 문제는 기술혁신으로 가능하게', 백화점 체인인 노드스톰(Nordstrom)의 '모든 것보다 우선한 고객 서비스, 향상된 개인 생산성 그리고 명성의 유지' 등이 경영이념의 좋은 예가 될 수 있다.

(2) 비전의 설정

비전이란 기업이 전략적으로 지향하고자 하는 미래상을 의미한다. 이는 장기적 안목에서 현실과 미래목표를 연결시키는 일종의 전략적 의도로서, 비전을 통하여 미래의 이상과 목표가 명확하게 제시되어야 하며 조직구성원들이 이에 스스로 몰두할 수 있어야 한다. 세계적 수준의 기업들은 뚜렷한 전략적 비전을 가지고 있으며, 이를 장기간에 걸쳐 꾸준히 실천하려는 노력을 보이고 있다. 화장품 회사로 유명한 Mary Kay의 '여성들에게 무한한 기회를', 혼다의 '제2의 포드', 일본전기(NEC)의 'Computing & Communications', 캐논의 '타도! 제록스', 삼성물산의 'Profit & Reward' 등은 이러한 전략적 비전을 잘 표현하고 있다.

(3) 전략목표의 설정

비전이 설정되면 이를 실현시킬 수 있는 실천적 차원에서의 **운영목표**(operating objective) 설정이 필요하다. 이때의 목표는 전략적 의사결정이 이루어지는 환경, 즉 사업영역의 정의와 함께 보다 구체화된 형태로서의 경영목표를 제시해야 한다. 이 목표는 실제 성과로서 측정 가능해야 하는데, Peter Drucker는 가능한 경영목표로 다음과 같은 여덟 가지를 제시하고 있다.

① 수익성 목표
② 시장점유율 목표
③ 인력개발 목표
④ 재무건전성 목표
⑤ 생산성 목표
⑥ 품질 목표
⑦ 기술혁신 목표
⑧ 사회적 책임 목표

2) 환경 분석

전략을 수립하기 위해서는 기업조직 내부환경에 대한 분석과 외부환경 분석이 기초가 되어야 한다. 내부환경에 대한 분석은 기업 스스로의 **강점**(strength)과 **약점**(weakness)을 분석하여 자사의 강점을 활용하고 약점을 극복하기 위한 전략수립의 기초가 된다. 그리고 외부환경에 대한 분석은 외부환경으로부터의 **기회**(opportunity)와 **위협**(threat) 분석을 통해 변화하는 환경 속에서 기회를 포착하고 위협요인들을 회피하기 위한 전략을 수립하는 데 기초가 된다. 이와 같은 내부환경 분석과 외부환경 분석은 각각의 영문 첫 글자를 따 SWOT분석이라고 한다.

환경분석의 첫 번째 목적은 새로운 기회를 인식하는 것이다. **마케팅 기회**란 기업이 수익을 창출할 수 있는 고객의 욕구이다. 이러한 고객욕구가 자사의 목표와 일치하는지, 고객욕구가 수익이 날 수 있을 만큼 충분한지, 고객 욕구를 충족시킬 수 있는 역량을 가지고 있는지, 이러한 역량이 경쟁사의 역량에 비해 상대적 우위가 있는지를 확인해야 한다.

환경분석의 두 번째 목적은 외부적 위협을 인식하고 대비하는 것이다. **환경적 위협**이란 기업이 방어적인 마케팅 활동을 실시하고 있지 않은 상태에서 판매나 이익을 저하시키는 바람직하지 못한 추세나 변화에 의해 생기는 문제이다. 기업은 위협을 처리하기 위해서 위협의 발생 전 또는 발생하는 동안 그 기업이 어떠한 변화를 취할 수 있는가를 미리 제시하는 상황계획을 마련해야 한다.

⑴ 내부환경 분석

환경 내에서 매력적인 기회를 발견하는 것과 성공할 수 있는 역량을 보유하고 있는 것은 별개의 것이다. 각 사업부는 주기적으로 강점과 약점을 평가해야 한다. 〈표 11-1〉과 같이 사업의 마케팅, 재무, 제조 및 조직 능력을 검토하여 각 요인들을 아주 강함, 강함, 중간수준, 약함, 아주 약함 등에 따라서 평가한다. 경쟁시장 조건 하에서 기업의 강·약점은 상대적인 의미를 갖는다. 따라서 기업은 자사와 경쟁사들의 유·무형의 자원에 대한 분석 및 강·약점 평가를 동시에 고려해야 한다.

이러한 기업의 강점이나 약점은 현재의 상태는 물론 미래상태에 대해서도 예측되어야 한다. 따라서 강·약점 분석은 장기적인 관찰을 요구하며 경우에 따라 현재보다는 미래상태의 기회와 위협에 보다 중요한 의미를 부여하는 경우가 있다. 기업의 강점과 약점의 분석에서는 현실적으로 마케팅, 재무, 생산, 인사, 회계 등 기능별로 접근하는 것이 효과적이다. 기업의 강점과 약점의 평가 및 예측하는 데 있어서 관리자 또는 의사결정자의 주관적 판단으로 하는 방법과 측정가능한 객관적 기준을 통한 방법 두 가지가 있다. 먼저 기업의 강·약점 분석을 책임진 관리자는 현재와 미래에 있어서의 기업의 잠재력을 그들의 주관에 따라 측정한다.

기업은 자원과 능력에 대한 강점과 약점의 분석을 통해 경쟁우위를 확보할 수 있는 특별한 강점인 핵심역량을 확인할 수 있어야 한다. 핵심역량은 경쟁력의 원천으로서 효율적 제조기술, 뛰어난 연구인력, 잘 구축된 유통망 등 기업의 각 분야에서 찾을 수 있는데, 핵심역량이 발휘된 최종제품은 소비자들에게 편익을 제공할 수 있어야 하며, 응용범위가 넓어야 하며, 경쟁기업이 모방하기 힘들어야 한다는 조건을 가지고 있다. 예를 들어 광학기술은 카메라, 스마트폰 등의 최종제품에 있어서 소비자가 중요하게

표 11-1 강점·약점 분석을 위한 검사표

	평가					중요성		
	아주 강함	강함	중간	약함	아주 약함	고	중	저
마케팅								
1. 지명도와 명성	___	___	___	___	___	___	___	___
2. 시장점유율	___	___	___	___	___	___	___	___
3. 제품 품질	___	___	___	___	___	___	___	___
4. 서비스 품질	___	___	___	___	___	___	___	___
5. 가격 효율성	___	___	___	___	___	___	___	___
6. 유통 효율성	___	___	___	___	___	___	___	___
7. 촉진 효율성	___	___	___	___	___	___	___	___
8. 판매원 효율성	___	___	___	___	___	___	___	___
9. 혁신 효율성	___	___	___	___	___	___	___	___
10. 지리적 범위	___	___	___	___	___	___	___	___
재무								
11. 자본비용/자본조달력	___	___	___	___	___	___	___	___
12. 수익성(현금 흐름)	___	___	___	___	___	___	___	___
13. 재무적 건전성	___	___	___	___	___	___	___	___
제조								
14. 최신설비	___	___	___	___	___	___	___	___
15. 규모의 경제	___	___	___	___	___	___	___	___
16. 수용·대응 능력	___	___	___	___	___	___	___	___
17. 유능하고 헌신적인 노동력	___	___	___	___	___	___	___	___
18. 적시생산능력	___	___	___	___	___	___	___	___
19. 기술적 제조기술	___	___	___	___	___	___	___	___
조직								
20. 비전 있는 리더십	___	___	___	___	___	___	___	___
21. 헌신적인 종업원	___	___	___	___	___	___	___	___
22. 기업가적 지향성	___	___	___	___	___	___	___	___
23. 유연성과 적응성	___	___	___	___	___	___	___	___

여기는 기능이며, 여러 산업분야에 적용될 수 있다. 여기에서 다른 기업들이 모방하기 힘든 수준의 광학기술을 보유하고 있다면 핵심역량이라고 부를 수 있게 된다.

(2) 외부환경 분석

전략적 비전을 실현시키기 위해서는 그 기회를 외부환경을 분석해 찾아야 할 것이다. 외부환경은 기술, 정부, 사회구조, 인구, 세계경제 등 거시적 환경과 기업 사업영

표 11-2 SWOT 분석

내부 요인	
강점	약점
● 독특한 능력 ● 적합한 재무적 자원 ● 자사에 대한 구매자의 호의적인 생각 ● 인정받고 있는 시장선도자 ● 규모의 경제 활용 ● 원가상의 우위 ● 경쟁적 우위 ● 제품혁신 능력	● 불분명한 전략적 방향 ● 경쟁적 지위의 쇠퇴 ● 낙후된 시설 ● 평균 이하의 수익성 ● 주요기술이나 능력의 부족 ● 경쟁적 압박에 대한 취약성 ● 연구개발의 부족 ● 시장에서의 빈약한 지위 ● 전략변경에 필요한 자금의 부족

외부 요인	
기회	위협
● 새로운 고객집단의 확보 ● 새로운 시장 및 세분시장에 진입 ● 광범위한 고객욕구를 해결하기 위한 제품 　계열의 확장 ● 관련 제품의 다각화 ● 보다 좋은 전략집단으로 이동할 수 있는 　능력 ● 경쟁기업 간의 친화(전략적 제휴) ● 빠른 시장성장	● 새로운 경쟁자의 진입가능성 ● 대체품의 판매량 증가 ● 시장성장률의 둔화 또는 정체 ● 역행하는 정부의 방침 ● 경기침체 가능성 ● 공급자 또는 구매자 교섭력의 증가 ● 구매자 욕구 및 취향의 변화 ● 인구통계적 변화

역에서의 소비자, 원료 공급자, 경쟁자 등 산업 환경을 모두 포함한다. 〈표 11-2〉에서와 같이 새로운 시장의 출현, 경제 활황, 경쟁사의 약화 등으로부터 기회를 포착할 수 있는 반면, 새로운 경쟁자의 등장, 원자재 구입가의 상승, 소비자 기호의 변화 등으로부터 위협을 받을 수도 있다.

일반적으로 변화가 적은 안정적인 환경에서는 예측이 쉬운 만큼 선택된 전략의 성공가능성이 높을 수 있지만, 변화가 심한 동적인 환경에서의 전략은 많은 수정을 필요로 한다. 즉, 전략의 수립, 실천, 수정, 그리고 재실천의 과정이 끊임없이 이어져야 한다.

표 11-3 SWOT 매트릭스 전략 방향

외부환경 요인 \ 내부환경 요인		내부강점(S)	내부약점(W)
		관리·운영·재무·마케팅·R&D·엔지니어링 등의 분야에서 가지는 강점	관리·운영·재무·마케팅·R&D·엔지니어링 등 분야에서 가지는 약점
외부기회(O)	현재 및 미래의 경제적 여건, 정치 및 사회적 변화, 신제품 및 서비스 기술에 대한 기회	SO 전략(Maxi-Maxi) 조직 내의 강점과 외부의 기회를 이용하는 가장 성공할 수 있는 전략, 확대전략	WO 전략(Mini-Maxi) 외부기회의 강점을 살리고 내부의 약점을 극복하기 위한 전략, 우회전략
외부위협(T)	에너지 부족, 경쟁 등 외부위기 분야에서의 위협	ST 전략(Maxi-Mini) 위협을 피하고 대처하기 위해 내부적인 강점을 사용하는 전략, 안정적 성장전략	WT 전략(Mini-Mini) 삭감전략, 청산

SWOT분석 결과를 토대로 〈표 11-3〉과 같은 네 가지 전략적 방향을 결정할 수 있다.

① **WT전략**(내부약점, 외부위협) : 위협과 약점을 최소화하기 위한 전략이다.
② **WO전략**(내부약점, 외부기회) : 약점을 최소화하는 대신에 기회를 극대화하려는 전략으로, 약점분야를 보완하여 강점으로 전환하기 위해서는 외부로부터 유리한 기술이나 인적자원을 도입하는 우회전략을 활용할 수도 있다.
③ **ST전략**(내부강점, 외부위협) : 조직 내부의 강점으로 외부환경 속에 있는 위협에 대응하는 전략으로 내부의 강점으로 극대화하고, 외부의 위협을 최소화하려는 노력이다.
④ **SO전략**(내부강점, 외부기회) : 외부의 기회를 이용하기 위해 내부강점을 사용할 수 있을 때 가장 바람직한 전략으로서 실제 매트릭스상의 모든 위치에서 이러한 위치로 옮기는 것이 기업의 목표이다.

3) 전략수준의 결정

여러 종류의 제품을 생산, 판매하거나 혹은 여러 사업부를 거느리고 있는 대기업을 기준으로 할 때 기업의 조직을 **전사적 수준** 또는 **기업수준**(corporate level), **사업수준**

(business level) 그리고 **기능수준**(functional level)으로 계층화할 수 있다. 이와 같은 방법으로 전략도 조직의 각 수준에 맞게 나눌 수가 있으며, 또한 전략이 추구하는 목적에 따른 유형화도 가능할 것이다.

(1) 전략의 수준

경영전략은 어떠한 수준에서 분석할 것인가에 따라 〈그림 11-3〉과 같이 기업전략 (corporate strategy), 사업전략(business strategy), 기능전략(functional strategy) 또는 운영전략(operational strategy)으로 나누어진다. 가장 높은 수준의 **기업전략**은 사업구조전략 또는 전사적 전략으로 불리며, 주로 기업 전체가 참여할 사업영역을 선택하는 것과 기업 전체적인 수준에서 자원을 배분하는 의사결정을 말한다. 이러한 기업전략은 네 가지 계획 활동으로 이루어진다. 첫째, 기업의 사명을 정의한다. 둘째, 기업의 **전략적 사업단위**(SBU : Strategic Business Unit)를 수립한다. 셋째, 개별 SBU에 자원을 할당한다. 넷째, 새롭게 진출해야 할 사업 분야를 확인한다.

기업전략의 하위전략으로서 **사업전략**은 개별사업부, 즉 전략적 사업단위에서 수행하고 있는 제품의 효율적인 경쟁을 위한 의사결정을 말한다. 즉, 해당 사업분야에서 구체적으로 어떻게 경쟁을 해서 수익률을 높일 것인가를 결정하는 것이다. 기업 간 경쟁에서 이긴다는 것은 기본적으로 시장에서 경쟁사의 제품보다 더 많이 판매되는

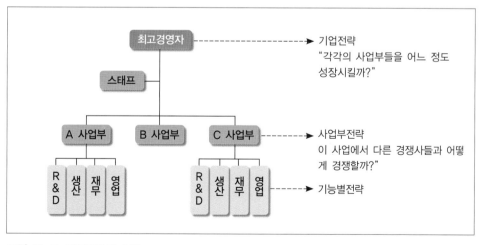

그림 11-3 경영전략의 수준

것을 의미한다. 즉, 소비자들이 경쟁제품들 중 어느 것을 더 많이 선택하는가에 따라 성패가 갈리게 된다. 따라서 자사의 제품이 타사의 제품보다 경쟁에서 우위에 있어야 소비자들의 선택을 받을 수 있다. 소비자들이 어떠한 욕구를 충족시키기 위하여 제품을 구매할 때 고려하는 것은 '더 싸거나 아니면 더 좋거나'이다. 따라서 경쟁우위는, 제3장에서 살펴본 바와 같이, 두 가지로 원가우위와 차별화우위 두 가지이다. 사업부의 장은 자사의 제품을 원가우위로 할 것인지 아니면 차별화우위로 할 것인지를 먼저 선택해야 하고 선택 후에는 각각 어느 정도로 원가우위 또는 차별화우위로 할 것인지를 결정해야 한다.

사업전략을 수립할 때에는 기본적인 몇 가지 사항을 고려해야 한다. 첫째, 경쟁상대가 누구인가를 명확하게 인식해야 한다. 둘째, 경쟁에서 승리한다는 것이 무엇을 의미하는지 이해해야 한다. 즉, 경쟁상대에 대한 대응전략을 마련해야 한다. 셋째, 대응전략을 구체적으로 어떻게 실천해야 하는가를 생각해야 한다.

기업전략과 사업전략이 수립된 이후, 특정 사업 내에서 제품기획, 마케팅, 생산, 영업, 자금조달 등 기능별로 세부적인 수행방법을 결정하게 되는데, 이를 **기능전략** 또는 **운영전략**이라고 한다. 흔히 생산관리, 마케팅관리, 재무관리, 인적자원관리라고 일컬어지는 부분이 여기에 해당된다.

(2) 전략의 유형

기업전략을 이해하기 위해서는 우선 하나의 기업은 사업(부)들의 집합체라고 인식해야 한다. 기업이 성장한다는 것은 기업을 구성하고 있는 개별 사업부들 모두 또는 일부분이 성장한다는 의미이다. 따라서 기업전략은 하나하나의 개별사업부들에 대하여 성장시킬 것인지(성장전략), 축소시킬 것인지(축소전략), 유지시킬 것인지(안정전략)에 대한 의사결정과 이에 따른 자원배분을 말한다. 성장전략에는 기존에 하지 않았던 새로운 사업을 시작하는 것도 포함된다.

① 성장전략

대부분의 업종에 있어 장기간에 걸친 기업의 생존을 위해서는 성장은 필수요건이라고 볼 수 있기 때문에 **성장전략**은 전략의 가장 일반적인 유형이다. 코카콜라나 월마트 등 초우량기업들일지라도 지속적인 해외투자를 통해 성장을 추구하는 것을 보면, 현상유지는 곧 쇠퇴를 의미한다는 성장전략의 당위성을 엿볼 수 있다. 하지만 외형적인 성장이 모든 것을 보장해 주지는 못하며, 정교하게 관리된 성장만이 바람직한 결과를 실현할 수 있을 것이다.

성장전략은 보통 두 가지로 요약될 수 있는데, 첫째로 **집중화**(concentration)에 의한 성장이다. 이는 기존 사업영역에서 새로운 시장 및 제품의 개발과 혁신을 통해 성장을 추구하는 것으로서 현재 가지고 있는 스스로의 강점들을 잘 활용할 수 있는 기회를 제공하게 된다. 두 번째로 **다각화**(diversification)에 의한 성장인데, 이러한 성장 전략에는 기존의 핵심역량을 어느 정도 공유할 수 있는 새로운 사업 부문으로의 진출을 의미하는 관련다각화 전략과 기존 사업과는 관련이 없는 분야에 신규투자, 합작투자, 또는 인수합병을 통해 진출하는 것으로서 성장을 추구하는 비관련다각화 전략이 있다. 일반적으로 장기적 경기호황일 경우 비관련다각화 전략이 유리하며 경기의 기복이 심할 경우 관련다각화 전략이 유리하다고 알려져 있다.

② 축소전략

축소전략은 효율성의 개선을 위해 기존 사업을 축소하는 것으로서 **방어전략**(defensive strategy)이라고도 한다. 사실 경영자의 입장에서 기존 사업을 축소시킨다는 것은 실패를 인정한다는 의미로 받아들여질 수 있기 때문에 축소전략의 선택은 매우 어려운 일이다. 하지만 최근의 치열한 경쟁과 불확실한 외부환경의 변화를 볼 때 축소전략은 성장전략과 마찬가지로 경영자들이 관심을 가져야 할 부분이다. 특히 1990년대 말 금융위기 이후 우리나라 기업들은 성장전략을 통한 기업확장보다는 가장 경쟁력이 있다고 판단되는 핵심사업으로의 축소를 통해 경영의 효율성을 높이기 위해 노력하고 있다.

업무 효율성 제고를 위한 **리스트럭처링**(restructuring)도 하나의 축소전략이라 볼 수 있으며, 비용을 감소시켜 상대적으로 수익을 높이는 수확전략, 핵심사업에 집중하기 위해 기업의 일부분을 매각하는 **투자환수**, 아예 기업 전체를 팔아 버리는 **청산**도 축소전략의 한 방법으로 사용할 수 있다.

③ 안정전략

안정전략은 수립된 계획에 따라 경영이 잘 되어가며, 경영환경 또한 안정적일 때 사용된다. 또한 성장전략 혹은 축소전략이 실행된 후 내부적인 정비를 통해 스스로의 강점을 키울 시간이 필요할 때에도 사용될 수 있다. 물론 경영자가 위험을 회피하는 성향을 지니고 있을 때 선호되는 전략이기도 하다.

④ 복합전략

기업의 규모가 클수록 경영환경의 변화와 경쟁이 심할수록 복합전략의 선택가능성은 높아진다. 거대 기업인 GE가 전체적으로는 성장을 추구한다 하더라도 이를 위해 서는 각 사업영역별로 성장전략, 축소전략, 안정전략을 선택적으로 적용할 수 있을 것이다.

4) 전략의 수립

전략을 수립할 때에는 항상 전략의 근본 목적인 경쟁력 확보를 염두에 두어야 한다. 전통적으로 경쟁력은 기업경영에 있어 다음과 같은 요인으로부터 얻을 수 있다.

① 원가와 품질 : 효율적 생산 및 품질관리 시스템의 구비
② 혁신과 스피드 : 혁신에 대한 강조와 새로운 아이디어를 제품화할 수 있는 속도
③ 진입장벽 : 기존 사업영역에 새로운 경쟁자가 들어오기 힘들게 장벽을 구축
④ 자본동원력 : 원활한 현금흐름(cash flow) 유지

기업들이 이미 확보한 경쟁력일지라도 환경의 변화 혹은 경쟁 상대의 대응에 따라 경쟁우위를 상실할 수 있다. 따라서 전략은 항상 변화에 따른 도전에 잘 적응할 수 있게 수립되어야 하며, 전략수립에 대한 유용한 기법에 관한 이해가 필요하다.

(1) BCG 매트릭스

한 개인이 여유자금이 많아 투자를 통해 어느 정도의 수익을 실현하고자 할 때 자금을 한 곳에 집중적으로 투자하기는 망설여질 것이다. 왜냐하면 집중적으로 투자를

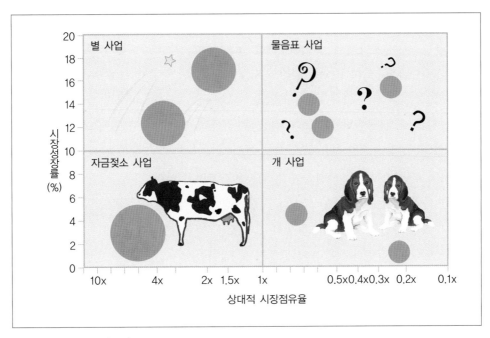

그림 11-4 BCG 매트릭스

하면 성공할 경우 그만큼 수익이 높지만 실패할 경우 손실도 상당하기 때문이다. 위험을 감소시키기 위해 자금을 주식, 채권 그리고 부동산 등에 골고루 분산시켜 투자할 수가 있는데, 이렇게 위험을 감소시키기 위한 투자의 분산을 **포트폴리오**(portfolio)라고 한다.

여러 개의 사업을 벌이고 있는 대기업의 경우도 전체적인 균형을 유지하기 위해 각 사업의 적절한 분산, 즉 포트폴리오 전략이 요구된다. 포트폴리오 전략은 전사적 수준에서의 전략으로 기업의 전반적인 목표 달성을 위해 각 사업부의 현 위치 파악 및 앞으로의 방향설정에 대한 분석의 틀을 제공할 수 있는데, 궁극적인 의사결정의 형태는 사업부에 대한 투자의 증가(성장전략), 감소(축소전략) 또는 현상유지(안정전략) 등으로 나타날 수 있다.

〈그림 11-4〉는 미국의 보스턴 컨설팅그룹에서 개발한 BCG 매트릭스로 가장 일반적으로 사용되는 포트폴리오 분석기법이다. 이는 시장성장률과 시장점유율에 근거하여 시장기회의 모색을 전략수립의 기초로 보며 각 사업의 특성을 네 가지 범주로

구분한다.

① **물음표 사업** : 시장기회는 좋으나 경쟁적 강점이 뚜렷하지 않아 시장점유율은 낮은 사업으로서 현재 많은 수익이 창출되지는 않는다. 하지만 여기에 속하는 사업들 중 경쟁우위를 확실히 갖출 수 있다고 판단되는 사업에 대해서는 선별적으로 성장전략을 적용, 과감하게 투자해 별 사업으로 육성해야 한다. 물론 위험이 수반되는 만큼 사업선정에 심혈을 기울여야 한다.

② **별 사업** : 높은 성장률을 보이는 시장환경에서 역시 높은 시장점유율을 확보하고 있는 사업으로서 현재 경쟁력 있는 강점과 확장을 위한 기회를 동시에 가지고 있다. 성장전략의 적용이 필요하며, 벌어들이는 수익이 큰 반면 시장성장률에 따른 지속적인 투자도 요구된다.

③ **자금젖소 사업** : 시장은 더 이상 커지지 않지만 현재 경쟁력은 뛰어나 많은 수익이 창출되는 사업이다. 시장성장률이 낮기 때문에 별사업에 비하여 투자 역시 상대적으로 적으므로 가장 많은 수익이 창출되는 영역이다. 경쟁강도가 높지 않다는 전제 하에서 자금젖소 사업에는 안정전략이 필요하며 여기서 생성된 수익은 선택된 물음표 사업 혹은 별 사업에 투자하도록 한다.

④ **개 사업** : 이 사업은 시장으로부터의 기회가 거의 없고 경쟁적 위치도 약하다. 투자환수 또는 청산 등의 축소전략을 적용해야 할 것이다.

BCG 매트릭스는 전략의 수립과정을 지나치게 단순화시켰다는 비판을 받기도 하지만, 실제 경영자들에게는 여러 사업부의 상대적 강점과 약점에 대한 관심을 집중적으로 고취시킬 수 있어 전략수립의 유용한 도구라는 평가를 받고 있다.

(2) GE 매트릭스

BCG 매트릭스의 경우, 상대적 시장점유율과 시장성장률의 두 가지 지표로 각각의 전략적 사업단위를 평가하는데 평가기준이 포괄적이고 단순하다는 지적이 있다. 성장-점유율 두 가지 기준으로 도출되는 결과만을 사용하여 전략적 사업단위의 목표를 결정하기란 쉽지가 않다. 이러한 경우 〈그림 11-5〉와 같이 GE가 개발한 다요인

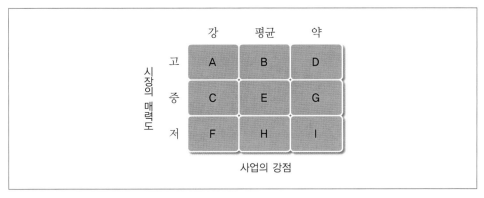

그림 11-5 GE 매트릭스

포트폴리오 매트릭스를 사용할 수 있다.

GE모형은 시장의 매력도를 고, 중, 저의 3등분으로 나누고 있으며, 사업의 강점 역시 3등분되어 모두 9개 구역으로 나누어져 있다. 이 중에서 시장의 매력도가 가장 높고 시장에서의 사업의 강점도 가장 높은 좌상구간 (A, B, C)에 위치한 사업이 가장 좋은 사업이라고 할 수 있다.

- **시장의 매력도 지수 $=\sum$ (변수 i의 가중치 * 변수 i의 매력도 평가)**
- **사업의 강점 지수 $=\sum$ (변수 i의 가중치 * 변수 i의 강점 평가)**

GE 매트릭스와 BCG 매트릭스의 가장 큰 차이점은 GE 매트릭스의 두 차원에 있다. BCG 매트릭스는 단순히 점유율과 성장률의 수치를 사용하지만 GE 매트릭스의 시장매력도나 사업 강점의 여러 요인들의 고려한 수치를 사용한다.

GE 매트릭스의 두 차원은 다음과 같이 측정된다. 먼저 각 차원의 구성요인을 선정해야 하는데 〈표 11-4〉는 시장매력도를 결정하는 8개 요인과 사회·정치·법률적 제약조건, 그리고 사업강점을 결정하는 12개 요인으로 구성되어 있다. BCG 매트릭스의 차원인 시장성장률과 시장점유율이 주요 고려사항에 해당되기 때문에 GE 매트릭스 차원의 구성요인에 포함되어 있음을 알 수 있다. 이러한 구성요인들은 각 기업이 처한 환경, 진출한 사업의 특성 등에 따라 달라질 수 있다.

구성요인을 확인한 후 구성요인에 대한 가중치를 적용해야 한다. 가중치는 각 구

표 11-4 GE 매트릭스의 두 차원 계산

시장매력도				사업강점			
구성요인	가중치	평점 (1~5)	가치	구성요인	가중치	평점 (1~5)	가치
총 시장규모	0.20	4	0.80	시장점유율	0.10	4	0.40
연간 시장성장률	0.20	5	1.00	시장점유율의 성장률	0.15	2	0.30
과거 이익추세	0.15	4	0.60	제품 품질	0.10	4	0.40
경쟁강도	0.15	2	0.30	브랜드 명성	0.10	5	0.50
기술 요구 정도	0.15	4	0.60	유통망	0.05	4	0.20
인플레이션의 영향	0.05	3	0.15	촉진효과성	0.05	3	0.15
에너지 요구정도	0.05	2	0.10	생산능력	0.05	3	0.15
환경적 영향	0.05	3	0.15	생산능률성	0.05	2	0.10
사회·정치·법률적 제약	수용가능			단위원가	0.15	3	0.45
				원재료 공급	0.05	5	0.25
				연구개발 성과	0.10	3	0.30
				관리인력	0.05	4	0.20
합계	1.00		3.70	합계	1.00		3.40

성요인의 상대적 중요도를 말하는 것으로, 가중치의 합은 1이 되어야 한다. 예를 들어 총 시장규모와 연간 시장성장률 두 가지의 중요도는 같고 그 크기는 0.20이다. 가중치 적용이 끝나면 각 구성요인에 대한 점수를 매기게 된다. 이때 1점은 가장 매력적이지 못함, 5점은 가장 매력적임을 뜻한다. 그다음 각 요인별로 가중치와 점수를 곱하고 산출된 값의 합이 바로 차원의 점수가 되는 것이다.

(3) 사업전략 : Porter의 경쟁전략과 산업구조분석

제2차 세계대전이 끝나고 1960년대까지 경기는 비교적 장기적으로 호황이었다. 그러나 1970년대 들어 유럽 기업들과 일본 기업들의 경쟁력이 강화되고 환경문제, 석유파동 등이 발생하면서 경기의 기복이 심해지기 시작했다. 이러한 경영환경을 극복하기

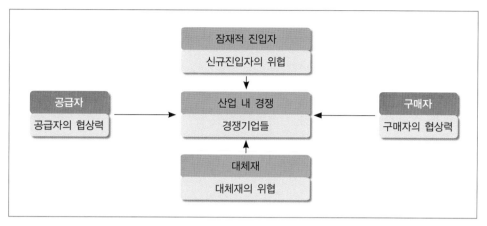

그림 11-6 산업구조분석

위하여 Michael Everett Porter는 **본원적 경쟁전략**과 산업구조분석을 제시하였다. 경쟁전략은 흔히 사업전략 그 자체로 받아들이며, 산업구조분석은 기업이 처해 있는 환경적 요소들, 더 정확하게는 5개의 경쟁세력들이 어떻게 그 기업과 경쟁기업이 속해 있는 산업의 수익률에 영향을 미치는지에 대한 일종의 외부환경을 분석하는 기법이다.

① 원가우위 전략

원가우위 전략(cost leadership strategy)은 기업의 생산시스템을 비롯한 유통망, 조직 체계 등에서의 효율성을 바탕으로 원가절감을 통해 수익 경쟁력을 갖추는 것이다. 현실적으로 대량생산체제 구축을 통한 원가절감 또는 박리다매의 방법으로 전개될 수 있는데, 그렇다고 원가절감에 치우친 나머지 제품의 품질을 등한시해서는 안 된다. 무엇보다 원가우위를 확보하기 위해서는 **규모의 경제**(economies of scale), **범위의 경제**(economies of scope), **경험의 경제**(experience effect) 등의 원가우위 원천을 확보해야 한다.

② 차별화 전략

차별화 전략(differentiation strategy)은 제품 혹은 서비스가 경쟁제품에 비하여 차별화된 무언가를 제공함으로써 고객에게 호소하는 전략으로 차별화 정도가 높아질수록 원가 및 가격은 상승하게 된다. 따라서 경쟁기업이 자사제품의 차별화를 모방하여 차별화가 감소되는 것에 특히 주의해야 한다. 창조성이 강조되는 마케팅, 연구개발 등의 부서에서 특히 요구되며, 고수익을 올리고 있는 중소기업, 즉 시장점유율은 낮지만 높은 수익을 실현하고 있는 중소기업의 경쟁력을 설명해 준다.

③ 집중화 전략

원가우위 전략과 차별화 전략은 경쟁우위인 원가우위와 차별화우위와 일맥상통한다. 그러나 집중화 전략은 전략 그 자체이지 경쟁우위의 요소는 아니다. **집중화 전략**(focus strategy)이란 원가우위 전략 또는 차별화 전략을 전체 시장이 아닌 특정 시장에 적용시키는 전략으로, 원가우위 집중화 전략과 차별적 집중화 전략으로 구성된다. 즉, 제한된 특정 고객집단, 특정 지역 혹은 특정 제품 및 서비스 시장에 기업의 자원을 집중시켜 전문화된 성격의 경쟁력을 창출, 수익을 얻는 전략으로서 사전에 세밀한 시장 세분화 분석을 통한 목표시장의 적절한 선정이 필요하다. 집중화 전략은 선정된 목표시장에 원가우위 전략 또는 차별화 전략과 함께 적용될 수 있다.

④ 제품수명주기

어떤 제품이든지 시장에 출시되고 소멸이 될 때까지 소요되는 기간은 차이가 있지만 대략적으로 〈그림 11-7〉의 단계들을 거치게 된다. **제품수명주기**(PLC : Product Life Cycle)는 시간의 경과에 따른 매출액의 추이를 나타낸 것으로 매출액 추이에 따라 도입기, 성장기, 성숙기, 포화기, 쇠퇴기 등의 단계로 구분할 수 있다. 쇠퇴기에는 다른

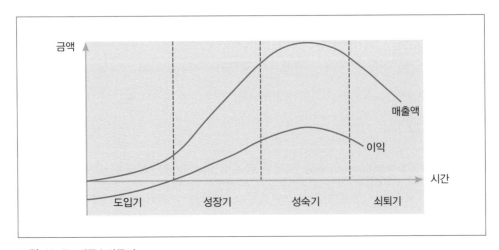

그림 11-7 제품수명주기

대체제품이 이미 도입기에 진입했다고 볼 수 있다.

- **도입기** : 초기 자본비용 및 연구개발 투자비용 등을 회수하기 위한 초창기로 마케팅 비용 역시 많이 발생하게 된다. 이때에는 일반적으로 도전적이거나 탐험심이 강한 소수의 조기수용자(early adopter)가 제품에 관심을 보이며 구매하는 시기이다. 따라서 이익이 비용보다 적은 것이 보통이다.
- **성장기** : 조기수용자의 호평 및 제품의 기술력이 인정받기 시작하거나 마케팅 전략이 효과를 가지기 시작하며 제품의 매출이 급격하게 상승하기 시작하는 시기이다. 하지만 일반적으로 막대한 초기 투하자본으로 인하여 이 시기에는 손익분기점을 넘기면서 이익이 비용을 초과하기 시작하나 최대의 이익을 창출하지는 못하는 시기이다.
- **성숙기** : 제품이 보다 대중화되고 조기수용자들을 따라 제품을 구매하려는 사람들이 늘어나 최대 매출을 기록하고 이후 매출이 약간 줄어드는 시기가 포함된다. 성숙기 때에는 도입기와 성장기를 거치면서 제품수요의 증가로 인한 공장, 설비의 확장 및 누적생산량의 증가 등으로 인하여 규모의 경제 효과와 학습효과(경험곡선)를 바탕으로 비용의 감소를 가져오고 매출은 극대화되는 시점으로 최대의 이익을 창출해내는 시기이다.
- **쇠퇴기** : 제품판매량이 하락하고 이익이 하락함으로써 일부 기업은 시장에서 철수하게 되고 제품의 수가 줄어드는 시기이다. 가격은 계속 인하하게 되며 많은 비용을 초래하여 적정시기에 물러나야 한다.

5) 전략의 실행과 평가

아무리 잘 수립된 전략일지라도 이의 실천이 만족스럽지 못하다면 좋은 성과를 기대하기 어려울 것이다. 여기서 실천이란 통제와 상황변화에 따른 유연성의 확보를 의미하며, 세부적으로는 조직통제와 리더십 그리고 최고경영자의 역할이 논의된다.

(1) 조직통제시스템의 활용

성공적인 전략의 실천을 위해서는 전체적인 조직 및 자원의 활발한 지원이 요구된다.

이에는 관련 부서의 적극성, 과업의 효율적 분배 그리고 적절한 인력의 배치 등이 포함되며, 특히 구성원들의 동기부여와 능동적 참여, 팀을 통한 업무수행과 원활한 의사소통을 이끌어낼 수 있는 리더가 필요하다. 이러한 전반적인 조직통제가 가능해야만 변화가 격심한 환경하에서도 전략의 만족스러운 실천이 있을 수 있다.

전략의 실천에 있어 주의해야 할 점으로 일관성 상실의 위험을 들 수 있는데, 이는 수립된 전략이 본질적으로 지니고 있는 전략적 비전과 목표 혹은 경영이념을 제대로 반영하지 못하거나, 제시된 전략방향을 도중에 상실하는 것을 말한다. 따라서 수립된 전략이 지니고 있는 기본 목적에 대한 지속적인 고찰이 필요하다.

(2) 리더십과 최고경영자

전략실천은 조직을 어떻게 잘 통제하는가에 달려 있으며 이 통제는 경영자의 리더십에 의해 성패가 나뉘게 된다. 실제로 소기의 성과를 달성하기 위해 장기간에 걸쳐 관련 조직들을 참여시켜 업무를 배분하고, 자원을 동원하며, 이를 통제한다는 것은 상당히 어려우며, 이에 따른 책임도 크다. 따라서 탁월한 리더십을 갖춘 최고경영자가 필요한데, 한 사람의 최고경영자로서는 이런 역할을 기대하기 어렵다는 평가가 있다. 따라서 최근에는 복수의 최고경영자를 두는 경향이 있는데, 이를 최고경영팀(top management team)이라 부른다. 마이크로소프트는 3인의 최고경영자로 구성된 'Officer of the President'를, 노드스톰은 4인의 co-president를 최고경영팀으로 두고 있다. 물론 대외적으로 기업을 대표하는 사장 또는 회장(CEO : Chief Executive Officer)도 이 팀에 속해 있다.

(3) 결과의 평가와 피드백

기업이 달성하고자 하는 목표를 성취하기 위해서는 우수한 전략의 수립과 함께 체계적인 실행과정이 요구된다. 이어서 초기 정의한 목표표준과 전략실행의 성과를 비교하여 목표 달성 여부를 평가하게 되는데 이때 다양한 통제시스템을 활용할 수 있다. 또한 긍정적인 평가와 부정적인 평가 모두 차후 전략수립의 중요한 기초 자료가 된다.

CJ오쇼핑 vs GS홈쇼핑

2016년 홈쇼핑 업계에서는 1위 자리를 둔 CJ오쇼핑과 GS홈쇼핑의 자존심 싸움이 치열할 것으로 보인다. CJ오쇼핑과 GS홈쇼핑은 그동안 '홈쇼핑 1위' 타이틀을 놓고 힘겨루기를 해왔다. 1위의 기준을 매출액으로 할 것이냐, 취급액으로 할 것이냐에 따라 순위가 뒤바뀌는 일이 벌어지는 만큼 신경전도 치열하다. 이와 함께 두 업체 모두 올 한해 불황의 늪에서 빠져 나와야 하는 과제를 안게 됐다. 백화점과 대형마트 등 유통업계 모두 실적 부진으로 허우적대고 있지만 이 가운데서도 홈쇼핑의 실적 하락은 눈에 띄는 수준이기 때문이다.

실제 주요 홈쇼핑사들은 2015년 부진을 면치 못했다. 3분기까지 CJ오쇼핑의 영업이익은 764억 원으로 전년 대비 28% 감소했으며 GS홈쇼핑의 영업이익도 전년 대비 29% 줄어든 731억 원에 그쳤다. 흥국증권은 CJ오쇼핑의 2015년 영업이익이 19% 감소한 1,149억 원, GS홈쇼핑은 30% 줄어든 991억 원에 머물 것으로 전망했다. 흥국증권 임영주 연구원은 "홈쇼핑 업계에 있어 계절적으로 3Q는 비수기로 고정비 부담이 크게 나타난다. 여기에 소비심리 저하, 백수오 사태로 신뢰도 하락, 백화점 세일 확대, 쿠팡 등 소셜커머스와의 경쟁 심화 등으로 취급고가 감소하는 모습을 보였다."고 분석했다. 그러면서 "TV 홈쇼핑이 역성장을 겪고 있는 상황은 이어질 전망이고 모바일 등 새로운 채널에서 경쟁력 확보를 위한 비용지출도 계속될 것으로 보여 실적 회복에는 시간이 걸릴 것"으로 내다 봤다.

그렇다면 홈쇼핑 업계의 2016년 돌파 전략은 무엇일까? CJ오쇼핑의 2016년 경영전략은 '수익경영'으로 압축된다. 차별된 상품 경쟁력 강화로 소비자들에게 가치 있는 쇼핑 경험을 제공하고 국내외 플랫폼 다각화, e비즈니스 구조 개선을 통해 최근 TV홈쇼핑 업계의 저성장을 '내실'로 극복하겠다는 전략이다. 지난해 TV홈쇼핑 부문의 성장 둔화와 메르스 사태, 백수오 이슈 등 산업 전반을 덮친 악재로 전례 없는 어려움을 겪은 홈쇼핑 업계는 유통업계를 휩쓴 모바일커머스 경쟁의 심화로 마케팅 비용 부담이 늘어나며 업계 전반의 수익성 악화를 불러일으켰다. CJ오쇼핑은 이러한 어려운 여건 속에서도 지난해 6월 국내 유통업계 최초로 멕시코 시장에 진출한 데 이어 하반기에는 홈쇼핑 업계 최초로 제주도를 포함한 전국 당일배송 서비스를 개시하는 성과를 이뤄내며 업계의 이목을 집중시켰다. 또 T커머스와 오프라인 매장, 방판 등 신규 채널을 확보하는 한편 상품 포트폴리오 개편을 통한 CJ몰의 수익성 개선과 글로벌 전용 PB상품 개발에 성공하며 새로운 성장 동력에 대한 기반을 마련했다.

CJ오쇼핑은 2012년 이후 내리 매출액 업계 1위와 영업이익 1, 2위를 기록해 오고 있다. 특히 2014년 이후 유통업계의 성장 정체가 심화됨에 따라 기존 취급고 확대 중심의 외형 성장 전략보다는 장기 불황에 대응해 수익성 중심의 경영기조를 더욱 강화함으로써 위기 이후 재도약을 대비한 사업구조 개선과 체질 개선에 집중하고 있다.

2016년에도 모바일을 중심으로 한 유통사업자들 간의 치열한 경쟁이 예상되는 가운데 CJ오쇼핑은 온-오프라인 채널을 확대하는 옴니채널 전략과 차별화된 상품과 브랜드 사업자로의 진화를 통해 2020년까지 세계적인 미디어 쇼핑회사로 성장한다는 목표를 세우고 있다. 이를 위해 ▲사업 체질 개선을 통한 수익성 강화 ▲단독상품을 통한 상품경쟁력 확보 ▲플랫폼 다각화 ▲협력사와 함께 성장하는 상생문화 구축에 집중한다는 계획이다. 우선 TV홈쇼핑 사업은 핵심 역량인 상품기획력을 강화해 경쟁사와 차별화를 강조하고 TV에 비해 수익성이 낮은 e비즈니스 사업은 외형성장보다 지속적인 상품운영 효율성 개선 작업으로 저수익, 무수익 상품 운영을 지양해 수익성을 개선할 계획이다.

모바일 채널은 서비스와 상품 최적화를 강화해 고객에게 라이프 스타일을 제안하는 매장으로 진화해 나갈 예정이다. 글로벌 사업은 기존 주력사업인 현지 TV홈쇼핑 합작사 외에도 현지 온-오프라인 채널을 확대함으로써 수익성을 높이는 한편 성장잠재력을 갖춘 신규 지역 진출을 지속적으로 추진해 나간다는 전략이다.

2000년대 초반부터 꾸준히 추진해 온 단독상품 사업은 올해 신규 브랜드 개발과 육성에 주력하는 한편 회사차원의 상품력 강화를 위해 M&A도 적극 검토하는 등 트렌디하고 차별화된 상품 발굴에 역량을 집중할 계획이다. 특히 CJ오쇼핑의 글로벌 상품 소싱 전문 자회사인 'CJ IMC'와 연계를 강화해 단독상품의 해외 시장 판매 확대에 힘쓸 계획이다.

홈쇼핑 맞수기업 2016년 핵심 경영전략

이와 함께 CJ오쇼핑은 지난해 시작된 신규 사업들을 올해 본 궤도에 올려 신성장동력으로 삼는다는 계획이다. 지난해 5월부터 운영을 시작한 T커머스는 콘텐츠 차별화와 전용상품 확대를 통해 경쟁력을 확대하고 오프라인 사업과 방문판매 사업은 기존 채널들과의 연계 확대와 전용상품 출시 등을 통해 옴니채널 기반의 플랫폼 다각화를 추진하게 된다. 동시에 올해 중기 해외 수출 지원 프로그램인 '글로벌 시장개척단' 사업을 확대하고 중기 협력사와 글로벌 전용상품을 개발하는 등 중소기업과의 상생문화 구축을 회사의 연간 주요 과제로 추진하기로 했다. CJ오쇼핑 김일천 대표는 2016년 신년사를 통해 "고객 만족의 원천은 상품이고, 그 상품의 원천은 바로 협력사"라며 "회사를 고객과 협력사 중심으로 재정립해 미래 성장의 기반을 다질 것"이라고 밝혔다.

GS홈쇼핑, 2016년 경영전략 '미래성장' 추진

올해 GS홈쇼핑은 핵심역량 강화와 신규 사업 확대를 통한 미래성장을 추진한다. 현재 홈쇼핑 산업은 불황의 장기화와 소비심리 저하, 디지털, 모바일이라는 글로벌 트렌드에 따른 고객의 변화 등으로 성장 정체를 맞고 있다. 이러한 홈쇼핑 산업의 변곡점에서 GS홈쇼핑은 단기 수익성 확보보다는 신성장동력 확보에 집중해 왔다. 국내에서는 디지털, 모바일 시장으로 사업 역량을 재빠르게 옮기는 한편 해외 시장에 대한 성장 드라이브를 강화해 말레이시아와 러시아에 진출하며 해외 진출국을 8개로 늘리고 해외 취급액 합계가 1조 원을 넘어서는 등 글로벌 온라인 커머스 리더로 도약할 수 있는 기틀을 다졌다.

GS홈쇼핑은 지속성장을 추진하기 위해 회사의 핵심역량인 상품역량과 판매역량 강화에 나선다. 지난 21년 동안 TV홈쇼핑을 통해 축적한 큐레이션 커머스의 노하우로 차별화된 브랜드와 상품을 소싱하고 개발하는 한편 TV홈쇼핑, 모바일과 인터넷, 데이터홈쇼핑, N스크린 등 다채널을 통해 브랜드 상품을 브랜드답게 소비자들에게 매력적으로 소구하겠다는 전략이다.

궤도에 오른 해외 사업도 더욱 적극적으로 수행, 미래성장을 추진한다. 하반기 개국 예정인 러시아 합작 홈쇼핑의 성공적인 론칭과 함께 이미 진출한 중국, 인도, 태국, 베트남, 인도네시아, 터키, 말레이시아 합작 홈쇼핑에 더욱 다양한 국내 중소기업 상품을 수출하고 현지화 작업을 병행할 예정이다. 이와 함께 해외 역직구를 위한 중문, 영문 사이트를 오픈해 중소기업과의 글로벌 동반성장을 적극 추진할 계획이다.

GS홈쇼핑은 디지털과 모바일 환경에서 더욱 다양해지고 기대가 높아진 고객들의 기대에 부응하기 위해 IT와 물류 등 인프라와 고객 서비스에 대한 투자도 크게 확대한다. 갈수록 경쟁이 치열해지고 있는 모바일 쇼핑 시장에서 고객 편의를 높이기 위해 모바일과 IT를 결합한 서비스들을 선보여 언제 어디서나 고객에게 최적의 상품과 서비스를 제공한다는 계획이다. 아울러 '오픈 이노베이션'의 조직 문화 혁신도 지속할 예정이다.

– 전자신문, 2016년 1월 13일 –

business
administration

12

글로벌 환경과 경영

1. 글로벌 경제

국제경영은 몇 세기에 걸쳐 수행되었으며 특히 인터넷의 보급과 함께 국제경영의 모든 면에 있어서 활발하게 진행되고 있고 이러한 추세는 앞으로도 지속될 것이다. 기업은 오늘날 세계 각지에 있는 수십 억의 인구와 접촉하면서 이전보다 더 많은 국제적인 시장기회를 얻고자 한다. 국제경영은 세계 각지에서 생산된 제품과 서비스에 대해 접근할 수 있는 기회를 주며, 삶의 질과 경제상의 안정에 큰 영향을 미친다.

국제경영활동의 증대를 통하여 시장은 더 **세계화**(globalization)가 되고 경제통합 수준은 높아지며, 국가 간의 상호의존성 역시 높아지고 있다. 기업입장에서 세계화는 국제거래에서 재화, 서비스, 및 자본 흐름의 다양성과 규모를 증대시킬 수 있는 기회를 제공해 준다.

P&G는 70개국 이상에서 글로벌 전략을 추구하고 있고, 맥도날드의 매출은 자국시장보다 해외시장에서 더 많이 발생하고 있다. IBM이 PC사업에서 철수했을 때, 공급자였던 중국의 레노버가 이를 인수하여 현재의 글로벌 브랜드가 되었다. 이와 같이 기업의 리더들은 글로벌 경영 주도권을 추구하면서 국가와 문화의 국경을 넘나드는 경영의 어려움을 해결해야 하는 주요 과업을 떠맡게 되었다. 따라서 글로벌 경영자는 변화하고 있는 세계시장에서 문화가 다른 사람들과 일할 수 있는 역량, 전 세계적 경기 전망, 그리고 로컬시장 등에 관한 정보를 수집하고 글로벌 경영에 반영해야 한다.

기업이 글로벌 경영전략을 추구하는 배경 또는 이유는 다음과 같다.

- 기업의 성장을 위하여 기존 시장 외의 시장으로 진출하는 시장다각화
- 보다 높은 이익의 추구
- 제품, 서비스, 그리고 비즈니스 방식에 관한 새로운 아이디어의 탐색 및 도출
- 해외의 주요 고객들에게 보다 나은 서비스를 제공
- 글로벌 소싱의 이점 활용과 글로벌 소싱의 유연성을 증대시키기 위한 여러 공급자와의 교섭
- 보다 저비용으로 생산요소를 획득하거나 생산
- 아웃소싱, 생산, 마케팅, 기술개발 등에 있어서 규모의 경제효과 창출

- 효과적으로 국제적 경쟁상대와 경쟁
- 잠재적 가치를 지닌 외국 파트너 기업과의 관계 강화 혹은 투자

경제적 통합은 협력과 산업발전에 기여하며 이에 따라 경제발전, 삶의 질 향상, 회원 국가들에 대한 더 많은 조세수입에 기여한다. 각 국가들이 지역통합을 하는 이유는 시장규모의 확대, 규모의 경제효과 획득, 생산성 증대, 그리고 지역통합 외부의 국가들로부터 해외투자를 유치하기 위함이다.

1) 새로운 유럽의 등장

현재 **유럽연합**은 28개국의 경제적·정치적 파트너십이다. 1992년 유럽 12개국이 EU의 창설을 위하여 마스트리히트 조약에 조인할 때, 주요 동기는 미국과 일본에 대항하는 지역경제의 위치를 확보하는 것이었다. EU의 등장 이후 종전의 국경통제, 관세, 국고보조금, 산업보호, 민족주의 정치 등의 장애에서 벗어나 여행, 고용, 투자, 무역 등의 활성화로 경제 효율성이 향상되고 있다. EU 회원국의 인구는 약 5억 명으로 전 세계 인구의 약 7%이고, 세계 GDP의 23%에 달한다. EU의 최우선 목표는 국경통제와 무역장벽의 제거, 기술제품의 단일표준 설정, 회원국 간의 정부 조달물자의 시장개방, 금융규정의 단일화, 은행과 보험업의 자유경쟁과 나아가 공용 화폐인 유로(Euro)의 사용이다. 그러나 덴마크, 영국, 스웨덴은 유로화폐를 사용하지 않고 자국화폐를 사용하고 있다. 또한 2009년 10월 5일 리스본 협약(Lisbon Treaty)은 지구 온난화와 인구통계 특성변화, 세계화, 에너지, 방위 등의 어려움을 해결하기 위해 EU에 공통의 법률적 프레임워크와 수단을 제공하고 있다.

EU와 회원국들은 최근 몇 년간 경제적 어려움을 겪고 있다. 독일, 영국, 프랑스 등 전통적인 유럽 선진국들의 경제규모와 다른 회원국들의 경제규모에서 차이를 보이며 각 국가별로 산업구조, 부패정도, 복지정책 등도 역시 달라 유럽공동체를 운영하는데 있어 어려움을 겪고 있다. 2008년 세계금융위기 이후 그리스는 심각한 경기 침체를 겪었으며 정치적인 문제와 함께 국가적 부도위기를 겪고 있으며 2015년 현재까지 뚜렷하게 해결되지 않고 있는 실정이다.

유럽에는 EU의 변혁 이외에도 국제경영에 영향을 줄 수 있는 역동적 요소들이 많

이 산재해 있다. 구소련 연방국들에서는 공산주의 붕괴에 따른 여파가 아직도 남아 있으며, 정치적 시스템이 변화함에 따라 위험요소가 증가하고는 있지만, 많은 투자자들이 러시아뿐만 아니라 벨라루스, 라트비아, 우크라이나 등지에서의 투자기회를 모색하고 있다. 현재 동유럽과 중앙유럽은 사회발전과 경제성장을 가장 중요한 과업으로 삼고 있다. 체코, 폴란드, 헝가리 등지에서도 많은 이익을 내고 있는 기업들이 등장하고 있으며, 경영자들이 시장경제를 이해하게 됨에 따라 세계적 수준의 제품들이 생산되고 있다.

2) NAFTA

1992년 미국, 캐나다, 멕시코는 지역적 경제동맹협정인 **북미자유무역협정**(NAFTA : North American Free Trade Agreement)을 체결했다. 이 협정으로 재화, 서비스, 노동력, 투자자금이 대체적으로 자유롭게 이동할 수 있었고, 회원국들은 EU보다 수적으로 더 많은 잠재 소비자들을 가지게 되었다. 2010년 NAFTA는 세계 GDP 관점에서 보면, 세계 최대 경제블록이라 할 수 있다. NAFTA가 효과를 나타내기 시작한 1994년부터 2007년까지 상품 교역이 4.4%에서 6.6%로 증가하였다. 특히 멕시코가 NAFTA를 통해 많은 효과를 보았다. 캐나다와 미국 시장에 대한 접근성으로 인해 전자, 자동차, 섬유, 의료장비, 서비스 산업에서 수많은 멕시코 기업들이 생기게 된 것이다. 또한 현재 캐나다와 멕시코의 무역 중 80%가 상호 간의 거래이며, 해외 직접투자의 60%를 미국에 하고 있다.

중남미지역 또한 전반적으로 경제적 잠재력에 있어서 낙관적인 견해가 우세하다. 많은 국가들이 관세를 줄이고, 경제정책을 현실화하고, 외국인 투자가들을 유치하는 등 적극적인 활동을 펼치고 있다. 칠레가 NAFTA의 다음 동반자로서 가입의사를 밝히고 있으며 다른 국가들도 높은 관심을 보이고 있다. 알래스카에서 칠레에 이르는 지역의 **자유무역**(FTAA : Free Trade Area of the Americas)을 주창하는 사람들도 있으며, 이 밖에도 볼리비아, 브라질, 파라과이, 우루과이, 아르헨티나가 연합한 메르코 수르 협약(The MERCOSUR agreement), 베네수엘라, 콜롬비아, 에콰도르, 페루, 볼리비아가 회원국인 안데안조약(the Andean Pact) 등도 구성되어 있다. 일부 남아메리카인들은 글로벌 경제 파워인 EU와 NAFTA와의 경쟁에서 이기기 위해 자원을 효과적으로 결합하는 방법으로 메르코수르 협약을 생각하고 있다. FTAA의 미래에 대해 의구심이 높지만, 이 지역의 경제 통합은 새로운 기회를 창출할 수 있다.

3) ASEAN과 APEC

ASEAN(Association of Southeast Asian Nations)은 동남아시아 10개국의 경제 통합이다. ASEAN 지역은 인구가 5억 9천만 명이고, GDP 규모가 1조 5천억 달러에 달한다. 여기에 ASEAN+3에 한국, 중국, 일본, 인도, 호주, 뉴질랜드가 참여하여 경제 통합에 대해 협의하고 있다. 16개국의 경제 블록을 창조하는 데 주요 걸림돌은 지역 통합 의지가 부족하다는 것이다. 이는 회원국들 간의 경제적 격차로 인해 공통의 통합 기준을 만들기가 어렵기 때문이다. 2010년 1월 중국과 ASEAN이 야심찬 자유무역협정을 발표하였는데, 세계에서 세 번째 크기의 경제 블록이 된다. 2015년까지 재화와 숙련된 노동력, 자본의 이동이 자유로운 ASEAN 경제 공동체를 설립하는 것을 희망하고 있다. 지역 통합에 장애와 도전이 있음에도 불구하고 통합 노력은 계속될 것이다. ASEAN과 다른 아시아 국가와의 경제 통합은 NAFTA와 EU의 경쟁자가 될 수 있으며 세계 경제에서 점차적으로 중요한 역할을 하게 될 것이다.

APEC(Asia Pacific Economic Cooperation)은 지역적 경제연합의 기반으로 자리 잡아가고 있다. APEC은 태평양 연안의 21개 국가로 이루어져 있으며 미국, 캐나다, 멕시코, 호주, 러시아 등을 포함하고 있다. 제3의 세계시장을 표방한 APEC 회원국들은 자동차와 통신장비 시장으로는 세계 최고로 손꼽힌다. 아시아에서 사업을 할 때의 가장 큰 이점은 저임금 노동력만이 아니라 고도로 숙련된 두뇌집단의 이용이 가능하다는 점이다. 좋은 예로서, 세계에서 두 번째로 인구가 많은 인도는 소프트웨어 산업에서 세계적인 명성을 얻고 있다. APEC 회원국들은 지역 전체 무역의 85%를 차지하고 있으며, 전 세계 인구의 1/3에 해당하고 있고, 전 세계 GDP의 1/2 이상을 점하고 있다. APEC은 무역과 투자에서의 장벽을 2020년까지 제거하려 한다. 그럼에도 불구하고 APEC이 이뤄낸 성과는 거의 없다. 몇몇 회원국의 경제적·정치적 혼란 그리고 근본적인 이슈들에 대한 합의 실패로 인해 진전이 거의 이루어지지 못하였다.

4) 아프리카

최근 아프리카의 해외 투자환경을 분석한 보고서에서는 아프리카의 정치·사회적인 제반 문제들은 관리가 가능한 것으로 결론 내렸다. 기존 문제들을 기회추구의 관점에서 보고, 이 지역의 독특한 사업상의 역경에 대처할 수 있는 관리 조직능력을 가진다면, 아프리카 시장 진입에 전망이 있다는 것이다.

2002년에 '통합된, 평화스럽고 번영하는 아프리카를 건설하자'는 비전으로 53개국이 **아프리칸 연합**(AU)을 결성하였다. 이 회원국들은 아프리카 국가 간의 보다 단합된 모습을 보여 주기 위해 경제개발계획을 수립했고, AU로부터 경제적, 사회적, 문화적, 무역적 혜택을 받기를 희망하였다. 그 결과 GDP 성장률이 평균 4.8%에 달해, 아시아 지역을 제외하고는 가장 높은 성장률을 기록했는데, 대부분 내수시장의 성장이었다.

2010년 1월에 부룬디, 케냐, 르완다, 탄자니아, 우간다 등의 동부 아프리카 5개국은 동부 아프리칸 공동체(EAC)를 설립하여 국가 간 관세 없이 상품 교역을 할 수 있게 되었다. EAC의 다음 단계는 실행하는 데 시간이 걸리겠지만 화폐 통합이 될 것이다.

2. 국제경영의 형태

〈그림 12-1〉과 같이 기업은 해외시장에 진출할 때, 종종 서로 다른 전략을 사용한다. 각각의 해외시장 진입전략은 저마다 장점과 단점이 있고, 기업이 부담해야 하는 경영

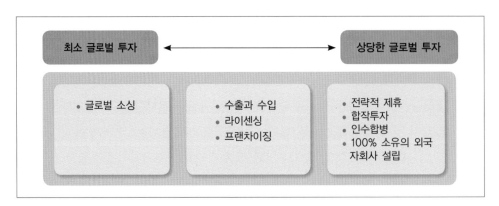

그림 12-1 해외시장 진출전략

자원과 재무 자원은 진입전략별로 상이하다. 글로벌 소싱, 수출 및 수입, 라이센싱과 프랜차이징은 상대적으로 낮은 수준의 관여와 자원 투입을 요구한다. 반대로 전략적 제휴, 합작투자, 인수합병, 100% 소유의 외국 자회사 설립 등은 높은 수준의 관여와 자원 투입을 필요로 한다.

경영자는 해외시장 진입전략을 선택할 때 다음의 여섯 가지 변수를 고려해야 한다. 첫째, 목표 수익률, 시장점유율 또는 경쟁적 위치 등과 같은 기업의 목표, 둘째, 기업의 가용할 수 있는 재무적·조직적·기술적 자원, 셋째, 법적·문화적·경제적 환경과 같은 목표 국가의 독특한 상황과 유통이나 운 송체계와 같은 사업 인프라의 특징, 넷째, 국제화를 추구하는 기업의 목표·목적과 관련하여 각 해외 사업 유형별로 내재되어 있는 위험, 다섯째, 기존 경쟁 기업과 진입이 예상되는 잠재적인 경쟁 기업과의 경쟁의 특성과 강도, 여섯째, 시장에서 고객에게 제공되는 제품 혹은 서비스의 특징 등이 있다.

또한 제품이나 서비스의 구성 성분, 내구성, 부패 가능성, 하중(가치 대비)과 같은 물리적인 특징은 해외로 시장을 확대하기 위한 국제화 전략 선택에 많은 영향을 미치기 때문에 이 부분도 고려되어야 한다.

1) 시장진입전략

글로벌 소싱(global sourcing)은 전 세계의 기업들에 대하여 아웃소싱을 한다는 의미로, 세계에서 가장 저렴한 원료, 부품, 비즈니스 서비스 혹은 노동력 등을 해외공급자에게서 구매하는 전략을 말한다. 이 전략의 목표는 제품을 가장 낮은 원가로 생산할 수 있는 국가에서 공급받아 국제 임금의 차이를 활용하는 것이다. 중국은 세계의 우산 70%, 미국 신발의 72%, 미국 가전제품의 50%, 미국 장난감의 80%를 공급하고 있는 주요 아웃소싱 목적지이고 세계의 공장이라 할 수 있다.

국제경영의 두 번째 형태는 **수출**과 **수입**이다. 수출은 만들어진 제품을 해외시장에 판매하는 것이고, 수입은 해외에서 만들어진 제품을 구매하여 국내시장에 판매하는 것을 말한다. 수출은 개인 기업들과 경제의 성장을 위한 주요한 전략이다. 기업은 다른 국가에서 자신의 제품과 서비스를 판매함으로써 신규 고객을 획득하고 시장을 확대할 수 있다. 정부는 경제 성장에 관심이 많기 때문에 지역 기업들의 경쟁력을 강화시키는 데 도움이 되는 수출 확대에 많은 지원을 하고 있다. 이는 수출 산업의 성장이 지역의 일자리를 창출하기 때문이며 정부는 수출 시장을 개발하거나 확대하는 기업들에게 특별한 조언과 지원을 하고 있다. 비용과 위험이 적고 해외 파트너를 활용할 수 있으므로 수출은 특히 중소기업에 적합하다.

국제경영에서 계약 방식의 진입전략은 현지 기업과 외국 기업 간의 관계가 명시적인 계약에 의해 지배되는 국제적 교환을 의미한다. 두 가지 일반적인 계약방식의 진입전략은 라이센싱과 프랜차이징이다. **라이센싱**(licensing)은 지적 재산권(특허, 상표, 저작권, 산업 디자인, 기업 비밀, 발명, 기업의 지식 기반의 자산 등)의 소유자가 다른 기업에게 정해진 기간 동안 로열티나 다른 보상을 받고 지적 재산권을 사용할 수 있는 권리를 부여하는 계약이다. 프랜차이징은 기업이 다른 기업에게 수수료, 로열티 또는 다른 형태의 보상을 받고 전체 사업 시스템을 이용할 권리를 제공하는 계약이다. 계약 관계는 국제경영에서 매우 보편적이다. 생산업체뿐만 아니라 서비스 기업들도 그들의 지적 자산을 해외 파트너에게 이전한다. 예를 들어 제약회사들은 특정 제품을 생산할 때 과학적 지식이나 특정 지역에서 제품을 배급할 수 있는 권리를 교환하는 상호교차 라이센싱을 한다. 건설, 엔지니어링, 광고, 컨설팅과 같은 전문 서비스 기업들은 해외 파트너와 계약을 통해 국제적 입지를 넓힌다. 소매업체, 패스트푸드, 자동차 대여, 텔레비전 프로그래밍, 애니메이션 등의 서비스 기업들은 라이센싱과 프랜차이징을 이용한다. 라이센싱 계약은 라이센서(licenser, 지적 재산권의 소유자)와 라이센시(licensee, 이용자) 간 관계의 본질을 명시하는 것으로 고기술 기업들은 일상적으로 그들의 특허권과 노하우를 외국 기업에게 라이센싱을 한다. 한편 라이센시는 잠재적으로 라이센서의 경쟁자가 될 위험이 있다.

프랜차이징(franchising)은 프랜차이즈(franchise, 독점허가권)를 해 주는 프랜차이저가 프랜차이즈를 받는 프랜차이지에게 표준화된 제품, 관리시스템 및 서비스들을 일괄 제공함으로써 사업 개시에 필요한 모든 것을 제공하는 방식이다. 이 시스템을 이용하고 있는 것으로 잘 알려진 맥도날드, 켄터키 프라이드치킨 등은 프랜차이즈 계약에 따라 자국의 프랜차이지에게 하는 것과 동일한 실내장식, 장비, 재료, 조리법 등을 외국기업에게 판매하는 한편, 제품품질과 운영통제 권한을 유지한다. 라이센싱 계약은 보통 단기적이지만, 프랜차이징은 몇 년간 지속된다. 따라서 라이센싱에 비해 프랜차이징은 보다 안정적이고 장기적인 진입전략이다.

2) 직접투자전략

국제경영에 있어서 기업들의 궁극적인 목표는 세계시장에서 기업의 경쟁력을 제고하는 데 있다. **해외 직접투자**는 글로벌 소싱, 수출입 및 계약에 의한 진출보다도 해외시장에 대해 높은 수준의 통제력이 필요한 진입전략이다. 기업은 해외에서 제조설비, 자회사 그리고 판매 사무소 또는 다른 필요 시설을 설립하거나 인수하기 위해 지분이나 자본을 투자한다. 중요한 가치사슬 활동이 현지 시장에서 수행되어야 할 때 현지의 기반은 특히 중요하다. 제조업체들이 생산 설비를 설치하는 반면 서비스업체는 대리점 관계를 구축하고 소매점을 설치한다. 삼성전자, 현대자동차, 토요타, 노키아 등과 같은 대기업들은 전 세계에 해외 직접투자를 기반으로 하는 많은 사업장을 갖고 있다. 한편 많은 국가들은 외국 기업 투자가들을 유치하는 능력이 세계 경제에서 성공하는 주요 열쇠라는 것을 알게 되었다. 직접투자의 효과는 지역 경제에 매우 긍정적일 수 있다. 미국의 경우 2005년에 외국 기업 투자 유치로 500만 명 이상의 고용을 창출하였다.

기업이 해외시장에 투자하는 방법 중 **합작투자**(joint venture)가 가장 일반적이다. 이것은 투자 기업과 현지 파트너가 자원을 공유하고, 위험을 공동으로 책임지고, 신규 사업의 운영에 공동으로 참가하는 공동 소유제의 협약이라 할 수 있다. 합작은 투자 기업이 현지 기업의 지분을 인수하거나 투자 기업과 현지 파트너가 공동으로 투자하는 형태가 있다.

국제 합작은 외국인 투자 기업과 현지 기업이 상호 이익을 위해 자원과 지식을 공유함으로써 파트너로 활동하는 **글로벌 전략적 제휴**(strategic alliance)의 한 유형이라 할 수 있다. 각각의 파트너는 혼자서는 할 수 없는 기술과 제품 개발을 협력을 통해서 달성하기를 희망한다. 현지 파트너 입장에서는 전략적 제휴를 통해 새로운 능력을 학습하는 기회와 기술을 접할 수 있는 기회를 얻을 수 있다. 반면 투자 기업은 새로운 시장에 대한 접근하고 전문 지식을 학습하는 데 도움을 받을 수 있다. 합작투자와 전략적 제휴는 세계 대형 자동차회사들이 중국에서 사업을 운영하고자 할 때 선택되는 전략이다.

전략적 제휴와 합작에 따른 위험과 문제를 피하는 방법으로 해외시장에 완전 소유 자회사를 설립하는 것이 있다. 현지 파트너의 참여 없이 투자 기업이 단독으로 100% 투자를 하기 때문에 외국 자회사는 투자 기업에 의해 운영되고 통제된다. 외국 자회사는 국제경영에서 가장 높은 수준으로 관여하면서 경영 성과를 향상할 수 있다. 닛산은 미국에 공장을 설립하면서 더 많은 지역시장을 확보했을 뿐만 아니라 현지 고객들의 욕구를 더 빠르게 충족시킬 수 있다. 그러나 투자 기업의 단독적인 투자이기 때문에 그만큼 위험도 높아진다.

3. 다국적기업

기업의 해외진출은 최근의 일이 아니다. 듀폰(DuPont)은 1863년에 중국에서 해외사업을 시작하였고, 하인즈는 1905년에 영국에서 식품을 생산하였다. 1960년대 중반까지는 국제경영을 하는 기업이 많지 않았으나, 오늘날 국제경영을 하지 않는 기업이 거의 없을 정도다. 맥도날드의 샌드위치는 119개국에서 볼 수 있고, P&G의 크레스트 치약은 80개국에서 판매되고 있다.

다국적기업(multinational corporation)은 많은 나라에서 다방면에 걸쳐 국제경영을 하고 있는 기업을 말한다. 「포춘」에서 뽑은 글로벌 500대 기업과 「파이낸셜 타임스」에서 정한 글로벌 500대 기업에는 우리에게 친숙한 기업 이름들이 많이 포함되어 있다. 월마트, 토요타, BMW, 삼성, 애플 등이 있으며, 최근에 중국의 페트로차이나(PetroChina), 러시아의 가스프롬(Gazprom), 프랑스의 토탈(Total) 등도 포함되었다. 지난 10년 동안 세계에서 가장 크고 영향력 있는 기업들의 지리적 분포가 바뀌었는데, 북미와 일본은 쇠퇴하고 중국, 러시아, 인도, 한국, 멕시코는 증가하고 있다.

1) 다국적기업의 유형

다국적기업의 유형은 크게 세 가지로 설명될 수 있다. 첫째, 경영의사결정권을 자국에 집중화시키는 **글로벌 회사**(global company)는 자국중심적(ethnocentric) 태도로 세계화의 접근을 추구하고 있다. 이 기업들은 세계시장을 통합된 전체로 보고 글로벌 효율성과 비용절감의 욕구에 초점을 둔다. 글로벌 회사의 예는 소니, 메릴린치, 도이치

뱅크 등이 있다.

둘째, 경영의사결정권을 현지국에 분산시킨 **현지국 중심의 기업**(multidomestic corporation)은 자국에서 성공한 경영을 현지국에 강요하지 않는다. 대신에 현지국의 특성에 맞는 경영과 마케팅 전략을 관리하기 위해 현지 종업원들을 고용한다. 스위스에 기반을 두고 있는 네슬레는 전 세계에서 사업을 하고 있으며, 관리자들은 자사의 제품을 각국의 소비자들에게 맞춘다. 즉, 유럽에서 판매되고 있는 제품들 중 미국과 남미에서는 판매되지 않는 것도 있다. 월마트도 점포 포맷과 재고관리를 현지국 취향에 맞게 운영한다. 많은 소비용품 기업들은 현지국 시장의 욕구를 충족시키기 위해 자신들의 제품을 현지화해야 하기 때문에 현지국 중심의 경영으로 글로벌 사업을 편성하고 있다.

셋째, 인위적인 지리적 장벽을 활용하는 **초국가적 기업**(transnational corporation)이 있다. IBM은 한 국가에 토대를 두는 조직구조를 버리고 산업 그룹으로 재편하고 있다. 포드는 세계 도처의 사업체를 통합하는 **One Ford** 개념을 추구하고 있다. 따라서 관리자들은 경쟁이 심화되고 있는 글로벌 시장에서 효율성과 효과성을 향상시키기 위해 초국가적 경영을 선택해야 하고, 자원획득, 생산시설의 거점 확보, 마케팅 그리고 브랜드 이미지를 획득하는 데 세계시장 전체를 하나의 시장으로 인식할 필요가 있다.

2) 다국적기업의 장단점

최근에 글로벌 경제의 침체가 다국적기업의 초국가적 경영의 성장과 관련된 주요 현안을 제기하고 있다. 예를 들어 기업의 국적이 국내 경제에 중요한 것인가? 본국 국적의 해외 자회사의 고용이나 수익이 본국이나 해외국에 어떠한 영향을 미치는가? 다국적기업의 해외 자회사의 세금포탈 또는 법인세 납부는 국가적으로 어떠한 영향을 가져오는가? 해외 자회사는 해당 국가에 대한 사회적 책임을 얼마나 이행해야 하는가? 등이다.

다국적기업이 세계 생산 자산의 1/3을 소유하고 있고 세계 무역의 70%를 통제하고, 90%가 지구 북반구에 기반을 두고 있다. 이러한 사실들이 다국적기업의 선도자들에게 성취와 미래의 기회를 제공하지만, 다국적기업이 후진국들과 그들의 자국 산업에 위협이 될 수 있다.

　다국적기업을 유치한 현지국의 잠재적 이점은 보다 많은 세금의 확보, 고용창출, 기술이전, 새로운 산업의 유치, 지역자원 개발 등이 있다. 반면에 현지국의 잠재적 비용은 다국적기업의 지나친 수익, 지역경제의 지배, 현지국 정부에 대한 간섭, 현지 관습과 법률의 무시, 현지국의 최고급인력의 독점, 최신기술의 이전 거부 등이 있다. 다국적기업은 본부가 위치해 있는 자국에서도 많은 어려움에 직면할 수 있다. 많은 다국적기업들이 범세계적 경영을 위하여 노력을 기울이고 있지만, 자국의 정부와 시민들은 그 기업의 이익을 자국의 이익과 동일시하는 경향이 있다. 다국적기업이 외국의 더 값싼 노동력을 찾아 자국 내의 업무를 줄이거나 철수하면 자국의 고용 손실의 문제가 쟁점이 된다. 따라서 자국에 대한 기업의 사회적 책임이 쟁점이 되기도 한다. 다국적기업에 대한 자국 비판론자들은 다국적기업이 현지국에서 경영활동을 함에 따라 자국의 노동력 고용비율이 떨어지고, 자본자산이 해외로 이동하며, 해외진출 시 부정행위 등의 불법사례가 생겨난다는 점 등을 지적하고 있다.

4. 글로벌 환경

글로벌 환경에 맞추어 글로벌 기업들은 효율적인 생상기술을 개발하고, 보다 낮은 원가의 원재료나 부품들을 조달하며, 새로운 글로벌 시장 형성 등을 위하여 노력하고 있다. 반면에 새로운 글로벌 경쟁자의 증가, 글로벌 경제의 침체, 유가 인상 등은 글로벌 기업의 대표적인 위협이다. 따라서 글로벌 경영자는 글로벌 환경의 영향력을 이해하고 이런 영향력에 적절하게 대응하는 조직의 능력을 배양시켜야 한다.

1) 정치적 · 법률적 환경

정치적 · 법률적 영향력은 법과 규제 변화의 결과이다. 이 영향력은 한 국가, 세계 지역 혹은 세계 도처에서 일어나는 정치와 법의 발전으로부터 나오고 관리자와 조직에 상당한 영향을 미친다. 대표적인 예로, 산업 규제의 완화와 공기업의 민영화를 들 수 있다. 1978년 미국이 항공 산업에 규제를 완화하자 1978년에서 1993년 사이에 29개의 신규 항공사가 이 산업에 진입하였다. 규제 완화 이후 항공사 승객 수송능력의 증대가 노선과 운임 경쟁의 심화를 가져왔다. 1980년대에 항공사들은 운영비용을 절감할 방법을 연구했고, 1990년대에 항공사들은 기록적인 수익을 창출하였다. 그러나 2000년대에 유가 파동으로 수익성은 악화되고 구조조정의 압력에 시달렸다. 이와 같은 예를 통해 항공 산업의 환경이 경제적 그리고 정치적 영향 때문에 변화했다는 것을 알 수 있다. 또한 무역을 억제하고 축소시키는 법이나 규제를 폐지하는 국제 협정도 다국적 기업들에게 엄청난 영향을 미쳐 왔다. 1973년에서 2006년 사이에 일본 자동차의 미국 시장점유율이 3%에서 30%까지 증가하였다.

오늘날 정치적 위험의 주요 위협은 테러리즘, 내전, 국지전, 정권교체, 새로운 법과 경제정책 등으로부터 발생된다. 2008년에 EU는 마이크로소프트에 공정거래 위반으로 13억 5천만 달러의 벌금을 부과하였다. 베이징 올림픽 직전에 중국이 티베트 사태를 강경진압하고 있을 때 구글의 유튜브에 있던 진압장면을 중국 정부가 삭제했고 구글은 마지못해 수용하였다. 결국 인터넷 검열에 대한 갈등으로 구글은 중국시장에서 철수하였다.

2) 경제적 환경

국제경영을 하고 있는 기업들이 외국에서 자신들이 불공정한 대우를 받고 있다고 생각할 때 또는 현지국 기업들이 외국 경쟁자들로 인하여 자신들이 불이익을 받는다고 생각할 때, 정부는 WTO(World Trade Organization)에 제소할 수 있다. WTO는 2010년 현재 153개 회원국을 보유하고 있는 글로벌 조직으로 관세와 무역장벽에 대한 분쟁을 협상하고 결정한다. WTO는 세계 도처에서 자유무역과 시장 개방을 촉진하는 역할을 하고 있다.

한편 국내 기업들은 보호무역주의를 선호한다. 대부분의 관세와 보호무역주의의 목표는 외국 경쟁자로부터 자국 기업을 보호하고 자국 노동자의 고용을 보호하는 데 있다. 자유무역과 보호무역 간의 정치적 딜레마 때문에 무역 문제에 관한 국제적 합의를 이끌어내기가 어렵다.

글로벌 관리자는 다른 나라에서 사업을 할 때 이와 관련된 경제적 이슈를 잘 파악해야 한다. 첫째, 진출하고자 하는 국가의 경제시스템을 이해하는 것이 중요하다. 이는 경제시스템이 외국 기업의 활동에 제약을 줄 수 있기 때문이다. 경제시스템의 유형은 자유시장 경제와 계획경제로 나뉜다. 베트남과 북한은 계획경제이고, 중국은 다소 계획경제이지만 자유시장으로 이동 중이다. 둘째, 글로벌 관리자들은 환율, 인플레이션, 다양한 세금정책 등을 이해해야 한다. 다국적기업의 수익은 자국과 현지국 통화 가치의 강세에 따라 극적으로 변할 수 있다. 예를 들어 전반적 글로벌 경제의 침체 이전에 유로 가치는 달러와 엔화에 비해 강세였기 때문에 독일 기업들의 높은 수익성에 공헌하였다. 이와 같은 환율의 평가 절상이 기업의 이익 수준과 관리자의 의사결정에 영향을 미칠 수 있다.

인플레이션은 제품과 서비스의 가격이 인상된다는 것을 의미한다. 또한 이것은 이자율, 환율, 생활비, 국가의 정치·경제 시스템의 일반적인 신용 등에 영향을 미친다. 관리자들은 한 국가의 화폐 정책에서 가능성이 있는 변화를 예측하고 구매와 가격 정책에 대한 올바른 의사결정을 하기 위해 인플레이션의 흐름을 모니터해야 한다. 마지막으로 세금 정책은 주요 경제의 걱정거리이다. 일부 국가들의 세금 법률이 다국적기업의 자국법보다 더 엄격하거나, 그와 반대로 더 관대한 경우도 있다. 관리자들은 사업의 전반적 세금 부담을 최소화하기 위해 현지국의 세금 법률에 대한 정확한 정보를 갖고 있어야 한다.

3) 문화적 환경

문화란 한 집단이 공유하고 있는 일련의 공통된 신념, 가치, 행동양식을 말한다. 어느 나라를 여행하든지 간에 문화적 차이가 있음을 알게 된다. **문화충격**(cultural shock)이란 낯선 문화를 접할 때 경험하는 혼란을 말하는데 문화적 이질성 때문에 경험하게 된다. 이러한 충격은 물론 자연스럽게 극복될 수 있겠지만, 중요한 사업과 경영에 있어서 사회적·문화적 차이의 이해는 필수적이다. 예를 들어 한 수출업자가 사우디아라비아에서 다리를 꼬고 신발 밑창이 보이는 자세로 앉아 있다면 이는 자신도 모르게 불경함을 나타내는 것이 되고, 왼손으로 서류를 건네준다면 회교도들은 불결하다고 생각할 것이며, 커피를 사양하면 호의를 무시했다고 받아들일 것이다. 전 세계 소비자들은 지역에 따라 상당히 다른 특징을 가지고 있기 때문에 민족우월주의적 사고방식, 즉 자국문화가 타 문화보다 더 우수하다는 생각은 반드시 버려야 한다. 특정문화가 우월하다는 사고를 지양하고 문화적 차이를 존중할 때 해외사업을 제대로 수행할 수 있으며, 문화충격을 최소화할 수 있다.

(1) 문화 지수

문화 지수(cultural intelligence)는 새로운 문화에 적응하는 능력을 말한다. 문화 지수 가 높은 사람들은 문화 차이를 다룰 때 유연하며 높은 문화적 자각을 갖고, 문화 차이를 위협이 아닌 학습의 기회로 본다. 미국의 사우스캐롤라이나에 있는 중국 하이얼의 새 공장에서 발생한 문제에 대한 대응 방법에서 최고경영층이 갖고 있는 문화 지수의 수 준을 볼 수 있다. 하이얼은 품질에 대한 몰입의 일환으로 중국 공장에서 노동자의 실 수로 제품 불량이 발생되면 많은 사람들 앞에서 공개적으로 자신을 비판하였다. 이 를 통해 잘못된 부분을 지적받고 개선했다. 중국 관리자들은 초기 나쁜 경험을 통해 학습하면서 기업 가치와 현지국 문화와의 조화를 이끌어낸 것이다. 반대로, 이런 관 행이 미국 공장에서 실행되었을 때 미국 노동자들은 자신들에게 모멸감을 주는 행동 이라고 항의하였다.

(2) 문화의 침묵 언어

새로운 문화를 관찰하고 학습하는 능력이 문화 지수의 토대를 만든다. 이와 같은 기 술과 역량은 **문화의 침묵 언어**(silent language of culture)를 보다 더 잘 이해함으로써 개 발될 수 있다. 이들 침묵 언어는 상황, 시간, 공간 등에서 발견된다.

① 상황

인류학자인 Edward Hall(1976)에 따르면, 우리가 주의 깊게 관찰하고 경청한다면 문 화별로 구성원들이 커뮤니케이션할 때 언어를 사용하는 방법에서 차이가 있다는 것 을 알 수 있다. Low-context 문화(상황 변화에 영향을 거의 받지 않는 문화)에서는 대부 분의 커뮤니케이션이 서류상 혹은 구두상으로 이루어진다. 미국, 캐나다, 독일이 여 기에 해당된다. 반면에 High-context 문화(상황 변화에 영향을 많이 받는 문화)에서는 다르다. 실제로 사용된 말이나 글은 실질 메시지의 한 부분만 전달할 수도 있다. 나 머지는 몸짓, 물리적 환경, 사람들과의 과거 관계 등을 포함하는 상황과 비언어적 신 호로 전달된다. 태국과 말레시아 같은 High-context 문화에서 디너파티와 사회적 모임은 잠재적 사업파트너가 서로를 알기 위한 방법이다. 관계가 형성되고 난 후에 커뮤니케이션을 위한 상황이 거래의 성사를 가능하게 해 준다.

② 시간

시간에 대한 성향은 문화에 따라 다르다. 미국인은 시간엄수를 존중하는 반면, 다른 문화권에서는 그렇지 않은 경우가 많다. 인류학자인 Edward Hall은 한 번에 하나의 일을 하는 경향을 단일시간문화(monochronic culture)라 했다. 일반적으로 미국인과 같은 서구인들은 회의시간을 미리 정하며 정해진 약속시간 동안에는 방문자에게만 주의를 집중한다. 대조적으로 복수시간문화(polychronic culture)에서는 한 번에 여러 다른 일들을 하는 것을 말한다. 예를 들어 중동지역에서는 사업상 면담 중이라도 다른 사람들이 들락날락거리면서 다른 거래를 처리한다.

③ 공간

문화에 따라 사용하는 **공간거리**에 대한 감각이 다르다. 예를 들어 아랍인들이나 남미인들의 경우는 미국사람들보다 더 가까운 거리에서 대화하는 것을 선호한다. 따라서 서로의 공간을 좁히기 위하여 상대가 몸을 기울일 때 뒤로 몸을 움직인다면 오해의 소지가 될 수 있다.

④ 계약의 의미

문화에 따라 **계약**의 의미가 다르다. 서구의 경우 계약은 최종적이며 구속력이 있는 합의내용이다. 그러나 중국에서의 계약은 단지 출발의 의미를 가지며, 일단 성립이 된 후에도 양자가 함께 일해 나가면서 계속 수정된다. 맥도날드는 중국 베이징에서 구한 상점의 임대계약을 중국 정부가 무시하고, 더구나 그들의 개발계획에 따라 건물을 철거했을 때 중국의 문화적 관행을 알게 되었다. 미국에서 계약은 문서화되는 것이 관행이지만, 인도네시아의 이슬람교도에게 구두로 약속한 내용에 대한 계약서를 요구하는 것은 무례한 행위가 될 수 있다.

⑤ 종교

종교는 매우 중요한 문화 변수이다. 종교는 사람들의 생활양식뿐만 아니라 복장, 음식 등과 같은 대인관계에 필요한 행동에도 영향을 준다. 종교는 윤리나 도덕적 가르

침의 원천으로 개인생활뿐만 아니라 조직활동에도 관련이 있다. 경영자들은 현지의 종교적 의식, 기념일 그리고 종교와 관련된 제반사항들에 대해 신경을 써야 한다. 예를 들어 이슬람교도의 라마단 달에는 새벽부터 저녁까지 금식을 행하며, 이슬람 문화권의 은행도 이러한 코란의 가르침에 따라 업무시간을 지키기 때문에 해당 기간에는 은행이자가 지급되지 않는다는 사실도 알아둘 필요가 있는 것이다.

(3) 가치관과 국가문화

Geert Hofstede(1988)의 연구는 문화 차이가 경영과 조직 활동에 어떻게 영향을 미칠 수 있는지를 보여 준다. Hofstede는 40개국에서 사업하고 있는 다국적기업의 종업원들을 연구한 후 5개의 문화 차원을 제시하였다. 〈그림 12-2〉에서 국가별 문화 가치의 차이를 볼 수 있다. Hofstede의 차원은 단지 대강의 견해를 제시하고, 문화 비교 출발점으로 고려된다. 또한 Hofstede는 미국 문화의 개인주의 혹은 일본 문화의 남성주의 등과 같이 일반화된 문화 가치가 모든 구성원들에게 적용된다는 잘못된 가정에서 나타나는 오류를 경고하였다.

- **권력차이**(power distance) : 조직 내 권력의무의 불평등한 분배, 즉 중앙집권 권력의 허용 정도를 의미한다. 참여적 혹은 민주적 리더십은 권력 차이가 낮은 호주에 더 적합하다고 볼 수 있다.
- **불확실성 회피**(uncertainty avoidance) : 미래의 불확실성을 회피하고 안전을 보장받고 싶어하는 정도를 의미한다. 미래 불확실성의 회피 정도가 낮은 미국과 스웨덴 같은 서양사회가 모험심이 강하고 이노베이션과 신제품 개발이 창의적으로 이루어진다고 할 수 있다. 반면에 일본은 기존 제품을 개선하는 데 탁월하다. 이는 일본 문화가 급격한 변화보다는 안정을 추구하기 때문이다.
- **개인주의-집단주의**(individualism-collectivism) : 집단에 대한 책임과 개인적 자유 중 어느 것을 더 중시하는가를 나타내는 정도를 의미한다. 동기부여, 팀제, 연봉제는 개인주의 성향이 강한 서양사회에게 더 적합하다 할 수 있다.
- **남성다움-여성다움**(masculinity-femininity) : 남성적 가치와 여성적 가치가 강조되는 정도를 의미한다. 남성적 가치란 물질적 부, 권력, 스포츠, 성과와 경력, 성

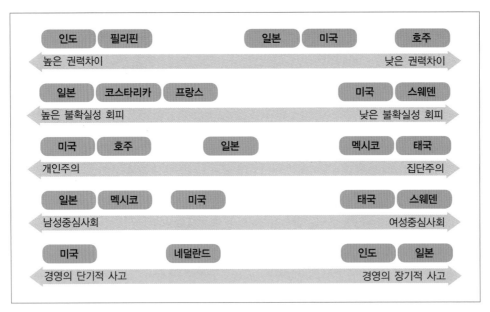

그림 12-2 국가별 문화 가치의 차이

공과 성취 등을 중시하는 경향을 말하며, 여성적 가치는 예술, 부드러움, 관계, 삶의 질 등을 중시하는 경향을 의미한다. 북유럽의 여성중심 사회에서는 취업을 삶의 질을 개선하는 수단으로 여기기 때문에 무턱대고 대기업에 취업하려고 하지 않는다. 반면에 한국이나 일본의 경우 취업을 인생의 성공과 연계시키는 성향이 강해서 대기업에 취업하려는 경향이 강하다.

- **시간성향**(time orientation) : 미래의 성과를 강조하는 정도를 의미한다. 미국의 기업은 단기적 성과를 추구하는 반면에 일본 기업은 장기적 성과를 추구한다. 일본 자동차 회사가 처음에 수요가 매우 낮은 하이브리드 엔진 기술에 투자한 것은 장기적 투자 수익률에 초점을 둔 사례로 볼 수 있다.

글로벌 환경과 경영

세계경제는 연초부터 예측불가의 상황이 나타나고 있다. 하락하는 국제유가에 중국경제 침체 징후는 세계경제를 먹구름 속으로 몰아넣고 있고, 한국도 예외가 아님은 자명한 사실이다. 어떻게 해야 밀려드는 악재를 극복하고 지속적인 성장기반을 구축할 수 있을까?

최성환 한화생명 보험연구소장(고려대 국제대학원 겸임교수)에 따르면 국제통화기금(IMF)은 최근 한국의 1인당 국내총생산(GDP)이 2017년 3만 달러를 넘고 2019년이면 3만 4,268달러로 G7 국가의 하나인 이탈리아의 3만 3,388달러를 따라잡을 것으로 전망했다. 2020년에는 일본의 3만 8,174달러에 근접해 잘하면 2020년대 초반엔 일본도 추월할 기세라는 게 IMF의 예측이다.

영국의 글로벌 싱크탱크 경제경영연구센터(CEBR) 역시 2030년 우리나라는 GDP 규모 세계 7위로 올라설 것으로 내다봤다. 불과 15년 후면 현 G7 국가 중 이탈리아는 물론 프랑스와 캐나다도 제칠 것이라는 장밋빛 전망이다.

반면 국내를 돌아보면 영 딴판이다. 2~3% 대의 낮은 성장률이 5~6년째 이어지고 있는 가운데 소비자물가상승률은 3년 연속 1% 안팎에 머물면서 일본식 장기침체 또는 디플레이션으로 진입하고 있다는 우려가 제기된다. 청년실업률은 8% 안팎까지 낮아졌다지만 집집마다 자녀들이 취직을 못해 아우성이다. 직장에서 밀려나고 있는 50대 초중반의 중년들이 음식점 등 자영업에 대거 진출해 제 살 깎아먹기로 공멸하고 있다는 이야기는 이미 식상할 정도도. 일찍 은퇴한 아버지와 취직 못한 자녀들을 쳐다보는 어머니의 한숨소리가 한두 집 건너 한 번씩 들린다고 해도 지나친 과장이 아니다.

1960년대 초반 경제개발이 본격화된 이후 요즘처럼 국민들은 물론 기업들의 사기와 자신감이 떨어진 적이 없는 것 같다. 무엇이 우리 경제와 사회를 이처럼 무기력하게 만들고 있는 것일까? 급격한 성장에 따른 성장통으로 시간이 지나면 다시 예전의 성장세와 자신감을 회복할 수 있는 것일까? 만약 그게 아니라면 우리 경제와 사회, 정치는 무엇을 어떻게 해야 할 것인가?

세계경제의 판도를 하나의 표로 이해할 수 있는 것이 미국 경제전문지 「포춘」이 매년 발표하는 '글로벌 500대 기업'이다. 1993년 미국 기업이 161개, 일본 기업이 128개인 반면 중국 기업은 하나도 없었다. 하지만 22년이 지난 2015년의 경우 미국 기업은 128개로 감소하고, 일본 기업은 54개로 반토막 아래로 급감했다. 같은 기간 중국 기업은 제로에서 무려 98개로 미국에 근접하고 있다. 한국의 글로벌 500대 기업은 1993년 12개에서 2015년 17개로 5개 늘어났다. 미국과 일본이 크게 줄어든 것에 비하면 선방했다고 할 수 있다. 그러나 인구 800만 명의 스위스가 12개, 인구 1,700만 명의 네덜란드가 14개 보유하고 있는 것과 비교하면 앞으로 우리 경제가 어떤 방향으로 나아가야 할 것인지 잘 알 수 있다. 스위스와 네덜란드는 이들 글로벌 대기업들을 발판으로 1인당 GDP가 각각 8만 달러와 5만 달러를 넘고 있다.

우리나라 글로벌 500대 기업이 17개라지만 업종을 살펴보면 에너지(정유, 전기, 가스 등), 자동차, 철강, 조선 등 전통제조업(10개)에 치우쳐 있다. 나머지는 전자업 3개, 유통·무역업과 금융업이 각각 2개씩이다. 반면 스위스와 네덜란드의 글로벌 500대 기업에는 전통제조업보다 금융, 의약 및 화학, 식품업종이 훨씬 많다. 스위스의 경우 금융업 4개, 의약·화학업 2개, 식품업 1개, 호텔·레저업 1개를 차지하고 있다. 네덜란드 또한 금융업 4개, 식품업 2개, 의약·화학업 1개, 소비재생산업 1개로 향후 부가가치가 크게 늘어날 분야에 주로 포진하고 있다.

현재 G7에 속하는 선진국이면서도 1인당 소득에서 한국에 추월당할 처지의 이탈리아를 보자. 고령화와 정치 불안 등 여러 다른 요인이 있겠지만 글로벌 대기업이 몇 개 없기 때문이 아닐까? 이탈리아의 글로벌 500대 기업은 9개로 한국의 절반 정도에 불과하다. 업종도 금융업 4개를 제외하면 자동차, 정유, 전력, 유통, 통신업에 각각 1개가 있을 뿐이다.

2015년 전 세계 기업 간 인수·합병(M&A)은 약 4조 6,000억 달러(5,400조 원)로 이전 최대였던 2007년의 4조 3,000억 달러를 넘어 사상최대를 기록했다. 세계 1위와 2위 기업이 합병하거나 2위 기업이 3~4위 기업을 합병해 1위로 올라서고 있다. AB인베브(1위)와 사브밀러(2위)는 합병을 통해 세계 맥주시장의 3분의 1을 장악하게 됐다. 화이자와 앨러의 합병은 세계 1위 제약사를 탄생시켰다. 에너지기업 로열더치셸이 BG그룹을 인수한 것은 저유가에 대응하는 동시에 엑손모빌과의 1위 다툼에서 우위를 차지하기 위해서라는 분석이다.

글로벌화의 진전과 저성장이라는 새로운 패러다임에 대응하기 위해 글로벌 대기업들의 이와 같은 합종연횡(M&A)는 갈수록 치열해질 것이라는 전망이다. 앞으로 상상을 뛰어넘는 규모의 초대형 글로벌 기업들이 나타날 것이고 각국은 이들 초대형 글로벌 기업들의 국내 유치에 전력을 기울일 것으로 보인다.

결론은 한 나라 경제가 지속가능한 성장을 위해서는 글로벌 대기업을 만들어내야 한다는 것이다. 우리 경제가 전통제조업을 지키는 동시에 금융과 의약·화학 등에서도 신성장동력, 즉 글로벌 대기업을 키워내야 하는 이유다. 지난해 7조 원이 넘는 기술수출계약을 맺은 한미약품이 대표적인 예로 거론된다. 아울러 거대시장인 중국과 인도, 인도네시아 등을 노릴 수 있는 식품과 화장품 등에서도 가능성을 찾아야 한다.

여기에 글로벌 경쟁력을 가진 중소기업의 육성도 필요하다. 한 국가의 전투수행능력으로 예를 들자면 글로벌 500대 기업은 항공모함에 해당한다. 세계경제전쟁의 성패는 항공모함의 수와 성능, 지휘력 등에 크게 달려 있을 것이다. 그렇지만 전쟁에 항공모함 혼자 싸우는 것은 아니다. 전투기와 구축함 등의 역할을 수행할 경쟁력 있는 글로벌 중소기업들도 필요하다. 즉 대기업과 중소기업들이 얼마나 서로 유기적으로 연결되고 협력하느냐에 따라 함대 또는 경제 전체의 경쟁력이 좌우될 것이다. 그래야 우리 경제가 1인당 소득 3만 달러를 넘어 4만~5만 달러 시대를 열면서 지속가능한 경제를 만들어 나갈 수 있다.

- 뉴스토마토, 2016년 1월 25일 -

business
administration **13**

기업의 미래와 경영

1. 변화와 이노베이션 관리

디지털 경제 혹은 네트워크 경제는 많은 사업의 기회와 혼란을 동시에 주고 있다. 산업혁명 이후 변화를 다루는 이해관계가 이렇게 복잡한 적은 없었다. 대부분의 전통적 조직들은 변화를 하지 않으면 도태된다는 것을 알고 있다. 시스코의 CEO인 존 챔버스는 "비록 변화가 대부분의 사람들을 불편하게 만들지만, 성공한 기업들은 변화에서 생존하는 조직문화를 가질 것이다."라고 말하였다. 오늘날의 슬로건은 지속적인 변화이다. 그러나 많은 조직과 리더들은 변화를 다루는 데 성공적이지 못하고 느리게 대응하는 것도 사실이다. 조직에서 긍정적인 변화를 창조하는 것이 쉽지는 않다. 변화는 불확실성에 대해 인내심이 낮은 사람들에게 위협적이고, 위험, 복잡함, 근심과 스트레스를 동반한다. 창의성과 혁신을 위해 개인과 조직의 잠재능력을 이끌어내는 방향으로 그들을 관리하는 것이 매우 중요하다. 관리자들은 과거의 성취에 빠지지 말고 경쟁우위의 주요 원천으로서 이노베이션에 집중해야 한다.

많은 산업에서 기술 이노베이션이 경쟁력의 가장 중요한 동력의 역할을 하고 있다. 기업들은 자신들의 매출과 수익의 약 3분의 1을 지난 5년 동안 개발된 제품에 의존하고 있다. 이처럼 이노베이션의 중요성이 증가하는 이유는 시장의 세계화와 이노베이션의 속도를 가속화시키는 정보기술의 발전이 있다. 또한 컴퓨터를 이용한 디자인과 생산이 보다 쉽고 빠른 신제품 개발을 가능하게 하며, 유연생산기술(flexible manufacturing technologies)이 생산운영시간을 경제적으로 단축시키고 규모의 생산경제의 중요성을 완화시켜 왔다. 이들 기술들을 이용하는 기업들은 좁게 정의된 고객 그룹의 욕구를 밀접하게 충족시키는 제품의 변형을 개발하고 생산해서 경쟁자들과의 차별화를 달성할 수 있다.

토요타, 삼성, 소니 등과 같은 기업들은 이들 새로운 기술을 수용하고 이노베이션에 대한 자신들의 페이스를 증가시켜서 경쟁자들에 대해 진입장벽을 높이고, 산업 전반에 걸쳐 신제품 개발의 사이클을 단축시키며 보다 빠른 신제품 출시를 촉발시키고 있다. 이와 같은 기업환경에서 기업들은 긴요한 전략으로서 이노베이션에 초점을 점진적으로 두어야 한다.

1) 창의성과 이노베이션

창의성(creativity)은 경영 문제를 해결하거나 기회를 활용할 때 필요한 독창적인 아이디어 혹은 독특한 접근법을 생성한다. 또한 인적 자본의 주요 자산이기도 하다. 조직에서 일하는 사람들은 많은 아이디어를 갖고 있으며, 창의력도 있고, 이노베이션을 추구한다. 이를 이해하는 관리자들은 그들의 창의성을 개발하는 방향으로 업무를 진행할 수 있다. 창의적인 업무 환경을 강화시키는 것으로 알려진 요소들은 도전적인 업무, 재능과 주도권의 자유로운 활용, 동료와 상사의 격려, 협력적인 조직문화, 수행 장애물 제거 등이다.

창의성은 이노베이션을 통해 조직에 영향을 미친다. **이노베이션**(innovation)은 새로운 아이디어들을 제안하고 실행하는 프로세스이다. 좋은 업무 환경에서 창의성을 발휘할 때, 사람들은 기술과 다른 자원의 이노베이션을 추구하여 탁월한 성과를 달성할 수 있다.

2) 이노베이션의 유형

'**이노베이션**' 하면 아이팟, 포스트잇, 스마트폰 등이 생각날지 모른다. 혹은 식품점의 셀프 스캐닝 체크아웃, 항공기 여행의 온라인 체크 등을 떠올릴 수도 있다. 이 모든 것은 오늘날 이용할 수 있는 비즈니스 이노베이션의 전체 또는 부분이다. 이노베이션은 사회적 책임에 대해 긍정적인 태도를 가질 수 있다. 어떤 사람들은 자연환경과의 관계에서 지속가능성(sustainability)을 추구하고 또 다른 사람들은 가난과 질병과 같은 사회 문제에 몰두한다.

(1) 비즈니스 이노베이션

조직에 의한 이노베이션은 전통적으로 세 가지 형태로 설명된다. 첫째, 제품 이노베이션은 신제품과 서비스 혹은 개선된 제품과 서비스를 창조한다. 둘째, 프로세스 이노베이션은 업무를 할 때보다 나은 방법을 제공한다. 셋째, 비즈니스 모델 이노베이션은 기업의 수익성을 위한 새로운 모델을 개발한다. 세계에서 가장 혁신적인 기업들에 대한 「Business Week」(2006년 4월 24일)의 리스트를 살펴보면 다음과 같다.

- **제품 이노베이션** : 애플은 우리에게 'iPod'이라는 세계를 소개하였고, 토요타는 새로운 하이브리드(hybrid) 자동차를 시장에 출시했으며, 블랙베리는 동작연구를 통해 새로운 시대의 핸드 모바일 기기를 소개하였다. Pure Digital 기술이 120달러에 판매되는 저렴한 Flip Video 캠코드를 출시하였고, 인도의 타타(Tata Group)는 소득수준이 낮은 서민들을 위해 2,500달러의 자동차 Nano을 출시하였다.

- **프로세스 이노베이션** : 사우스항공은 원가우위 전략을 지원하기 위해 운영을 지속적으로 개선하고 있다. 이케아는 가구와 설비를 위해 소매 쇼핑을 변형시키고 있다. 아마존은 온라인 쇼핑 경험을 지속적으로 개선시키고 있다. P&G는 디자인 관리자들을 최고경영층에 포함시켰다. 페이스북은 야후와 구글과 같은 제3의 개발자에게 자신의 소프트웨어 플랫폼을 개방하였다.

- **비즈니스 모델 이노베이션** : 버진그룹(Virgin Group)은 자신의 전통적인 산업에 '히피 라이프스타일'이라는 브랜드를 불어넣고 새로운 시대의 우주여행 상품을 출시할 준비를 하고 있다. 스타벅스는 커피 판매 사업을 글로벌 브랜드 사업으로 끊임없이 전환하고 있다. 이베이는 세계 최대의 온라인 시장을 창조하고 있다. 구글은 웹 기술을 이용하여 엄청난 광고 수입을 올리고 있다. 아마존은 다른 기업들에게 자신이 소유하고 있는 웹 서비스를 판매하고 있다.

(2) 지속 가능한 이노베이션

지속 가능한 이노베이션은 이용 가능한 다른 대안보다 자연환경에 영향을 덜 미치는 신제품과 서비스를 창조한다. 이 목표는 자연환경에 최소의 영향을 미치거나 오히려 자연환경을 개선하면서 사업을 할 수 있는 방법을 찾는 것이다. 지속 가능한 이노베이션은 에너지 사용, 물 사용, 포장, 쓰레기 관리, 수송 관행뿐 아니라 제품 개발 등의 영역에서 찾아볼 수 있다. 2020년의 이상적인 지속 가능한 이노베이션은 우리가 숨 쉬는 공기를 맑게 하고, 산업 폐기물과 독성이 있는 부산물을 제거하고, 재생 에너지를 통해 전력을 공급하는 것이다.

　그린 이노베이션은 지속 가능성의 개념과 상통한다. 그린 이노베이션은 조직 혹은 제품의 탄소 배출을 줄이는 것과 같은 아주 단순한 방법도 포함된다. 항공기 여행을 새로운 비디오 컨퍼런스 기술로 대체하는 것도 하나의 사례이다. 보다폰(Vodafone)은 비디오 컨퍼런스가 1년 동안 13,500회에 달하는 종업원들의 항공기 여행을 대체함으로써 탄소 배출을 약 5,000톤 낮추었다고 평가하였다. 네바다에 있는 양조회사의 그린 이노베이션은 공장에서 부산물로 생산되는 바이오가스와 구매한 천연가스를 혼합하여 난방 연료로 사용한다. 혼합가스에 태양열 전력이 더해지면서 이 회사는 사용 전력의 80%를 생산하고 대기 오염도 줄였다. 월마트의 그린 이노베이션 목표는 월마트가 산업 폐기물을 완전히 없애는 것이다.

(3) 사회적 기업의 이노베이션

Peter Drucker(1973)는 '이노베이션'을 기업의 경제적 혹은 사회적 잠재력에 계획된 변화를 창조하는 노력이라 하였다. 다시 말해 긍정적인 경제적 혹은 사회적 가치를 가지고 새로운 아이디어를 사용가능한 애플리케이션으로 전환시키는 활동이다. 또한 이노베이션은 우리가 세계의 사회적 문제, 즉 가난, 기근, 문맹, 질병, 경제적·사회적 발전을 위한 일반 조건 등을 말할 때도 적용될 수 있다.

방글라데시에서 무하마드 유누스(Mohammad Yunus)와 그라민은행(Grameen Bank)의 '소자본 기업을 운영하는 사람들을 위한 매우 낮은 이자율의 소액 대출(micro-credit lending)'은 비즈니스 모델 이노베이션이지만, 다른 한편으로는 사회적 기업의 이노베이션이라 할 수 있다. 이와 같이 기초적인 비즈니스 모델은 사회 문제를 직접적으로 언급하는 아주 훌륭한 기준이라 할 수 있다.

사회적 기업의 이노베이션은 사회적 기업가정신의 창의성에서 시작된다. 사회적 기업가정신은 절박한 사회문제의 해결책을 독창적으로 창조하고, 사회 공익을 위하는 이노베이션이라 할 수 있다. 또한 사회적 기업가정신은 재무적 성과보다 오히려 사회적 변화를 더욱 추구한다. Andrew Youn(2008)은 사회적 기업가의 창의성으로 많은 아프리카 가정들의 의미 있는 변화를 이끌어냈다. Youn은 One Acre Fund라는 이노베이션 프로그램을 가지고 만성적인 어린이 기아 문제를 공략하였다. 이 프로그램을 통해 케냐의 가난한 가정에 소액 대출을 제공하고, 그들은 자신들의 땅에 양질의 씨앗과 비료를 뿌리고 농기계를 사용하는 훈련을 받았다. 이 프로그램의 목표는 케냐 농부가 가난을 극복할 수 있도록 도움을 주는 데 있다.

3) 이노베이션 전략

P&G는 신규 사업을 인수하면, 다른 사업부의 신제품을 만들기 위해 신규 사업의 기술을 활용한다. 이와 같은 사업부 간의 기술 통합이 신제품 개발에 유용한 결과를 가져다줄 수 있다. 이와 같은 사례에서 볼 수 있듯이 이노베이션 전략은 단지 급진적이고 획기적인 제품 개발에만 초점을 둘 필요가 없다. 현재의 기술을 새롭게 적용할 수 있다. 오늘날 경영환경에서 어떤 유형의 이노베이션 전략이 필요한가? 이노베이션 강조 부분과 타이밍에 대한 의사결정에 영향을 미치는 이노베이션 철학이 필요하다.

관리자들은 이노베이션의 어떤 부분을 강조해야 하는지를 결정해야 한다. 즉, 기초과학 연구, 제품개발, 프로세스 개선 중 어떤 것에 초점을 두어야 하는지를 결정해야 한다. 유전공학, 제약, IT, 화장품 같은 산업에서는 기초과학에 대한 전문지식이 지속적 경쟁우위의 주요 요소가 된다. 그러나 많은 기업들은 제품개발 전략에 의존하고 있다. 이들 기업들은 기존 기술을 활용하여 제품을 개선하거나 다른 용도로 사용한다. 기초과학 연구와 제품개발 전략은 높은 수준의 차별화를 달성하는 데 도움을 줄 수 있다. 마지막으로 프로세스 개발을 강조하는 이노베이션은 업무 프로세스를 개선하고 향상시키는 데 초점을 두고 있으며, 원가우위를 이끌어내는 데 도움을 줄 수 있다.

이노베이션 강조 부분이 결정된 후 관리자들은 이노베이션 타이밍 전략을 결정해야 한다. 조직은 지속적 경쟁우위를 개발하기 위해 제품 혁신의 선점자가 될 것인지 추종자가 될 것인지를 결정해야 한다. 조직은 자신의 역량을 고려하여 선점자 혹은 추종자를 선택해야 한다.

4) 이노베이션의 상업화

이노베이션의 상업화 프로세스는 새로운 아이디어들을 제품과 서비스로 전환시키거나 혹은 수익성을 증가시킬 수 있다. 예를 들어 쓰리엠은 4년 전에 존재하지 않았던 신제품으로 수익의 1/3을 달성했다. 이들에게 제품 이노베이션은 일상생활이었으므로, 이 회사의 성공은 종업원들의 상상력에 의해 이루어졌다고 볼 수 있다.

〈그림 13-1〉은 이노베이션의 상업화 단계를 보여 준다. 1단계는 외부환경과 시장 민감도를 고려하여 잠재 제품을 발견하거나 기존 제품을 수정하는 것과 같은 아이디어를 창조하는 단계이다. 2단계는 다른 부서와 아이디어를 공유하고 시험용

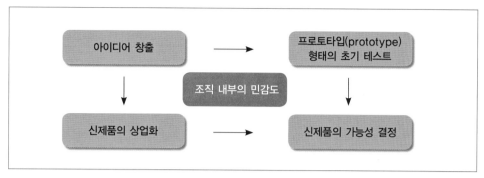

그림 13-1 이노베이션의 상업화 프로세스

(prototype) 제품을 테스트하는 초기 실험단계이다. 3단계는 신제품의 시장 적응성과 재무적 가능성을 결정하는 단계이다. 4단계는 고객에게 판매하기 위해 제품을 상업화하는 단계이다. 이 프로세스가 진행되는 동안 내부의 조직 민감도가 고려되어야 한다.

5) 이노베이션 조직의 특성

구글, 이베이, 애플 등과 같은 이노베이션 조직은 이노베이션을 통해 빠르게 시장을 선점하는 역량을 갖고 있으며, 이것이 경쟁우위를 확보하는 데 도움을 준다. 마이크로소프트의 경우는 이와 다르다. 「PC World」(2008년 7월 25일)는 마이크로소프트를 '지루한 소프트웨어를 속속 내는 느리고 오래된 기업'이라고 묘사하였다. 이에 마이크로소프트의 연구와 전략의 책임자인 크레이그 먼디는 자신의 기업이 이노베이션의 날카로움을 잃지 않았다고 주장하였다. 그러나 이노베이션을 주장하는 것과 증명하는 것은 다르다.

한 조사에서 최고경영자들의 72%는 이노베이션을 최고의 우선순위로 고려하고 있

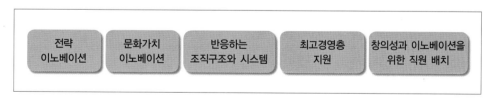

그림 13-2 이노베이션이 높은 조직의 특성

으며, 그들 중 1/3은 자신의 기업이 얼마나 빠르게 이노베이션하고 있는지에 대해 만족하지 않고 있었다. 그런 결과는 마이크로소프트의 사례와 일치한다고 볼 수 있다. 그렇다면 높은 수준의 이노베이션 조직은 어떻게 달성될까? 그 해답은 〈그림 13-2〉와 같이 전략, 문화, 조직구조, 최고경영자, 스태핑(staffing) 등으로 요약될 수 있다.

6) 초우량기업의 경영혁신 추세

(1) 경영혁신 활동의 핵심어

오늘날 초우량 기업들이 경쟁적으로 전개하고 있는 경영혁신 활동의 키워드는 고객, 스피드, 프로세스로 요약된다. 이 세 가지 핵심어들이 의미하는 바를 알아보도록 하자.

(2) 고객

기존 마케팅에서 흔히 사용하고 있는 최종 소비자의 개념만이 아니라 기획에서부터 개발, 생산, 판매에 이르는 경영의 전 과정에 걸쳐 관계되는 대상을 모두 지칭하는 것으로서 대리점, 협력업체, 공공기관, 사회단체, 주주, 관계협회 및 연구소 등도 포함된다. 고객만족은 1980년대 이후 초우량기업의 우선 과제인 품질위주 경영의 핵심요소가 되었다.

여기서 기업이 고객을 만족시킨다는 것은 제품과 서비스 수준을 무조건 높이는 것이 아니라, 고객이 원하는 수준에 맞추는 것이다. 또한 초우량기업의 고객은 회사 의 외부고객인 대리점, 소비자, 협력자뿐만 아니라 회사의 내부고객인 다음 공정, 다음 부서도 모두 포함하며 이러한 사내·외 전 고객의 욕구를 명확히 파악하고 여기에 적합한 제품이나 서비스를 제공하는 것을 경영활동의 목표로 삼고 있다.

탁월한 고객서비스를 강조하는 기업들은 최고경영자에서 말단 종업원까지 고객서비스 중심의 분위기를 조성하는 전략이 필요하다. 이 전략은 고객들에게 그들이 원하는 것을 제공하고, 그들과 효과적으로 커뮤니케이션하고, 종업원들에게 고객서비스 훈련을 제공하는 것 등을 포함한다. 예를 들어 뉴발란스는 고객들에게 신발의 크기와 폭을 고객의 발에 맞게 다양한 사이즈로 만들어 판매한다. 한편 효과적인 고객 커뮤니케이션 시스템을 보유하는 것은 중요한 고객서비스 전략이다. 관리자들은 고객들에게 어떤 일이 일어나고 있는지를 알아야 하고 구매 접점(encounter)에서 고객들이 좋아하는 것과 싫어하는 것을 파악해야 한다. 또한 관리자들은 고객들에게 미래 구매 결정에 영향을 줄 수 있는 기업에 대한 정보를 알려주어야 한다. 마지막으로 조직문화는 탁월한 고객서비스를 제공할 때 중요한 역할을 한다.

(3) 스피드

속도는 1990년대에 들어 미국 기업이 일본 기업과 경쟁력을 비교하면서 부각되기 시작한 개념으로, 이는 1990년대에 살아남기 위해서는 고객의 욕구에 맞는 제품이나 서비스를 기존의 품질과 비용을 유지하면서 경쟁기업보다 빨리 제공하는 것이 중요하다는 사실을 의미한다.

　BCG 등 미국의 유명 컨설팅 회사들은 1990년대의 과제로 Time-Based Management를 제시했다. 종전의 기업 경쟁력이 비용, 품질 및 창의성 또는 유연성으로 결정되었다면, 1990년대에는 시간의 경영관리, 특히 고객이 원하는 바를 빨리 충족시켜 주는 것이 가장 중요한 경쟁력 요소가 된다는 것이었다.

(4) 프로세스

단순히 생산절차나 업무의 절차를 의미하는 것이 아니라 회사를 제품이나 정보 등의 커다란 흐름으로 파악하고, 제품별 또는 기능별로 구분하여 몇 개의 과정으로 분류한 후, 이 과정별로 기존의 기능별 조직의 제약을 넘어 전체로서의 최적화 개선을 추진하는 것이다.

　초우량기업에서는 Process Champion, Product Manager, Process Owner 등의 개념이 일반화되어 있는데, IBM의 경우 기업 업무를 생산, 개발, 정보 등 11개의 과정으로 파악하고 각 과정별로 책임자를 정하여 조직 간 업무조정 권한을 주어 이 과정과 관련되는 업무를 개선시킬 수 있도록 하고 있으며, 상품별로 Product Manager 제도를 두어 설계, 디자인, 생산, 판매, 구매 등 관련자들을 언제든지 소집해 개선활동을 하는 회사도 늘어나고 있다.

2. 미래의 기업환경

1) 21세기 경영활동

21세기는 빠른 속도로 변화하는 시대이다. 변화는 생활양식이 되었으며 조직이나 개인도 이에 적응해야만 한다. 변화와 더불어 사회 전반적으로 소비자들의 기대치는 높아졌다. 어느 직장이든 종업원은 새로운 조건 하에서 새로운 방식으로 높은 생산성을 창출하도록 요구받고 있다. 또한 직장에서 열심히 일하고 창의성을 발휘하며 자아성취를 이루기를 요구받기도 한다. 조직은 종업원이 조직의 일원으로서 조직 전체의 필요와 목표를 이해하고 신기술을 최대한 이용하기를 원하고 있다.

(1) 지구촌 경제

사업영역에 있어서 국경의 의미가 거의 없어졌다. 점점 더 많은 제품들이 한 국가에서 설계되어 다른 국가에서 생산되고 또 다른 국가에서 판매되고 있다. 지구촌 경제 시대에는 기업지도자들이 사업상의 경쟁을 염려하듯이 국가의 정부지도자들도 국가 간의 경쟁을 걱정하고 있는 실정이다. 경제체제는 지역 블럭화 현상이 일어나 아시아, 북미, 유럽 등으로 블록화되고 있다. 아프리카가 점차 목소리를 크게 내고 있으며, 중국이 큰 경제대국으로 부상하기 시작하였다. 비록 IMF사태로 재정적인 위기를 겪었지만 여전히 한국, 대만, 싱가포르, 말레이시아 같은 국가들은 세계경제에 큰 역할을 담당하고 있으며, 유럽연합(EU)의 경제적 의미와 반경도 확장되고 있다. 캐나다와 미국 그리고 멕시코 간에 체결된 NAFTA도 효과를 보고 있으며, 남미의 경제 연합도 점차 확대되고 있다.

(2) 정보와 기술의 변화

기술이 변화하면 산업도 변화한다. 20여 년 전만 해도 계산을 할 때는 주판을 썼지만 전자계산기가 나오면서 주판은 사라지고 말았다. PC로 타이핑을 하게 되면서부터 타자기는 사용하지 않는다. 컴퓨터 사용의 증가로 반도체 산업이 크게 발달하고, 반도체는 이제 우리나라의 주요 수출품이 되었다. 컴퓨터 사용의 증가는 소프트웨어 개발 사업도 크게 발전시켰다. 우리나라에서도 이러한 새로운 기술 변화에 발 빠르게 대처한 기업은 현재 극심한 불황 속에서 계속 성장하고 있다.

정보와 기술의 변화는 새로운 기술적·창조적 파괴(creative destruction)의 요인이 되고 있다. 트랜지스터가 진공관산업을, 자동차가 철도산업을, TV가 영화산업을 파괴시켰던 것과 같이 새로 등장하는 기술 혁신적 제품들은 끊임없이 기존의 제품들을 퇴화시키고 있다. 이 같은 환경에서 이런 신기술을 받아들이지 않는 기업은 결국 쇠퇴하고 말 것이다.

온라인 기능이 없는 은행은 이제 상상할 수가 없다. 부산에서 예금하고 서울에서 돈을 찾을 수 없다면 그 은행은 문을 닫아야 한다. 또한 타은행으로 송금할 수 없다면 그 은행도 문을 닫아야 한다. 이를 가능하게 해 준 것이 정보통신기술의 발전이었다. 아주 작은 기업이라도 이제 컴퓨터가 없는 사무실은 없다. 웬만한 기업에서는 세금계산서가 컴퓨터에서 프린트되어 나온다. 이와 같이 정보기술의 발전이 기업에 큰 영향을 주고 있다. 이런 추세에서 IBM, 인텔, 마이크로소프트는 세계적인 기업이 되었다. 우리나라의 많은 벤처기업도 이 정보통신기술을 개발하는 곳이 대부분이다. 미래학자 Alvin Toffler는 국가나 기업, 개인 누구든 간에 의사결정의 속도가 힘의 원천이 될 것이라고 말하고 있다. 그는 그의 저서 『권력이동(Power shift)』에서 경제 발전은 정보기술에 근거하여 이루어진다고 주장하였다. 그는 "부를 축적하는 새로운 방법은 시장, 은행, 생산시설 그리고 실험실을 전 세계적 네트워크로 연결해 즉각적으로 커뮤니케이션하면서 끊임없이 방대한 자료와 정보 지식을 교환하는 것이다."라고 말하였다.

관리자들은 지속적 경쟁우위를 개발하기 위해 e-business 전략을 사용하고 있다. 원가우위 리더 기업은 다양한 방법으로 보다 낮은 비용을 들여 e-business를 할 수 있다. 예를 들어 이런 기업은 판매 전화의 필요성을 제거하고 판매원 비용을 줄이기 위해 온라인 입찰과 주문 프로세싱을 사용한다. 재고비용을 줄이기 위해 웹 베이스의 재고관리 시스템을 사용할 수 있고, 또한 취업 응시생을 온라인으로 테스트하고 평가할 수 있다. 한편 차별화 추구 기업은 고객들이 독특하게 인식하고 가치를 부여하는 제품 혹은 서비스를 제공해야 한다. 예를 들어 인터넷 베이스의 지식 시스템을 이용하여 고객반응 시간을 줄이고, 서비스 요구 혹은 자동 구매와 지불 시스템에 빠르게 반응할 수 있다. 고객 맞춤화된 제품으로 틈새시장을 공략하는 기업은 고객이 다른 사람들과 상호 교류할 수 있도록 채팅방 혹은 토론방을 제공할 수 있다.

(3) 노동력의 다양성

노동력의 다양성(diversity)이란 성별, 연령, 인종, 민족성, 종교 등의 차이가 있는 노동력의 구성을 말한다. 변화하고 있는 인구통계 특성 중 하나는 노동력에서 노인, 여성, 외국인 노동자가 차지하는 비중이 증가한다는 것이다. 미국 인구조사청(2008.8)에서는 2042년에 백인은 소수가 되고, 흑인, 아시아계, 인디언, 남미계 등이 다수가 될 것이라고 예측하였다. 우리 사회가 다양화되고 있음에도 불구하고, 고용에서 다양성은 항상 잘 다루어졌다고 할 수 없다. 편견, 차별, **유리천장효과**(glass ceiling effect) 등이 직장 내에 일어나는 불공정한 사례이다. Scholar Judith Rosener(2000)은 노동력에서 어떠한 형태의 차별이 인적 자본의 가치를 하락시키고 그 자본을 충분히 활용하지 못하게 한다고 경고하였다.

많은 사람들은 노동력의 다양성을 '불가피한 경영환경'이라고 말하고, 오늘날 점차 증가하고 있는 다양한 문화의 노동력이 잘 개발된다면, 이는 성과목표의 달성을 위한 새로운 기회가 될 수 있다. 에이번의 한 여성 부사장은 노동력 다양성의 도전에 대해 모든 구성원이 공헌하고, 참여하고, 승진에 동등한 기회를 부여하는 환경을 의식적으로 창조해야 한다고 하였다. 그러나 대부분의 경영자들은 노동력의 다양성에 가치를 부여하고 관리하기보다 오히려 원가절감의 수단으로 취급하고 있다.

(4) 윤리

2001년에 엔론이 분식회계로 파산되면서 제프리 스킬링은 이 충격적인 범죄로 24년 이상의 징역형을 선고받았다. 이는 어떠한 조직이라도 최고경영층이 다수에게 피해를 주고 소수를 부유하게 하는 경영시스템을 묵인하거나 불법을 자행할 경우 법적으로 처리된다는 것을 보여 준다. 엔론에서 발생된 불법 분식회계가 종업원들의 연금에 손실을 입혔고, 주식투자자는 투자 손실을 입었으며, 이 회사의 성과가 악화되었을 때 제품 가격을 지불한 고객들에게도 피해를 주었다.

여기서 제기된 이슈는 개인 혹은 그룹의 행동에서 '좋은 것과 올바른 것' 및 '나쁜 것과 잘못된 것'의 기준을 정하는 도덕적 원칙인 윤리이다. 그리고 엔론과 같은 윤리적 실패는 널리 알리고 연구되어야 하지만, 긍정적 사례와 윤리적 역할 모델들도 많이 연구되어야 한다. Herb Baum(2005)은 자신의 저서 『투명한 리더(Transparent Leader)』에서 성실성이 리더십 성공의 주요 열쇠이고 조직의 윤리적 분위기를 조성하는 책임이 최고경영층에서 시작되어야 한다고 했다. 윤리적 책임을 다하는 많은 사람들과 조직들은 제품 안전과 공정한 실천, 인권 보호 등을 통해 지속적 개발(sustainable development), 자연환경 보호, 소비자 보호 등에 대해 관심을 갖고 있다.

(5) 종업원

세계적인 기업들은 해외 로컬 커뮤니티에서 쉽게 볼 수 있다. 디자이너 가구의 혁신적 제조업체인 허먼밀러(Herman Miller)는 1990년대부터 종업원에 대한 존경을 최고의 덕목으로 여기고 있다. 이 회사는 종업원의 재능과 역량을 조직의 가장 중요한 자산으로 생각하고, 조직의 미래에 투자하기 위해 종웝원의 능력을 개발하는 데 투자하고 있다. 성공한다는 것은 효과적인 방법으로 목표를 달성하는 것이고, 특별하게 된다는 것은 종업원의 잠재력을 활용하는 것이다. 이는 고성과 기업들(high-performing companies)의 특성과 일치한다. 고성과 기업들은 종업원들에게서 특별한 결과를 이끌어내는 데 경쟁자들보다 앞서 있다. 이 기업들은 역량 있는 종업원들을 획득하는 전쟁에서 승리한 것이다. 또한 종업원들이 일을 할 수 있는 최고의 직장을 만들고, 종업원들에게서 최고의 역량을 이끌어내는 방법을 알고 있다.

사람들과 그들의 역량, 즉 그들이 알고 있는 것, 그들이 학습한 것, 그들이 일한 것 등이 조직성과의 궁극적인 토대가 된다. 역량 있는 종업원들은 지적자본(intellectual capital), 집단 브레인 파워, 공유된 지식 등으로 표현된다.

2) 전략 의지

전략은 조직의 장기적 방향을 제시하고 지속적 경쟁우위(sustainable competitive advantage)를 달성하기 위해 경영자원의 효율적 사용을 안내하는 포괄적 실행 계획이다. 전략은 변화하는 환경과 경쟁자와의 경쟁에서 미래의 성공을 위해 무엇을 해야 하는지에 대한 '훌륭한 예측'이다. 전략의 본질은 경쟁자보다 더 빠르게 미래의 경쟁우위를 창출하는 데 있다. 현재의 기술을 개선하고 새로운 기술을 학습하는 조직 의 능력은 최고의 방어적인 경쟁우위이다. 기업이 직면한 도전들이 많을수록 전략의 역할이 더욱 중요하게 된다.

전략의 장기적 측면도 글로벌화와 변화하는 기술로 인해 점차 짧아지고 있다. 기업들은 전통적인 '생산과 판매'라는 비즈니스 모델에 더 이상 의존할 수 없게 되었다. 전략적 사고의 변화는 일정한 노선을 운행하는 버스와 고객이 원하는 곳까지 운행하는 택시와의 차이와 같다.

경쟁우위를 달성하기 위한 수단이자 승리하고자 하는 집념과 야망이 전략 의지 (strategic intent)이다. Hamel과 Prahalad(1989)는 일본 기업들의 성공적인 전략 의지 네 가지를 소개했다.

첫째, 경쟁우위의 포트폴리오이다. 중장비를 생산하는 고마츠는 캐터필러와 경쟁할 때 품질, 내구성, 가격이라는 세 가지 경쟁우위 요소를 사용하여 캐터필러를 곤경에 빠뜨렸다.

둘째, 경쟁자의 약점 또는 무관심한 시장을 공략하는 것이다. 1970년대 후반 혼다가 50cc 모터사이클로 미국 시장에 진출한 사례가 있다. 1983년 혼다는 미국의 700cc 모터사이클 시장에서 시장점유율 50% 이상을 차지하였다.

셋째, 기존 관행을 거부한다. 1979년에 캐논은 혁신적인 마케팅 전략으로 한때 세계 복사기시장에서 96%의 점유율을 갖고 있던 제록스를 공략하여 6개월 만에 제록스의 시장점유율이 36%로 격감하였다. 제록스는 캐논의 우수사례를 과감히 적용하여 짧은 기간 동안 생산원가 절감, 품질향상, 신제품 개발기간 단축 등의 획기적인 성과를 거두어 마침내 업계의 정상을 탈환하였다.

넷째, 다른 기업이 개발한 노하우를 이용하는 것이다. 소니는 1950년대에 AT&T의 서부전기 자회사로부터 트랜지스터 기술을 25,000달러에 구입해 오늘날의 세계적인 기업이 되었다.

3) 기술경영

기술은 기업의 경쟁우위 확보 및 부의 창출에 핵심적인 요소이다. 기술은 새로운 제품과 서비스로 새로운 시장을 창출하고 원가절감 및 차별화를 가능하게 해 기업의 경쟁우위 확보에 핵심적인 역할을 한다. 그러나 기술 자체가 기업의 부를 창출하는 데 공헌하는 것이 아니라 기술의 목적 지향적 경영, 즉 전략적 기술경영이 기업의 경쟁우위와 부의 창출을 가져오는 것이다.

전략적 기술경영은 기업에 있어서 기술과 관련된 계획, 조직화, 지휘, 통제의 체계적인 과정을 의미한다. 근본적으로 기술경영(Management of Technology)은 기술과 경영이라는 서로 다른 분야를 연계하고 있다는 점에서 매우 학제적이고 융합적인 분야이다. 또한 기술은 매우 다양한 분야로 나누어질 수 있으며 근본적으로 대단히 빠르게 변화하는 속성이 있다는 점에서 기술경영은 매우 동적이고 복잡한 분야이며, 이에 따라 매우 세심한 노력이 필요하다.

기업의 경쟁우위 확보 및 부의 창출에 있어서 전략적 기술경영이 중요한 이유는 다음의 세 가지 특징 때문이다.

첫째, 기술혁신에는 막대한 자원이 투입된다. 기술혁신에 대한 투자에 비하여 기술혁신에서의 성공은 그다지 많지 않은 편이다. 따라서 기술혁신 자원을 효율적으로 활용하기 위해서 기술혁신의 전략적 경영이 필요하다. 또한 상대적으로 자원과 능력이 부족한 중소기업의 경우에는 기술혁신 자원의 효율적 관리를 통해 중견기업 및 대기업으로 성장할 수 있을 것이다.

둘째, 기술의 동적인 측면을 나타내는 기술혁신은 근본적으로 효율적인 경영을 필요로 한다. 기술혁신은 기초연구–응용연구–개발–상업화로 이어지는 일련의 과정으로 각 과정에서 세심한 경영과 효율적인 학습이 이루어져야만 성공적인 기술혁신이 창출된다.

셋째, 기술혁신과 관련하여 그 효율성에 있어서 기업 간에 많은 차이가 있다. 기술혁신에 투자하는 모든 기업들이 반드시 성공적인 기술혁신을 창출하여 경쟁우위를 확보하는 것은 아니다. 기술경영 선도기업들의 경우에도 급변하는 기술적·경제적 환경을 감안하여 지속 가능한 경쟁우위를 확보하기 위해 기술경영 능력을 꾸준히 제고할 필요가 있다.

넷째, 성공적인 기업들도 기술경영에 있어서 어려움을 겪고 있다. 성공했던 기업들도 효과적인 기술경영을 지속적으로 하지 못하면 시장에서 고전을 면치 못하며 도태될 수도 있다. 이처럼 기술능력이 기업의 경쟁력을 강화하고 미래 성장을 위한 기회를 제공하는 데 핵심적이라면 최고경영자는 기술경영에 깊은 관심을 가져야 할 것이다.

온라인 결제시장

온라인 결제시장은 혁신적인 아이디어와 사업계획 발표로 폭발적인 성장을 하고 있으며 온라인 결제회사와 온라인 소매업들의 전쟁으로 붐비고 있다. 페이팔과 신용카드 회사, 버라이즌, AT&T, T모바일과 같은 통신사, 애플과 구글과 같은 휴대기기와 소프트웨어 회사, 그리고 월마트와 타깃 같은 대규모 소매업자 등은 모두 자신들만의 온라인 결제 방법과 휴대전화 결제 방법을 개발하고 있다.

미국의 전반적인 온라인 결제시장의 가치는 2012년에 3,260억 달러로 추정되고 매년 15% 이상의 비율로 성장하고 있다. 총 전자상거래의 현황과 비교하면 스마트폰과 태블릿컴퓨터와 같은 이동통신에서 발생한 모바일 상거래는 매년 20% 이상 증가하고 있으며 Juniper Research의 최근 연구에 따르면, 2015년에 전 세계적으로 휴대전화 결제 사용액은 6,700억 달러에 이를 것으로 추정되었다. Federal Reserve에 따르면, 미국 소비자들이 2010년에 600억 건의 신용카드와 현금카드 결제로 약 3조 3,000억 달러를 썼다고 추정하였다. 이 결제의 극히 일부라도 현장 결제에서 모바일 결제로 이동한다면 이의 잠재적 수익성은 매우 클 것이다.

신용카드와 현금카드가 온라인 결제의 압도적으로 사용되고 있는 와중에 페이팔은 현재 가장 성공적인 대체 결제수단이다. 페이팔은 예금주가 그들의 신용카드 번호를 노출하지 않으면서 신용카드 회사나 기업은행의 카드거래 계좌를 발급받지 않고도 돈을 받고 지불을 할 수 있게 하였다. 이베이는 2002년에 페이팔을 샀었고 페이팔은 이베이를 기반으로 더 큰 온라인 전자상거래 웹사이트 세계로 확장하였다.

페이팔은 현재 전체 대체 결제시장의 78%를 차지하면서 가장 큰 온라인 대체 결제수단으로 등극하였다. 2011년에 페이팔은 전 세계적으로 약 1,180억 달러 결제를 체결했지만, 휴대전화 결제시장에서 페이팔은 총액수의 30%인 40억 달러어치의 결제를 체결하였다.

2012년 3월에 페이팔은 'Paypal Here'이라는 휴대전화에 꽂는 카드판독기를 출시하였다. 이 카드판독기로 신용카드 결제를 승인할 수도 있고 사진을 찍어서 수표 결제도 승인할 수 있다. 카드판독기와 판독기로 이루어진 결제의 회계는 무료 휴대전화 앱으로 작동된다. 페이팔은 휴대전화로 결제된 한 거래당 2.7%의 수수료를 청구한다.

스퀘어의 초기 신용카드 판독기기는 커피숍, 신문가판대, 소매상, 농산물 직거래자, 그리고 피아노 선생님, 보모, 택시운전기사와 같이 신용카드 회사로부터 좋은 신용을 받지 못하는 대상들을 목표로 하였다. 미국에는 760만 개의 기업이 있고 650만 기업이 20명 이하의 직원으로 이뤄져 있다. 이 작은 회사들이 3천만 명의 직원을 고용하고 있고 1조 달러의 수익을 내고 있다. 모바일 결제 시스템은 이 거대하지만 잘 대접받지 못하는 시장그룹을 겨냥하고 있다.

비록 페이팔과 스퀘어가 카드 결제시장에서 소규모 판매자들을 다 휩쓸어 갔지만, 휴대기기의 장점을 잘 활용하고 있는 다른 결제 제도와 사업계획들이 매일은 아니지만 매달 발표되고 있다. 향후 5년 휴대전화 결제 시스템의 가장 큰 가능성은 NFC를 기반으로 둔 시스템이다. 카드를 대고 지불하는 NFC는 소비자의 휴대전화와 판매자의 현금등록기 사이에서 직접적으로 안전한 통신 연결을 가능하게 한다. 소비자는 스마트폰을 6인치 안에 근접하게 현금등록기에 가져다 대기만 하면 된다. 예를 들어 구글 월렛은 처음에는 데스크톱 컴퓨터에서 사용하도록 만들어진 온라인 결제 시스템이었지만, 구글이 스프린트, 시티뱅크 그리고 마스터카드와 제휴해서 휴대기기에서도 지원이 되도록 영역을 넓혔다. 구글 월렛은 유일하게 NFC가 구비되어 있는 시스템이고 현재 15만 개의 매장에서 이용할 수 있다. 이 시스템을 사용하면 고객들이 매장의 계산대에서 NFC 단말기에 스마트폰을 갔다 대면 결제가 완료된다.

MCX(Merchant Customer Exchange)는 월마트, 타깃, 시어스, 세븐일레븐, 스노코와 함께 10개의 다른 약국, 슈퍼마켓 그리고 레스토랑 체인들이 개발하고 있는 NFC 결제 시스템이다. 고객들은 자신의 스마트폰에 앱을 깔고 계산대에 동과할 때 NFC 리더기에 휴대전화를 대는 것만으로 물건을 구매한다. 이런 세계적인 체인들은 소중한 마케팅 자산인 소비자들의 개인정보가 금융 서비스 회사나 구글에 넘어가는 것을 반가워하지 않는다.

경쟁사들의 숫자, 플라스틱 카드와 종이영수증을 원하지 않는 고객들의 수요 때문에 스마트폰 결제시장의 미래는 탄탄할 것이다. 그러나 결제 시스템이 모두 살아남지는 못할 것이고, 고객들은 넘쳐나는 다양한 결제 선택권에 다소 혼란을 느낄 것이다.

- 출처 : 김범수 외 3인 공역(2015), 전자상거래, 시그마프레스 -

기업가정신과
중소기업 창업

우리나라의 20~30대 젊은 층 창업이 증가하고 있다. 한 조사에 따르면, 20~30대 창업이 50%을 넘어선 것으로 나타났다. 30대가 41.4%로 가장 높았으며 40대 (29.9%), 50대(13.7%), 20대(9.2%) 순이다. 젊은 층의 창업 비중이 높아진 이유는 구조 조정으로 직장을 잃은 사람들이 재취업보다 소자본창업을 선호하고 있기 때문이다. 뿐만 아니라 취업난으로 졸업 후 일자리를 얻지 못한 젊은이들이 창업에 뛰어든 것도 한몫을 했다. 40대~50대 연령층은 오랜 사회경험을 토대로 사업기획을 세워둔 경우가 대부분이다.

한편 미국인들 가운데 71%는 회사에 취업하기보다는 창업을 선호하는 것으로 나타났다. 이는 오늘날 세계 경제의 흐름이 혁신적이고 빠른 환경 변화에 유연하게 대처하는 기업이 우세를 점하는 추세이기 때문일 것이다.

창업의 이유는 사람마다 다르겠지만 한 조사에 따르면 성장하는 500대 중소기업의 사장이 꼽은 창업의 동기는 도전정신이 가장 컸다. 남의 간섭을 받지 않고 일하고 싶은 욕구도 컸고 스스로 일하면서 느껴보고 싶은 자아 만족감도 크게 작용했다는 것이다. 하지만 대개는 동종업계에서 종사하면서 아이디어를 얻고 자신이 가장 많이 경험하여 많은 노하우를 갖고 있는 분야에서 출발하는 것이 성공 가능성이 클 것이다. 물론 모든 창업이 다 성공하는 것이 아니다. 오히려 손해만 보고 곧바로 폐업하는 경우가 더 많다. 그러므로 창업에 따른 위험부담, 창업자에게 필요한 특별한 자질과 능력, 창업단계에 따른 경영활동 등을 철저하게 공부할 필요가 있다.

1. 기업가정신

1) 기업가정신의 정의

기업가정신은 새로운 기회를 창출하는 전략적 사고와 위험 감수 행동으로 설명된다. 기업가는 위험을 무릅쓰고 새로운 사업을 시작하거나 혹은 기존 회사를 개혁하는 인물을 말한다. 기업가들은 새로운 제품이나 서비스를 가지고 자신들의 비전을 추구하는 혁신가들이 대부분이다. 구글의 창업자들과 같이 트렌드를 정확히 짚어내는 예언자들이라고 할 수 있다. 아마존닷컴의 창업주인 제프 베이소스는 '인터넷 기반의 서적 유통점'이라는 전혀 새로운 개념의 모델을 창조해냈고, 이로 인해 기존 개념과는 다른 새로운 유통경로가 생겨났다. 반면에 중소기업 창업주는 기업가의 범주에 포함될 수 있으나 모든 기업가가 중소기업 창업주인 것은 아니다. 중소기업 창업주는 전문적 지식을 가지고 새로운 사업을 시작하거나 기존의 사업을 인수하여 의식적으로 그 규모를 유지하고자 하는 이들이다.

2) 기업가정신의 경제적·사회적 공헌

기업가정신은 학계와 언론으로부터 많은 관심을 받고 있다. 이는 기업가정신의 실질적인 경제적·사회적 공헌과 중소기업의 창출을 반영하는 것이다. 기업가정신이 제공하는 주요 공헌은 경제성장, 혁신, 고용기회, 여성에 대한 기회 등이 있다.

(1) 경제성장

기업가정신은 경제성장에 도움이 되는 많은 새로운 사업의 창출을 이끈다. 2015년 통계청의 자료에 따르면, 2013년 소멸기업 수는 66만 4천 개이며 2014년 신생기업수는 84만 3천 개로 나타났다. 전체 산업 1년 생존율은 60.1%이고 5년 생존율이 29.0%로 나타났다. 이처럼 많은 신규 벤처기업들이 실패하지만, 신규 창업이 경제 확장에 의미 있는 공헌을 한다는 것을 알 수 있다.

(2) 혁신

성공적인 기업가정신을 위해 혁신이 요구되는 것처럼, 기업가들은 우리들의 생활방식을 변화시켜 온 많은 새로운 제품과 서비스를 출시하였다. 헨리 포드의 자동차, 킬츠 질레트의 면도기, 스티브 잡스의 스마트폰 등이 혁신 제품들의 예이다. 일부 연구들은 규모가 크고 안정적인 기업들과 비교해서 신규 벤처기업들이 제품과 프로세스 혁신의 비중이 불균형적으로 높다고 하였다.

(3) 고용기회

신규 벤처기업과 중소기업이 다수의 신규 직업의 기회를 제공하고 있다. 경기가 불경기이고 대기업의 감원이 할 때 중소기업의 고용 창출의 경제적 영향력은 매우 클 가능성이 높다. 대기업의 감원 시기 동안에 실직한 많은 개인들이 종소기업에서 고용을 추구한다.

(4) 여성과 사회적 소수자들 위한 기회

기업가정신은 여성과 소수자들이 사업을 할 수 있는 대안적 방안을 제공한다. 매력적인 요소 하나는 여러 패턴의 차별을 피할 수 있는 가능성이 높다는 것이다. 규모가 크고 안정적인 조직에서 여성과 소수자들은 종종 상대적으로 낮은 수준 그리고 열악한 보수를 받는 직책에 근무하는 경우가 있다. 또 다른 매력적인 요소는 자신의 노력의 결과물을 통제하는 독립성과 능력을 가질 가능성이 높다는 것이다. 마지막으로 정부의 일부 기관들이 여성과 소수자들이 소유한 기업들을 장려하고 있다. 정부기관들은 여성과 소수자들의 기업들이 정부와의 계약을 통해 보상을 받을 수 있는 프로그램들을 수립하고 있다.

2. 기업가정신에 영향을 미치는 요인

성공적인 신규 사업을 창업하는 기업가를 만드는 요인은 무엇인가? 그 대답을 찾기 위해 연구자들은 몇 가지 방안들을 탐색하였다. 그들은 기업가의 특성에 초점을 두었으며, 또한 기업가가 된 개인들의 인생행로 상황을 밀접하게 조사하였고, 기업가정신을 고취시키는 환경요인을 고려하였다. 나아가 기업가가 되는 가능성과 이상형을 조사하였다.

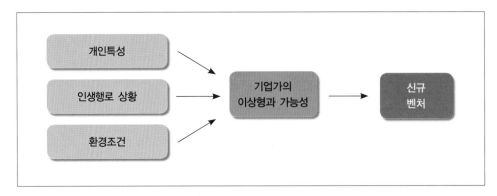

그림 14-1 기업가정신에 대한 영향요인

1) 개인 특성

사업의 아이디어가 있다고 해서 모두가 기업가가 되어 창업을 하는 것은 아니다. 기업가가 되기 위해서는 아이디어를 실행에 옮길 회사가 있어야 하고 그 회사를 잘 운영하려면 자질과 인내심, 그리고 지식과 기술도 필요하다. 즉 기업가적 특성이 없으면 창업을 해도 성공하기 어렵다. 기업가들이 창조하는 사업의 다양성 때문에 그들이 갖고 있는 공통적인 특성을 확인하는 것은 만만찮은 일이다. 지금까지 성격 특성에 대한 탐색이 잠재적 기업가와 일반인을 구별하는 데 도움이 될 수 있는 단지 몇 가지 결과를 도출했지만, 표면화되어 왔던 그 특성이 또한 관리자들의 특성으로 종종 설명되어 왔다. 기업가들의 성격 특성은 여덟 가지로 설명될 수 있다.

(1) 성격 특성

- **내적 통제성**(internal locus of control) : 기업가들은 자신들의 운명을 통제할 수 있다고 믿는다. 그들은 자기 주도적이며 자율성을 좋아한다.
- **높은 수준의 에너지**(high energy level) : 기업가들은 성공하기 위해 끈질기고 근면하고 흔쾌히 비범한 노력을 한다.
- **높은 성취의욕**(high need for achievement) : 기업가들은 도전적인 목표를 달성하는 데 동기부여가 되어 있으며 수행 피드백을 즐긴다.
- **모호성에 대한 인내**(tolerance for ambiguity) : 기업가들은 모험을 좋아하는 사람이며 불확실성이 높은 상황을 인내한다.
- **자신감**(self-confidence) : 기업가들은 능숙하며 자신들을 믿으며 흔쾌히 결정한다.
- **열정과 행동 지향성**(passion and action orientation) : 기업가들은 문제들을 미리 해결하려고 노력하며 일이 완성되기를 원하고 소중한 시간이 낭비되지 않기를 원한다.
- **자립과 자주의 열망**(self-reliance and desire for independence) : 기업가들은 독립적이고 자립적이며 남의 밑에서 일하지 않으며 자신들이 보스가 되기를 원한다.
- **유연성**(flexibility) : 기업가들은 문제와 오류를 흔쾌히 인정하고, 계획들이 작동되지 않을 때 행동의 코스를 수정한다.

(2) 배경 특성

다양한 연구들은 기업가들의 중요한 배경 특성을 기업가정신에 미치는 요인으로 제시하였다. 많은 초점은 어린 시절의 가족 환경, 교육, 연령, 경력 등에 두고 있다. 기업가들의 어린 시절의 가족 환경에 대한 연구들은 출생 순위와 부모의 직업과 같은 이슈들을 고려하였다. 하나의 되풀이 되는 질문은 기업가들이 첫째 아이인지 혹은 외동아이인지이다. 이와 같은 생각은 그런 아이들이 자신들의 부모와의 더 많은 시간의 공유를 통해 기업가정신을 고취시킬 수 있는 자신감의 증가로 이어질 가능성이 높다는 것에 토대를 둔다. 일부 연구들은 첫째 아이 혹은 외동아이의 효과를 발견했지만, 다른 연구들은 그렇지 못하여 여전히 그 이론은 의문 속에 남겨져 있다. 한편 기업가들은 자영업의 아버지를 두고 있는 경우가 많다는 것이다. 그들은 종종 자영업의 어머니 혹은 사업을 소유하거나 동업하는 부모를 두고 있는 경우도 있다. 분명한 것은 사업 소유자로서 부모 양쪽 혹은 한쪽이 잠재 기업가들을 위한 가장 중요한 롤 모델이 된다는 것이다.

연구의 또 다른 초점은 기업가들의 교육 수준이었다. 비록 기업가들이 특히 대규모 조직에서 경영자의 경력을 추구하는 개인들보다는 덜 교육을 받았을지라도, 보통은 그들이 일반인들보다 보다 나은 교육을 받은 경향이 있다는 것이다. 기업가의 등급 내에서 교육 성취에 폭넓은 편차가 있는데, 일부 기업가들은 고등학교의 졸업장이 없으며 다른 기업가들은 대학원 학위를 갖고 있다. 여성 기업가들은 특히 대학 학위를 갖고 있을 가능성이 높다는 것이다.

연령은 기업가의 행동을 설명할 때 흥미 있는 또 다른 변수였다. 비록 개인들은 25~40세에 기업가가 될 가능성이 높음에도 불구하고, 일부는 22~55세에 기업가가 되는 경우도 있다. 개인들이 22세 이전에 기업가가 될 수 있지만, 그들은 신규 벤처를 창업하는 데 필요한 교육, 경험, 재무자원 등을 가지지 못했기 때문에 그런 노력들이 일어날 가능성이 낮다는 것이다. 50대 중반의 경우에는 에너지 감소와 육체적 문제가 일부 사람들이 기업가가 되는 데 방해될 수 있지만 반드시 그렇지는 않다. 고인이 된 레이 크록은 50세가 넘어서 맥도날드를 창업하였다.

신규 사업을 시작할 때 중요한 요인은 경력과 관련 경험이다. 몇몇 연구들은 신규 벤처에서 회사 설립자들 중에 적어도 한 명이 예전에 같은 산업에 근무한 경험을 갖고 있다는 것을 보여 준다. 게다가 신규 벤처를 창업하는 것이 첫 번째 창업보다 더욱더 쉬워 보이며 **회랑 법칙**(corridor principle)을 불러일으킨다. 회랑 법칙은 신규 벤처를 시작하는 프로세스가 기업가들이 처음의 벤처를 시작할 때까지 상상하거나 활용할 수 없었던 다른 기회들을 상상할 수 있도록 도움을 주는 것을 말한다.

대체로 기업가와 일반인을, 일부 사례에서는 기업가와 관리자를 구분하는 개인의 특성 몇 가지를 살펴보았다. 그러나 아직까지 개인의 특성이 기업가정신의 예측변수로서 상대적으로 약하다고 볼 수 있다. 기업가가 되려고 결정하는 사람들과 그렇지 않는 사람들을 무엇이 구분하는가? 기업가들의 삶의 행로에 대한 연구들로부터 그 해답을 찾을 수 있을 것이다.

2) 인생행로 상황

몇 가지 인생행로 상황(life-path circumstances)이 개인이 기업가가 되려는 가능성을 증가시킬 수 있다. 인생행로 상황의 주요 네 가지 유형은 불만족스런 근무환경, 부정적 이동, 경력 변화, 긍정적인 영향력을 행사하는 사람 등이다.

(1) 불만족스런 근무환경

불만족스런 근무환경은 종업원으로 하여금 그만둘 생각을 하게 하고 새로운 벤처를 창업하게 하는 직무 상황이다. 하나의 공통 요인은 업무 그 자체 혹은 감독과 같은 근무 환경의 다른 측면에 대한 강한 불만이다. 또 다른 요인은 혁신적 아이디어의 가치를 종업원이 인정하지 않는 경우이다. 예를 들어 IBM에 근무하고 있는 로스 페로는 회사가 하드웨어만 판매하고 있어 그 하드웨어와 관련 있는 고객 컴퓨터 소프트웨어 서비스를 판매하는 자신의 아이디어를 회사가 수용할 것을 여러 차례 요구하였다. IBM이 그의 아이디어를 거절하자 그는 회사를 그만두고 Electronic Data Services를 창업하였다. 창업 후 22년이 지나서 그의 자산을 매각했을 때 그는 수십억 달러를 벌었다.

(2) 부정적 이동

개인의 라이프 스타일에서 주요 변화가 일어나는 상황에서 직장의 부정적 이동 (negative displacement) 혹은 혼란이 발생한다. 이와 같은 범주의 요인들은 해고, 이혼, 과부, 중년, 이민 등이다. 예를 들어 남매인 마티와 헬렌 시는 1979년 타이완에서 로스앤젤레스로 이민을 왔을 때 부정적 이동이 매우 다른 라이프 스타일을 촉발시켰다. 그 당시 그들은 500달러를 가지고 새로운 사업을 시작하였다. 그들은 훌륭한 교육적 배경을 갖고 있음에도 불구하고 괜찮은 기업의 직무를 감당할 수 있는 영어 능력을 갖추지 못하고 있음을 알고 꽃가게를 오픈하였다. 1988년 그들은 Shih's Flowers, Inc.를 운영하였고 9개의 꽃가게(다운타운 스토어 1년 매출 1천만 달러)를 소유하였으며 계속해서 성장하고 있다.

(3) 경력 변화

경력 변화(career transition) 시점은 개인이 어느 한 유형의 경력 관련 활동에서 다른 경력 관련 활동으로 이동하고 있는 상황을 말한다. 그런 시점은 공부 또는 학위, 군복무, 주요 프로젝트 등을 마치거나 자녀들이 집을 떠나는 시점을 말한다. 예를 들어 낸시 바로치는 유럽에서 몇 년 생활한 후 남편과 아이들과 함께 일리노이의 윌메트로 돌아왔을 때 경력 변화의 시점이었다. 그녀는 이탈리아 음식과 와인을 공부하였고, 그녀의 경험을 잘 활용하기를 원하였다. 그래서 1980년에 그녀는 이탈리안 레스토랑을 오픈하였고 그 즉시 히트하였다. 그녀는 시카고에서 규모가 큰 두 번째 Convito를 성공적으로 오픈하였다.

(4) 긍정적으로 끌어주고 영향력을 행사하는 사람

긍정적으로 끌어주고 영향력을 행사하는 사람들(positive-pull influencers)은 어느 개인으로 하여금 창업을 강력히 권고하는 멘토, 투자가, 고객, 혹은 잠재적 파트너 등이다. 예를 들어 선 마이크로시스템즈의 공동 창업자이자 최고 책임자인 스콧 맥닐리는 예전 스탠퍼드대학 시절 룸메이트인 비노드 코시아가 아이디어를 가지고 그에게 제안할 무렵 회사 창업에 관여하고 있었다. 1982년에 그 두 사람은 스탠퍼드 MBA의 다른 두 사람과 함께 팀을 구성하여 그 회사를 엔지니어링 워크스테이션 분야에서 10

억 달러 회사로 만들었다. 인생행로 상황이 기업가정신을 위한 자극제가 될 수 있는 반면에, 신규 사업을 지지하는 실질적이고 지각된 환경적 조건도 또한 기업가정신을 위한 구성 요소이다.

3) 호의적인 환경 조건

다수의 환경 조건들이 기업가들에게 영향을 미친다. 일반적으로 사업을 운영하는 데 기본적인 전제 조건은 적절한 자금 조달, 기술적으로 숙련된 종업원, 공급업체의 접근성, 고객 혹은 시장의 접근성, 토지 혹은 시설의 이용 가능성, 수송의 접근성, 지원 서비스의 이용 가능성 등이 있다. 다른 더 많은 간접적인 조건들이 경험 있는 기업가들의 존재, 인큐베이터 조직, 정부 정책, 인근의 대학, 지역민의 태도, 생활 여건 등과 같은 지원을 제공한다.

인큐베이터는 초기 단계의 신규 벤처기업들에게 공간, 격려, 지원, 다양한 기본적인 서비스, 수수료 인하 등을 제공함으로써 창업기업들을 양육하는 목적을 가진 조직이다. 인큐베이터의 아이디어는 신규 벤처기업들이 충분히 부화하여 비즈니스 세계에 합류할 수 있을 만큼 성장할 때까지 첫 2~3년 동안 그들을 도와주는 것이다. 1984년 미국의 인큐베이터가 단지 50개였지만, 1992년에는 그 수가 600개 이상으로 성장하였다.

4) 기업가의 이상형과 가능성

개인 특성, 인생행로 상황, 환경 조건이 개인들로 하여금 기업가정신으로 밀어주거나 끌어주더라도 그들이 기업가정신을 바람직하고 가능성 있는 것으로 평가하지 않는다면 행동으로 옮기지 않을 가능성이 여전히 있다. 기업가정신의 이상형에 영향을 미치는 일부 요인들은 가족구성원이 자신들의 사업체를 갖고 있거나 독립을 격려하는 것과 같은 개인의 특성과 관련 있다. 다른 요인들은 긍정적으로 끌어주는 영향력을 행사하는 사람들의 존재와 같이 인생행로 상황과 주로 관련 있다. 이들은 신규 벤처를 창업한 동년배, 기업가정신 과목의 강의에서 성공을 위한 잠재력을 지적해 준 선생님, 업무를 같이한 회사동료 등일 것이다.

기업가정신의 이상형을 지각할지라도 기업가가 되려는 사람들은 창업의 가능성을 또한 평가해야 한다. 개인 특성과 인생행로 상황이 역할을 하는 동안에 환경 조건들이 가능성 평가의 중요한 단면이라 할 수 있다. 따라서 가능성의 지각은 자신을 필요한 배경을 가진 사람으로 보는 것, 성공한 롤 모델들의 존재, 아는 것이 많은 타인으로부터의 조언의 이용 가능성, 재무 지원의 이용 가능성 등에 의해 영향을 받는다.

3. 창업 형태와 창업 절차

상황에 따라서 또는 창업가 개인의 성격이나 개인적 사정에 따라서 창업의 형태는 다양하다. 그러나 일정한 절차를 밟아야 하는 것은 모두에게 공통이다. 절차를 무시하면 실패하기도 쉽다. 크게는 다음 두 가지 형태로 창업이 이뤄진다고 볼 수 있다.

1) 벤처창업과 소자본창업

(1) 벤처창업

벤처(Venture = Adventure)란 모험이란 의미로 위험부담, 불확실성을 전제로 한다. 모든 기업의 창업이 위험부담을 전제로 하지만 **벤처기업**이란 ① 첨단기술과 ② 높은 위험부담의 의미를 포함한다. 즉 아이디어가 첨단기술과 관련이 많고 새로운 것이기 때문에 불확실하고 또 첨담이기에 변화속도와 전파속도가 빠르다. 그러므로 위험부담은 일반 기업에 비해 높을 수밖에 없으며 빠른 변화에 대응하기 위해 규모가 작을 수밖에 없다. 언제 무슨 일이 일어날지 모르기 때문이다. 즉 벤처기업이란 대기업이 하기 어려운 특수한 제품기술 분야를 담당하는 기업으로서 도산 위험도 높은 모험적 기업을 말하며, 이러한 벤처기업을 설립하는 것을 벤처창업이라고 한다.

(2) 소자본창업

처음에는 소자본으로 시작하는 것이 유리하다. 자본이 없어서이기도 하지만 또한 불확실성과 변화에 쉽게 대처하기 위해서이다. 구태여 벤처창업과 소자본창업을 구분하자면 전자가 첨단기술적 아이디어 업종에 관련된 것이라면 소자본창업은 무슨 업종이 됐든 적은 자본을 가지고 시작할 수 있는 모든 분야의 창업을 의미한다. 그러므로 컴퓨터 관련 업종뿐만 아니라 자동차임대, 빌딩청소, 도소매업, 서비스업 등 전 분야에 걸쳐 많은 자본이 필요 없는 사업을 시작하는 것이다.

2) 창업가의 유형

- **전통적 창업가** : 이는 자신만이 갖고 있는 특수한 기술과 아이디어로서 사업을 시작하는 사람이다. 특별한 기술이 없더라도 자신이 커피를 유독 좋아해서 조그만 커피전문점을 운영하려 한다든지 미술품에 조예가 깊어 인터넷 화랑을 개업할 수도 있다. 이들은 자기만족을 위해 사업을 시작했기 때문에 업종을 다양화해서 회사를 키울 생각은 별로 없는 사람들이다.

- **다중창업가** : 업종이나 자기 특기와는 무관하게 기업을 만들고 키우는 것 자체를 꿈과 보람으로 생각하는 창업가이다. 이런 사람은 자기가 잘 모르는 분양라도 무조건 시작하기도 하고 일단 성공하면 그 자리에서 멈추는 것이 아니라 또다른 사업으로 확장한다. 그야말로 끝없이 도전하는 사업가이기 때문에 오랜 후에 그가 걸어온 경력을 살펴보면 아주 다양한 업종에 많은 노하우를 가지고 있다.

- **사내기업가** : 개인적으로는 회사를 만들 만한 자본도 없고 위험부담도 택하기 싫어서 그냥 회사에 취업되어 있는 상태로 회사의 시설과 자금을 활용하여 새 사업을 계속 시작하여 회사에 공헌하는 사람이다. 물론 운이 좋은 회사는 이런 사람들로 가득찬다. 회사가 그들의 꿈을 실현할 수 있는 터전을 마련해 주고 이윤을 나누면 된다. 그러므로 사내기업가에 대한 성공보수 금액은 매우 커야 한다. 그리고 그 사업에 한하여 완전한 자율권을 보장해 준다. 그런 의미에서 이러한 사내기업가 제도를 소사장제(小社長制)라고 한다.

3) 창업의 단계

(1) 1단계 : 내부여건과 환경 분석

내부여건이라 함은 내부에서 활용할 수 있는 인적·물적 자원의 양과 질을 말한다. 창업자의 기술과 경험은 무엇인가, 가용자본은 어느 정도이며 자금동원력은 어느 정도 충분한지를 분석하면서 이러한 자원들과 관련하여 다른 사람들에 비해 자기 상황의 강점(strengths)과 약점(weakness)이 무엇인지를 검토해야 할 것이다. 외부환경은 경제동향, 업종의 사양성과 성장성, 경쟁업체, 정책과 노동시장 등과 관련된 것을 말하며, 자신들이 갖고 있는 기회(opportunities)와 위협(threats)을 파악하여 위험에 대비하는 방안을 마련하고 도움이 될 수 있는 기회의 이용방법을 찾아본다. 이 단계에서 누가 얼마나 열심히 정보를 수집했는지가 성패를 좌우하기도 한다.

(2) 2단계 : 업종의 선택

창업의 성공 여부는 어느 아이템을 선정하느냐에 좌우된다고 해도 과언이 아니다. 이때 주의할 사항은 기존 제품과 유사한 업종이나 이미 유행이 지나 사양길에 접어든 업종에 손을 대지 말아야 한다는 점이다. 반대로 고객의 새로운 욕구를 충족시킬 수 있거나 기존 제품이라고 하더라도 새로운 기능을 추가시킨 독특한 아이템을 선정해야 성공 가능성이 높을 것이다. 그러나 아무리 새로운 기술로 만들 수 있는 첨단제품이라도 고객에게 익숙하지 않은 것이라면 소용이 없다. 즉 창업자의 입장보다는 소비자 입장에서 판단해 보고 최종 결정을 내리는 자세가 필요하다.

(3) 3단계 : 타당도 분석

아이템이 선정되었다고 곧바로 창업하는 것도 위험하다. 구체적으로 그 아이템으로 사업을 개시한다고 가정하고 경제성, 기술성, 시장성, 수익성 등을 미리 검토해 보는 것을 타당성 조사 혹은 타당성 분석(feasibility study)이라고 한다.

- **경제성 분석** : 손익분기점, 총수익과 총비용을 계산한 후의 이익률, 총투자액에 대해 돌아오는 수익률 등을 분석해 본다.
- **기술성 분석** : 생산기술은 있는지, 모든 자산과 인적 자원에 대한 관리능력은 어떤지, 고객의 욕구에 적합한지, 경쟁사에 비하여 시장점유율은 어느 정도인지, 판매 전략은 무엇인지 등을 분석한다.

(4) 4단계 : 사업계획 수립

타당성이 높다고 인정된다면 빨리 행동에 옮겨야 할 것인데, 그러나 세부일정을 잡아 놓지 않고 무조건 실행에 옮긴다면 혼란이나 비효율을 맛보게 될 것이므로 최적의 행동순서, 실천요령, 돌발상황에 대한 대비책, 성공 전략 등을 수립해야 할 것이다. 사업계획을 잘 세우면 진행과정에서 발생할 수 있는 위험을 줄일 수 있고 다양한 시나리오에 해당되는 결과를 미리 예측하여 예방도 가능하다. 시험적으로 미리 사업을 운영해 볼 수 있으니 여러 모로 도움이 된다. 그러므로 사업계획서 수립에 많은 시간을 할애하는 것은 아깝지 않다. 사업계획서는 단순한 생각으로 시작하려는 사업에 대해 구체적이고 냉철한 판단과 비판을 할 수 있는 기회를 제공한다. 사업계획서가 구체적으로 잘되어 있으면 사업 초기에 아주 쉽게 계획서대로 진행하면 되는데 대개는 대강의 계획으로 서둘러 창업을 했다가 실패하는 경우가 많다.

4. 창업의 실패 요인

중소기업은 높은 실패율을 갖고 있다. 미국의 경우 신규 기업의 60~80%가 5년 안에 실패한다는 것이다. 어느 기업의 실패는 소유주의 사망 또는 은퇴, 매각, 적자 경영 등에 따른 것이다. 많은 중소 스타트 기업들은 성공하지 못하고 있다. 대부분의 중소기업의 실패는 불충분한 자금조달, 잘못된 판단, 경영 실수 등의 결과이다.

- **불충분한 자금조달** : 사업을 구축하고 고객과 시장을 획득하는 동안에 사업을 유지하는 데 필요한 충분한 자금을 갖지 못함
- **경험 부족** : 선택한 시장 혹은 지역에서 사업을 운영하는 충분한 노하우를 갖지 못함
- **전문성 부족** : 재무, 구매, 판매, 생산 등을 포함하는 사업운영의 필수적인 영역에 있어서 전문성이 부족함
- **전략과 전략적 리더십 부족** : 비전과 미션을 공들여 만들 시간이 부족하고, 전략을 수립하고 적절하게 실행할 시간이 부족함
- **부실한 재무 통제** : 수치 기록이 잘 안 되고, 기업 재무의 통제에 실패하고, 현재

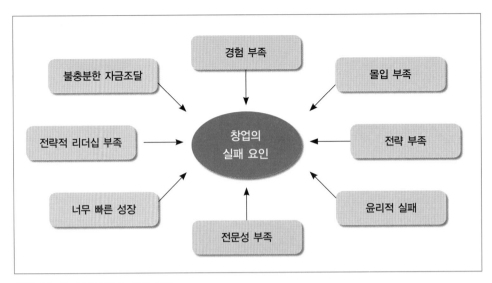

그림 14-2 중소기업의 실패 요인

의 자금을 최대한으로 이용하지 못함

- **너무 빠른 성장** : 기업의 위치를 강화하고, 조직을 조정하고, 성장의 도전을 체계적으로 대처할 시간을 갖지 못함
- **몰입 부족** : 경쟁력 있는 기업을 운영하는 데 필요조건에 충분한 시간을 가지고 헌신하지 못함
- **윤리적 실패** : 사기, 속임수, 횡령 등의 유혹에 희생됨

핀테크 창업

핀테크(FinTech)는 금융(financial)과 기술(technology)의 합성어로 모바일을 통한 결제, 송금, 대출, 자산 관리, 크라우드펀딩 등 각종 금융 서비스와 관련된 기술이다. 전통은행의 창구에서 행해지던 업무가 인터넷뱅킹, 모바일뱅킹, ATM 등 전자금융 서비스로 대체된 지는 오래다. 전통적 금융업무보다 건물도 인력도 많이 필요 없으니 거래비용이 절감되고 개인별 맞춤 업무를 볼 수 있는 등 양질의 서비스를 제공할 수 있는 것이 핀테크의 장점이다. 그러니 금융과 IT분야 인재들 사이에 핀테크 창업열풍이 불 수밖에 없다. 전 세계 핀테크 시장규모가 2018년에는 약 80억 달러로 전망되기도 한다. 전통적인 금융업과 대기업들이 장기불황과 함께 사양 산업으로 몰리면서 창업을 찾아보기 힘들었던 금융출신 인재들 사이에 핀테크는 새로운 창업동력으로 떠오르고 있는 것이다. 과거 구글이나 페이팔의 인재들이 실리콘밸리에 새로운 벤처기업들을 만들었듯이 요즘에는 대기업이나 금융·IT기업의 젊은 경력자들이 핀테크에 몰려드는 추세다. 핀테크 업체들은 창업한 지 2~3년밖에 되지 않고 직원 수도 적은 벤처기업이지만 인재의 질은 매우 높은 골드칼라(gold collar)들이다. 적재적소에 돈을 공급해 주는 금융역할이 SNS서비스 혁명과 연결된 핀테크 업종이 매력적인 만큼 미국도 골드만 삭스·마스터카드 등 월가의 금융인들이 실리콘밸리의 핀테크 창업으로 몰리고 있는 것은 사실이다. 그러나 벤처는 글자 그대로 벤처이다. 고수익 고위험의 창업임에는 틀림없다. 벤처 창업은 일반 창업에 비해 성공확률이 더 낮은 것도 감안해야 한다.

– 출처 : 임창희, 경영학원론, 라온, 2015 –

참고문헌

국내문헌

고동희, 경영학원론, 명경사, 2009

김광남, 경영학원론, 한올출판사, 2011

김기태, 김동배, 김성훈, 경영학원론, 경문사, 2011

김기홍, 조인환, 경영학개론(4판), 한올출판사, 2011

김범수, 강현정, 문용은, 옥석재, 전자상거래, 시그마프레스, 2015

김형준, 전략경영론, 형설출판사, 2011

노덕환, 경영학원론, 두남, 2009

문규현, 경영학원론, 대명, 2005

박정민, 유병남, 경영학원론, 청람, 2011

박종만, 오환종, 한승우, 경영학개론, 범한, 2007

박종의, 현대 경영학원론, 글로벌, 2008

배수진, 정우석, 이상훈, 최신 경영학원론, 두양사, 2008

신유근, 경영학원론: 시스템적 접근(3판), 다산출판사, 2011

신철우, 경영학원론, 삼영사, 2006

신현대, 현대경영학개론, 엔트미디어, 2002

안동규, 박찬주, 오성환, 현대경영학개론, 두남, 2010

안상열, 이준엽, 경영학원론, 영민, 201

양동훈, 임효창, 조영복, 경영학원론(7판), 시그마프레스, 2011

양화섭, 유병남, 21세기의 경영학개론, 학문사, 2007

염대성, 경영학원론: 사례중심, 청목출판사, 2011

오종석, 조영복, 경영학원론, 탑북스, 2011

정재영, 노승종, 오세경, 오홍석, 정헌수, 현용진, 경영학배움터, 생능출판사, 2006

윤종훈, 송인암, 박계홍, 정지복, 경영학원론, 학현사, 2011

윤평구, 신 경영학원론, 대경, 2010

임창희, 경영학원론(2판), 학현사, 2011

임창희, 경영학원론, 라온, 2015

이필상, 이만우, 정순진, 경영학원론, 법문사, 2010

정기한, 신재익, 오재신, 최신 경영학원론, 문영사, 2008

정선양, 전략적 기술경영(3판), 박영사, 2011

정연현, 홍승만, 곽두진, 경영학원론, 명진, 2010

조경동, 윤덕병, 유승동, 이민세, 류선권, 경영학원론, 형설출판사, 2011

조영곤, 이성봉, 최수형, 김명숙, 권기환(2010), 국제경영: 전략, 관리, 그리고 새로운 현실, 시그마프레스, 2010

채점길, 김방훈, 경영학원론: 시스템적 접근, 뜰, 2011

최성용, 한동여, 경영학원론, 북코리아, 2007

통계청, 2014년 기준 기업생멸 행정통계 결과, 2015

편집부, 21세기의 경영학원론, 양서각, 2005

허정수, 경영학원론, 대경, 2010

황복주, 김원석, 이영희, 경영학원론, 두남, 2009

황인태, 경영학개론, 형지사, 2008

국외문헌

Andrew Youn, Amid Turmoil, One Acre Fund Sows Hope in Africa, Kellogg, 2008

Aeron A. Buchko , "Conceptualization and Measurement of Environmental Uncertainty : An Assessment of the Miles and Snow Perceived Environment Uncertainty Scale," Academy of management Journal, Vol. 37(2), 1994, pp. 410-425

Ann McGee-Cooper, "Accountability as Covenant : The Taproot of Servant-Leadership." In Larry C. Spears(ed.) Insights on Leadership, New York : John Willey & Sons, Inc., 1998.

B. E. Kaufman, "A New Theory of satisficing," Journal of Behavioral Economics, Spring, 1990, pp. 35-51

Business Week, Most Innovative Companies: Smart Ideas for Tough Times, 2006. 4. 24

Chandler, A. D., Strategy and Structure, Cambridge, Mass: MIT Press, 1962

Chris Argyris, "Empowerment: The Emperor's New Clothes," Harvard Business Review, May-

June, 1998, pp. 98-105

C. W. Hill and G. R. Jones, Strategic Management Theory, An Integrated Approach 7e, Houghton Mifflin, 2007

D. J. Wood, "Corporate Social Performance Revisited," Academy of Management Review, October, 1991, pp. 703-708

Don Hellriegel and John W. Slocum, Jr., Management, International Thomson Publishing Company, 1996, pp. 450-459.

Don Hellriegel, S. E. Jackson and J. W. Slocum, Jr., Management 10e, Thompson South-Western, 2005

D. R. A. Skidd, "Revisiting Bounded Rationality," Journal of Management Inquiry, Decemble, 1992, pp. 343-347

Edward Hall, Beyond Culture, New York Doubleday, 1976

Elliot Jaques, The Form of Time, Russak & Co., 1982

Gary Hamel and C. K. Prahalad, Strategic Intent, Harvard Business Review(May-June), 1989

Geert Hofstede, Culture' s Consequences: Comparing Values, Behaviors, Institutiona and Organizations Across Nations 2nd ed, Thousand Oaks, CA: Sage, 2001

Herb Baum, The Transparent Leader, New York: Collins, 2005

H. Mintzberg, The Nature of Managerial Work, New York: Harper & Row, 1973

H. Mintzberg, "Covert Leadership: The Art of Managing Professionals," Harvard Business Review, November-December, 1998, pp. 140-147

James M. Kouzes and Barry Z. Posner, "The Leadership Challenge", Success, April, 1988, p. 68

James M. Kouzes and Barry Z. Posner, The Leadership Challege : How to Get Extraordinary Thing Done in Organizations(San Francisco : Jossey-Bass, 1987)

James M. Kouzes and Barry Z. Posner, Credibility : How Leaders Gain and Lose It; Why People Demand It(San Francisco : Jossey-Bass), 1996

J. B. Barney and W. S. Hesterly, Strategic Management and Competitive Advantage, Concepts and Cases 2e, prentice Hall, 2008

Jerry W. Anderson, Jr. (1986), "Social Responsibility and the Corporation", Business Horizon, July-August, pp. 22-27

J. M. George and G. R. Jones, Contemporary Management: Creating Value in Organizations 5th ed, New York McGraw Hill, 2009.

J. M. Geroge and G. R. Jones, Contemporary Management: Creating Value in Organizations 4e, McGraw-Hill, 2006

J. R. Schermerhorn Jr., Introduction to Management 10th ed, New York Wiley, 2010

J. R. Schermerhorn, Jr., Management 9e, John Wiley & Sons Inc., 2008. 272-273

J. R. Schermerhorn Jr., Introduction to Management 10th ed, New York Wiley, 2010

Friedman, A Friedman Doctrine : The Social Responsibility of Business is to Increase Its profits, New York Times Magazine, September 13, 1970

McK. Agnew and J. L. Brown, "Bounded Rationality: Fallible Decisions in Unbounded Decision Space," Behavioral Science, July, 1986, pp. 148-161

PC World, Microsoft: Stodgy or Innovative? It's All About Perception, 2008. 7. 25

P. Kotler and N. Lee, Corporate Social Responsibility, John Wiley & Sons Inc., 2005

Peter F. Drucker, Management: Tasks, Responsibilities, and Practice, New York: Harper-Row, 1973

Peter F. Drucker, "The Future That has Already Happened," Harvard Business Review, vol. 75, September-October 1997, pp. 20-24

Peter F. Drucker, The Practice of Management, Harper & Brothers, 1954

A. MacKenzie, The Time Trap, American Management Associations, 1972

Robert K. Greenleaf, On Becoming a Servant-Leader, Don M. Frick & Larry C. Spears(Eds.), San Francisco : Jossey-Bass Publishers, 1996.

A. Soule, Contention and Corporate Social Responsibility, Cambridge University Press, 2009 Scholar Judith Rosener, Women Make Good Managers. So What? Business Week 2000. 12. 11

S. D. Friedman, P. Christensen, and J. DeGroot, "Work and Life: The End of the Zero-Sum Game," Harvard Business Review, November-December, 1998, pp. 119-129

P. Robbins and M. Coulter, Management 11th ed, New York Pearson, 2012

S. Bateman and S. A. Snell, Management, 7e, McGraw-Hill, 2007

M. A. Schilling, Strategic Management of Technological Innovation, McGraw-Hill, 2013

K. M. Bartol and D. C. Martin, Management, McGraw-Hill, 1994

찾아보기

ㄴ
....